노인상담론

노인상담론

박재학 · 김정훈 · 이순배 · 이희정

파워북

PREFACE

6.25 전쟁 이후 우리나라의 경제 · 사회 발전과 선진국으로 가는 초석을 마련하였던 '베이비붐 세대'는 2000년 이후 노인기로 접어들었다. 이들은 우리 역사의 주축이었으며, 가장 열심히 일했던 세대이기도 했다. 하지만 자녀교육과 가족의 평안을 위한 내집 마련에 평생을 바친 이들은 자신의 노후 준비를 적절하게 하지 못했다. 사실 현재의 노인문제는 노후 준비와 은퇴 후의 여생을 어떻게 보낼지에 대한 준비책의 부족이기도 하다. 사실 노인세대의 아이러니를 대변하기도 한다.

노인문제는 다음과 같이 여러 가지로 나타날 수 있다.

첫째, 노인의 경제적 문제는 노인의 건강문제와 빈곤으로 이어져 노인학대, 신체질환 등으로 연결되어 노인을 심리적으로 위축시킬 수 있다. 이는 신체적 · 정신적 약화를 가져와서 노인상담 문제를 발생시킨다.

둘째, 노인이 심리적 문제는 크게 드러나지는 않지만 차츰 노인에게 스트레스를 주어 신체질환이나 자살 등과 같은 극단적인 문제를 발생시킬 수 있다. 이것은 향후 노인상담 문제를 야기시킨다.

셋째, 노인의 사회 · 문화문제는 노인의 사회적응을 어렵게 하여 여러 가지 사회문제를 발생시키고, 이는 노인의 정서와 자존감에도 큰 영향을 미친다. 이것은 향후 노인의 소외와 자살 등과 같은 사회문제를 야기시킬 수 있으므로 노인상담이 필요하다.

이 책은 이러한 노인문제 중 노인 문제를 해결해보자 하는 시도에서 시작하였다. 문제를 해결하는 방식에는 여러 가지 방법이 있다. 이 책에서는 다음과 같은 방법으로 노인문제를 다루고자 한다.

첫째, 노인에 대한 이해이다. 노인문제를 해결하기 위해서는 일반 상담과는 틀린 접근방법이 필요하다. 즉 노인의 신체, 심리, 사회, 문화에 대한 이해를 바탕으로 접근하는 것이 필요하다. 왜냐하면 상담에 가장 필수적인 공감적 이해를 위해서는 노인의 입장이 되어보는 것이 가장 중요하다. 하지만 물리적인 시간을 초월해서 경험할 수 없으므로 단기간에 노인에 대한 이해를 할 수 있도록 하였다.

둘째, 노인상담에 대한 이론적 고찰이다. 노인상담을 위한 이론에는 다양한 방법이 있다. 사실 상담이라고 하면 약간은 어려운 감이 있는 것은 사실이다. 기존의 상담 서적들은 이에 대해서 너무 어렵게 서술되어 있다. 하지만 이 책에서는 상담이론들을 알기 쉽게 서술해 놓아서 누구나 접근할 수 있도록 하였다.

셋째, 노인상담의 실제이다. 노인상담은 너무 광범위한 분야라서 계속적으로 그 범위가 늘어나고 한계를 알 수 없다. 여기에서는 그간 노인상담에서 다루지 않았던 은퇴후 상담, 웰 다잉 상담 등 새로운 분야를 추가하여 변화하는 노인상담에 적응하도록 하였다. 향후 이에 대한 계속적인 연구와 노력이 요망된다.

이 책은 또한 사회적 환경 변화와 시대적 조류에 대한 해답과 이해와 현장에서의 강의와 경험을 바탕으로 전체 3부로 구성하였다. 또한 장별 끝 부분에는 '현장사례'를 삽입하여 어려운 상담에 도움이 될 수 있도록 하였다.

출판을 앞두고 다소 부족하고 아쉬운 점이 많지만, 향후 기탄없는 비판과 질책을 겸허히 수용하여 보다 좋은 교재로 거듭날 것을 약속드린다. 끝으로 여러분들이 이 교재를 통하여 조금이나마 공부하는 데 도움이 되어 큰 결실을 얻기를 바란다.

출간을 결정해 주신 파워북 사장님과 편집을 위해 수고해 주신 임직원 여러분들께 깊은 감사를 드린다.

2010년 8월

저자 일동

CONTENTS

제1부 노인에 대한 이해

제2부 노인상담 이론과 방법

제1부

노인에 대한 이해

1_ 노인의 이해

2_ 노인의 신체 · 심리 · 사회 · 문화

3_ 우리나라의 노인인구

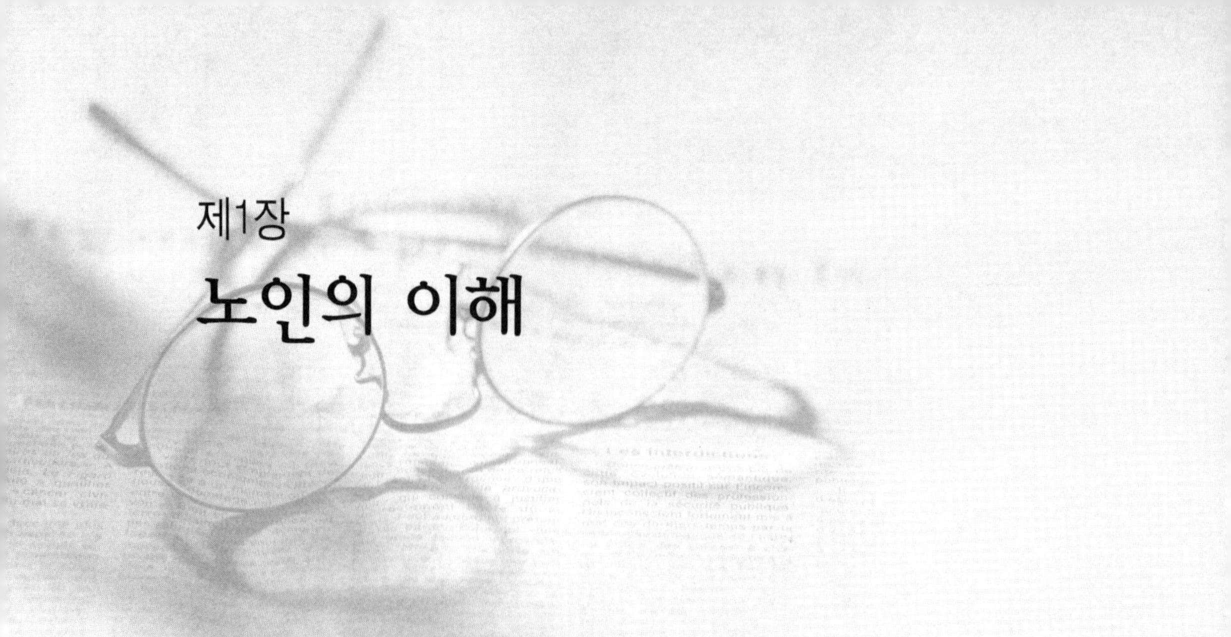

제1장
노인의 이해

제1절 노인이란?

노인기는 언제부터이며, 노인은 몇 세부터인가? 이에 대한 대답은 정확히 규정하기 어렵다. 연령의 의미가 생물학적 과정만이 아니라 그 시대의 사회 · 문화 · 정치 · 경제 등 여러 요인과 밀접하게 관련되어 있고, 노화의 개인차 때문이다. 노화가 시작되는 시기는 개인에 따라 차이가 있으며 개인의 신체 기관 역시 노화의 시기와 속도 및 정도가 다르다(최순남, 2000).

일반적으로 학자들이 노인을 정의하는 기준으로 다음 네 가지가 있다.

첫째, 늙음(aging) 자체를 근거로 노인기를 규정한다. 노인을 인간의 노화과정에서 나타나는 생리적 · 심리적 · 환경적 행동의 변화가 상호작용하는 복합형태의 과정으로 '생리적 · 육체적으로 변화기에 있는 사람, 심리적인 면에서 개성의 기능이 감퇴되고 있는 사람, 그리고 사회적 변화에 따라 사회적 관계가 과거에 속해 있는 사람'으로 정의할 수 있다(Breen, 1960).

둘째, 생활연령(혹은 역연령-歷年齡: Chronological Age)을 기준으로 하여 노인을 파악하려는 기준이다. 뉴가르텐(Bernice Neugarten)[1]은 노인집단을 생활연령에 따라 다음

---

1) 시카고 대학의 행동과학과 명예교수였으며 노인연구의 선구자로서 《Society and Education(1957)》, 《Personal-

의 세 단계로 분류하고 있다(Williamson, 1980).

- 연소 노인(young-old) : 55~64세로, 대부분 일을 할 수 있으며 경제적 능력과 사회적 인정이 최고조에 달해 있을 때이다.
- 중고령 노인(middle-old) : 65~74세로, 퇴직자들이 많이 포함된다.
- 고령 노인(old-old) : 75세 이상으로서 신체적으로 약하고 병약하며 고립되고 궁핍한 계층의 노인들이다(현외성 외, 1998). 이러한 노인의 생활연령에 대한 구분은 의학, 생물학 등의 발달로 인간 수명이 연장되면서 조금씩 늘어나고 있다.[2)]

우리나라는 만 60세를 회갑으로 하는 전통이 이어져 내려오고 있으나 1961년에 발효된 〈생활보호법〉에서 보호노인 대상자를 65세 이상으로, 〈노인복지법〉에서는 65세를 노인으로 규정하고 있다. 사회경제적 그리고 의학적 발달로 인해 60세보다는 65세를 전후하여 노인이라고 인식하는 경향이 나타나고 있다.

셋째, 사회적 역할수행능력 정도를 기준으로 하여 노인을 규정한다.

심신의 노화로 인해 사회활동을 할 수 없는 사람을 노인으로 규정하는 견해로서 사회학적 연령의 개념이다. 정년이나 연금수급 연령이 사회적 역할수행능력에 따라 정해지나 이것 역시 각 사회에 따라 조금씩 다르다. 서구에서는 연금수급 연령이 60세 이상이 일반적이나 우리나라는 국민연금제도의 수급연령이 60세이다. 정년제의 경우, 서구에서는 법으로 정한 은퇴연령이 없으나 우리나라는 대부분 기업의 정년이 55~58세이다.

넷째, 늙음에 대한 자각을 노인의 기준으로 삼는다. 이 기준은 사람들이 자신의 늙음을 자각하고 스스로 노인임을 인정하는 심리적 자각을 의미하는 것인데, 이러한 심리적 자각은 신체적 증후와 정신적 및 사회적 경험으로부터 영향을 많이 받는 것으로 나타나고 있다.

---

ity in Middle and Late Life(1964)》, 《Middle Age and Aging(1968)》, 《Adjustment to Retirement(1969)》, 《Social Status in the City(1971)》 등의 저서를 남겼다. 2001년 7월 22일 별세하였다.

2) 액클리(R. C. Atchley)는 자신의 책 《Social Forces and Aging(1988)》에서 연소 노인을 60~74세, 중고령 노인을 75~84세, 그리고 고령 노인을 85세 이상으로 분류하고 있다.

1. 신체적 증후와 심리적 자각

신체적 증후에 의해 늙음을 자각하는 경우는 쉽게 피로하게 되고, 이러한 피로가 쉽게 회복되지 않을 때, 기력이 약화되고 신체가 허약하여 신체적 활동이 부자유할 때이다. 신체의 부분에 대해 늙었다고 느끼는 경우는 보행의 부자유, 시력 감퇴, 청력 둔화, 치아 탈락, 흰머리 및 탈모, 성욕 감퇴, 기억력 감퇴 등을 들 수 있다. 이러한 증후를 자각하는 데는 개인차가 있지만 대부분의 사람들은 55세를 전후해 자신이 쇠퇴기에 있다는 자각을 시작하여 60세가 넘으면 자신의 노화를 실감하는 것 같다.

한국보건사회연구원(1994)의 조사에 의하면, 우리나라 노인의 늙는다는 자각의 시기는 60~64세가 37.7%, 65~69세가 19.8%, 그리고 70~74세가 22.3%로 60~70세 사이의 노인 대부분이 자신을 노인이라고 생각하고 있다.

2. 정신적 증후와 심리적 자각

노인을 자각하는 정신적 증후들은 은퇴하였을 때, 가장의 역할을 잃었을 때, 배우자 또는 동료와의 사별, 자식이나 친지의 사별, 사녀의 성장과 손자녀의 출생, 일반 사람으로부터 할아버지 할머니라 불렸을 경우 등에 발생한다.

이러한 정신적 증후가 노인 자각에 미치는 영향은 교육수준이 높을수록 높게 나타난다. 이같은 경향은 학력에 따라 종사하는 직업의 차이, 즉 정신적 직업과 육체적 직업과의 차이가 노인 자각과 깊은 관계가 있다는 사실을 시사해 준다.

3. 늙음에 대한 자각과 저항

노인기의 노인들 대부분은 노화를 현실로 받아들이는 데 심리적 저항을 가지고 있다. 그래서 여러 가지 형태로 거부하지만 궁극적으로 자아를 재편성하고 수용, 인정하는 태도가 필요하다. 이러한 노인의 자아 재편성 과정에서 신경성, 우울증 등의 증후가 나타나 심각한 자아갈등을 수반하는 경우가 있다.

제2절 노인개념의 정의

국제노인학회(International Association of Gerontology)의 정의[3]에서는 노인을 '인간의 노령화 과정에서 나타나는 생리적 · 심리적 · 환경적 변화 및 행동의 변화가 상호작용하는 복합형태의 과정에 있는 사람'이라 하였다(현외성 외, 1998). 국제노인학회에서 제시하고 있는 노인의 다섯 가지 특성은 다음과 같다.

- 환경 변화에 적절히 적응할 수 있는 능력에 결핍이 있는 사람
- 자신을 통합하려는 능력이 감퇴되는 시기에 있는 사람
- 인체기관, 조직기능 등에 있어 감퇴현상이 일어나는 시기에 있는 사람
- 생활 자체의 적응이 정신적으로 결손되어 가고 있는 사람
- 인체의 조직 및 기능 저장의 소모로 적응이 감퇴되는 시기에 있는 사람

이러한 노인의 정의에는 앞에서 언급한 생활연령(혹은 역연령)에 의한 개념 정의나 개인의 자각에 따른 정의, 그리고 실정법상이나 공식적 · 행정적 규정에 의한 개념 정의 등이 있다(권중돈, 2004).[4]

1. 노 인

노인이란 인간의 탄생, 성장, 소멸의 과정 속에서 마지막 시기에 해당하는 시기로 에릭슨(Erikson)의 심리사회발달 단계 중 65세 이후의 시기를 말하는 것이다. 이 시기(임은희, 2007)[5]는 새로운 심리사회적 위기출현보다는 종합, 통합, 평가로 나타나며 지난 인생

3) 1951년 제2회 국제노인학회

4) 〈노인복지법〉이나 〈생활보호법〉에서는 노인을 65세 이상으로 규정하고 있으며, 〈국민연금법〉상 노령연금 급여대상자로서 노인은 60세부터로 규정하고 있다.

5) "이 시기에는 '자아통합 vs. 절망, 혐오'의 심리사회적 마지막 단계로서, 자아통합은 자신의 인생을 회고하고, 겸허하고 확고하게 나는 만족한다."는 확신에서 비롯된다. 천부적 지혜를 타고난 사람은 단지 노인기에만 진정한 성숙과 실질적 의미의 노인의 지혜를 실현한다. 지혜의 의미는 죽음이 직면해서 삶 자체에 대해 관조하는 것이다. 절망감은 자신의 인생은 실패의 연속이라는 인생의 후회에서 비롯된다. 인생의 쓴맛과 혐오를 느

을 겸허하게 바로 보는 시기이다. 노인의 일반적인 특징은 다음과 같다(정인숙, 2007).

- 인체조직, 기관계통의 구조와 기능의 쇠퇴 현상은 만성 퇴행성질환으로 발전될 가능성을 증가시킨다.
- 자신의 외모가 늙어가는 것을 지극히 싫어하거나 혐오감을 느끼는 등 자신의 신체상과 자아개념의 변화를 심하게 느끼는 경우도 있다.
- 자녀의 성장과 독립으로 인해 가족 유대 및 생활 형태의 변화를 경험하나 환경 변화에 대한 적응력이 부족해진다.
- 배우자 및 친지의 죽음은 심리적 상실감이나 죽음에 대한 두려움을 경험하게 하며 쉽게 우울과 불안, 고독을 느낀다.
- 은퇴로 인한 수입의 감소, 사회적 지위와 역할의 변화는 노인 자신이 영향력과 사회생활 영역을 축소시킨다.
- 자신의 통합하려는 능력이 감퇴되어 약이나 타인에게 의존하려는 경향이 커진다.
- 오랜 과거의 일보다 최근의 일에 대한 기억력을 저하를 보일 수 있다.
- 주변의 일에 무관심하면 자기중심적이다.
- 새로운 일에 두려움을 느끼는 반면 자신이 기분과 느낌에 따른 강한 관심을 보인다.
- 소음을 싫어한다.

2. 연 령

연령의 의미에는 적어도 다음과 같이 다섯 가지가 있으며 동일인의 경우라도 연령의 종류가 일치하지는 않는다. 우선, 흔히 '나이'라고 말하는 생활연령(chronological age)이 있으며, 동년배 사람들과 비교하여 물리적 · 사회적 환경에서 잘 기능하는가를 의미하는 기능적 연령(functional age)이 있다. 이러한 기능적 연령은 생물학적 연령(biological

---

끼는 노인은 자신의 결함과 부족함을 외부 세계에서 투사하여 이것을 부인하려 든다. 또한 이들은 죽음의 두려움과 실패에 대한 미련으로 고통 받는다. 노인기의 심한 절망감과 후회는 노인성 정신병, 우울증 그리고 과대망상의 증상을 가져온다.

age), 심리적 연령(psychological age), 그리고 사회적 연령(social age)으로 나눌 수 있다. 끝으로 연령에는 자신이 스스로 느끼는 나이(self-awaring age: 자각연령)가 있다(정옥분, 2000).

1) 생활연령

생활연령이란 달력에 의한 나이를 의미하는 것으로 사람들이 일상적으로 나이라고 말하는 것이다. 법적 연령(음주, 운전, 투표, 결혼)은 주로 이 생활연령에 의한 것이다. 하지만 인간의 성장 · 발달과 쇠퇴와 소멸이 단순히 시간의 흐름에 좌우되는 것은 아니다. 발달의 속도에 개인차가 있으며 같은 사람이라도 특정 영역은 빨리 성장하고 다른 면은 느리게 성장할 수 있다(윤진, 1985).[6]

2) 기능적 연령

(1) 생물학적 연령

개인이 어느 정도로 신체적 활력을 갖고 있는가를 의미하는 것으로 개인의 생물학적 · 생리적 발달의 수준과 신체적 건강수준을 나타내는 나이이다. 폐활량, 혈압, 신진대사, 근육의 유연성 등이 이에 포함된다. 생활연령이 같다고 하더라도 생물학적 연령은 다를 수 있다.[7]

(2) 심리적 연령

심리적 성숙도를 의미하는 것으로 생활연령이 같은 사람들과 비교하여 환경 변화에 얼마나 잘 적응하며, 스트레스에 얼마나 잘 대처하는가로 측정할 수 있다. 신체적 나이는 많아도 심리적으로는 덜 성숙한 사람이 있으며, 반대로 신체적 나이는 어리지만 어른보

6) 예를 들면, 신체적 · 성적으로 성숙한 사람이 사회적 상황에서는 매우 미숙할 수 있다.
7) 예를 들면, 운동을 규칙적으로 하는 50대가 전혀 운동을 하지 않는 40대보다 생물학적 연령이 더 젊을 수 있다. 그러므로 생활습관을 바꿈으로써 생물학적 연령을 어느 정도 낮출 수 있다.

다 성숙한 청소년도 있을 수 있다.[8]

(3) 사회적 연령

개인이 속한 사회에서 하나의 규범으로 정해진 나이를 말하는 것으로 자신의 연령에 적합한 역할을 잘 수행하는가를 의미하는 나이이다. 교육, 결혼, 취업, 출산, 은퇴 등에 적절한 나이가 있다는 사회적 기대가 있어서 사람들은 이러한 사회적 시간대에 따라 자신의 인생의 중요한 인생사건들을 맞추려는 경향이 있다.[9]

(4) 자각연령(自覺年齡)

사람들이 스스로 느끼는 나이를 의미한다. 비록 신체적 나이가 70이 넘었다 하더라도 스스로 50세 장년이라 느끼고 그 수준에서 사업과 사회적 활동에 적극 참여한다면 그의 자각연령은 50세라 할 수 있다. 또한 신체적 연령이 50세라 하더라도 정년퇴직이나 손자녀 출생으로 인하여 주관적으로 노인으로 느낀다면 이는 사실상 노인이 되는 것이다. 그러므로 청년, 중년, 노인을 규정하는 것은 자신이 어떻게 느끼느냐 하는 자각에 달려 있게 된다.

따라서 한 개인의 나이를 이해하기 위해서는 이와 같은 다섯 가지 기준 위에 그 사람의 사실상의 나이를 종합적으로 평가해야 한다. 예를 들어, 생활나이가 30세인 청년이 부모 사망 후 동생들을 돌보며 가정의 모든 책임을 지고 성숙한 심리적 특성을 지니고 있다면 40대의 심리적 나이를 가질 수 있지만, 아직 취업이나 결혼을 하지 않은 상태라면 사회적인 나이는 20세 정도가 된다. 반면에 혈압, 맥박, 소화기장애 시력감퇴 등 생리적 · 신체적 문제가 많이 있다면 생물학적 나이로는 60~70대가 될 수 있다.

---

8) 직업도 없이 부모 집에 얹혀살면서 다른 사람과 의미있는 관계를 형성하지 못하는 50세 중년 남성의 경우 독립적이고 자신의 인생을 잘 통제할 수 있는 20세 청년보다 심리적 연령이 더 어릴 수 있다.

9) 예를 들면, 40대 중반에 첫 아기를 가진 여성은 동년배에 비해 늦게 부모의 역할을 하게 되므로 이 여성의 사회적 연령은 젊다. 또한 20대 청년의 경우 적극적이고 용감하게 행동해야 하며, 70대 노인의 경우 조부모로서의 자상함과 원숙함을 보여야 한다. 사회적 기대에 미치지 못하는 행동을 하는 경우 사회적 연령이 미숙하다고 여겨지며 비난받게 된다.

3. 노 화

노인기에는 노화와 관련된 여러 가지 신체 변화가 일어난다. 여기에서는 먼저 노화의 정의와 특성을 살펴본 후 노인상담에 필요한 노화에 따른 노인들의 신체적 변화의 특징들을 살펴봄으로써 내담자인 노인들에 대한 이해를 돕고자 한다.

1) 노화의 정의

노화란 '정상적인 환경하에서 살고 있는 유전적으로 대표적인 기관들 내에서 일어나는 시간에 관련된 변화'들을 의미한다(Birren & Renner, 1977). 즉 인간발달의 과정에서 퇴행적 발달을 노화라 하며, 생물학적 측면의 노화(senescence)는 '전 생애 가운데서서 퇴화과정이 재생적인 생물학적 과정을 능가하여 결국 유기체의 파괴가 일어나게 되는 시기'를 말한다.

2) 노화의 특성

(1) 노화는 변화와 안정성의 두 가지 특성을 지니고 있다

일반적으로 노화는 발달상의 변화로 이해하는 경우가 많지만, 나이가 들어도 어릴 적 생김새를 지니고 있는 것에서 보듯이 노화의 과정에서 변화만 일어나는 것은 아니다. 따라서 노화를 논의함에 있어서는 변화와 함께 신체 · 심리 · 사회적 측면에서 변하지 않고 동일하게 남아 있는 특성, 즉 안정성에 대해서도 함께 고려해야 한다.

(2) 노화는 긍정과 부정의 양면성을 지니고 있다

노화의 과정에서는 일반적으로 상실 혹은 쇠퇴가 특징적으로 나타나지만 노인기에 건강을 상실하는 반면, 경험과 지혜가 확장되는 것과 같이 새로운 특성을 얻기도 한다. 즉 노화는 상실과 획득, 쇠퇴와 성장, 부정과 긍정 두 가지 측면을 갖고 있으므로 이 두가지 측면을 동시에 고려해야 한다.

(3) 노화는 보편성과 독특성 둘 다를 지니고 있다

노화는 모든 사람에게 보편적으로 나타나는 일차적이고 본질적인 것이지만, 같은 나이에도 늙어 보이고 젊어 보이는 사람이 있듯이 개인에 따라 노화의 속도나 정도에 차이가 있다. 따라서 노화의 보편성과 개인적 독특성을 동시에 고려해야 한다.

(4) 노화는 내적 · 외적 요인을 동시에 고려해야 한다

노화를 유전적 프로그램에 의해 유발되는 내적 변화로 인식하는 경우가 있지만 외부의 환경적 요인 역시 노화를 일으키는 주요 요인이며 노화에 따라 내적 변화 또한 일어나게 된다. 따라서 노화의 원인과 결과를 논의할 때 반드시 내적 요인과 외적 요인을 동시에 고려해야 한다.

(5) 노화가 영역에 따라 비가역적 특성의 예외가 있을 수 있다

생물학적 노화를 기준으로 하여 일단 노화가 시작되면 원래 상태로의 회복은 불가능하다고 하지만 직업적 역할의 상실과 같은 사회적 노화는 얼마든지 원래 상태로의 회복이 가능할 수 있다. 따라서 노화가 일반적으로는 비가역적 특성을 지니고 있지만 반드시 그렇지만은 않다(권중돈, 2009).

"죽어도 좋아, 아직 설렌다"

노인은 '욕망에서 자유로운 존재'라는 편견이 있다. 과연 그럴까? 노인이라고 해서 성적 욕구가 없을까? 그렇지 않다. 의학이 발달하면서 노인은 더 이상 노인이 아니다. 60, 70대의 다양한 사람들을 만나 그들의 성에 대한 생각을 들어봤다.

性에는 정년이 없다니까

2002년 개봉된 영화 〈죽어도 좋아〉는 70대 노인들도 젊은이 못지않은 성욕을 갖고 있다는 내용을 사실적으로 전달해 화제가 됐다. 최근 개봉한 할리우드 영화 〈예스맨〉에서도 나이 지긋한 집주인 할머니가 틀니까지 벗어가며 주인공 칼 알렌(짐 캐리 분)을 유혹한다. 영화 속 이야기이기는 하지만 이런 모습들은 성적 욕구가 더 이상 나이에 구애받지 않는다는 사실을 보여준다.

질병관리본부에 따르면 지난 2001년 2만 7,915건이던 성병 발생 건수가 지난해에는 1만 2,486건으로 크게 줄었다. 그럼에도 50세 이상 남녀의 성병은 1,198건으로 꾸준히 늘고 있다. '비아그라' 등 획기적인 발기부전 약물의 보급으로 노인들의 성생활이 활발해졌다고 유추해 볼 수 있다. 한국보건사회연구원 고령사회정책팀 이소정 연구원은 "노인문제는 가정문제에서 사회문제로 커질 수 있는 만큼 사회 전체가 신경을 써야 한다."고 말했다.

몇 달 전 서울의 한 종합병원에 입원했던 A(70 · 여)씨는 같은 병실을 사용하던 세 살 연상의 B씨와 '열애' 중이다. 신장에 문제가 생겨 쓰러져 병원에 실려 온 A씨는 바로 옆 침대를 쓰던 '병실 동기' B씨를 알게 됐다. 교통사고 후유증으로 입원했던 B씨는 바쁘다며 병실을 찾지 않던 자녀들을 대신해 A씨를 정성껏 돌봤다. 한 달이 지나지 않아 이들은 금실 좋은 '잉꼬커플'이 되었다. 누가 먼저랄 것도 없이 모텔도 찾기 시작했다. 문제는 A씨가 남편과 사별한 '싱글'이지만 B씨는 아내가 있는 '유부남'이라는 점. 결국에는 두 사람은 손을 잡고 병원 구내에서 산책을 하다 B씨의 부인에게 들키고 말았다. 그래도 현재 A씨는 일주일에 한 번씩 계모임에서 B씨를 만난다. "만나면서도 늘 전전긍긍하는 모습에 화가 나기도 하지만 자상하게 챙겨줄 때마다 만나길 잘했다는 생각이 들어요."

유부녀 C(66)씨는 지난해 서울의 한 구청 문화센터에서 동년배 유부남 D씨와 만나 '황혼의 로맨스'에 빠져 있다. 젊은 세대 같았으면 '금지된 장난'으로 지탄받을 수도 있겠지만 환갑을 넘은 C씨는 남편에게 별다른 죄책감 같은 것은 느끼지 않는다고 한다. 남편이 10여 년 전부터 이러저러한 이유로 잠자리를 피해 온 탓이다. 손자 · 손녀가 건강하게 자라는 모습을 보며 평온한 삶을 살았다고 뿌듯해하던 C씨지만 성 문제에서만큼은 늘 버림받았다는 느낌을 지우지 못했다. 한때 자신을 '여자'로 받아주는 D씨와 새출발할 생각도 해봤지만 자식들에게 충격을 줄 수 있다는 생각에 지금은 포기했다. "불륜이라는 것을 알지만 오랫동안 남편에게서 받아보지 못한 사랑을 받으니 다시 태어난 기분이랄까……, 나한테 아직 그런 설렘이 있다는 게 신기하기도 하고……."

우리도 작업할 줄 안다고

이성을 유혹하는 '작업'은 2030만의 전유물이 아니다. 5080 역시 약수터, 식당, 경로당, 계모임, 동호회 등에서 기회가 될 때마다 이성친구 사귀기를 시도한다. 작업대상 역시 동년배 할머니에서부터 20대 아가씨까지 다양하다. 이런 세태를 반영하듯 서울의 한 성형외과가 성형수술 연령대를 비교 조사한 결과 2006년 60대 이상 노년층 비율은 1.6%로 2001년 0.5%에 비해 3배 이상 늘어난 것으로 나타났다.

인구보건복지협회 이종준 고령화대책사업본부장은 "과거에는 살기 위해 밥을 먹었지만 지금은 음식의 문화를 즐기듯 노인들도 이제는 양성평등과 사랑의 이름으로 이성을 찾아야 한다."고 말했다.

3년 전 아내와 사별한 E(66)씨는 '콜라텍 입성'을 통해 6개월 만에 재혼에 성공했다. 자녀들을 모두 키운 E씨는 "아직도 '청춘'이니 더 늦기 전에 재혼하라."는 주변의 권유에 경험 삼아 서울 종로의 한 콜라텍을 찾았다. 10대 청소년들의 놀이터였던 콜라텍이 시니어들의 '작업의 전당'으로 변모한 사실을 E씨 또한 알고 있었다. 하지만 콜라텍은 '초짜'들이 쉽게 이성친구를 만날 수 있을 만큼 만만한 곳이 아니었다. 나름대로 번뜩이는 외모와 현란한 댄스, 상대를 압도하는 화술로 무장한 프로들로 가득한 '정글'이었다. 곧바로 E씨는 전략을 짰다. '실력'이 필요하다는 생각에 집 주변 백화점 문화센터에서 3개월 간 사교댄스를 배웠다. 성형외과를 찾아가 얼굴에 가득하던 검비섯도 제거하고 몇몇 빠진 치아도 임플란트로 모두 채웠다. 이런 노력 끝에 E씨는 콜라텍 최고 미인 할머니 F씨의 마음을 사로잡을 수 있었다. "검버섯 가득한 '영감' 스타일로는 환영받지 못해. 꽃등심, 냉면 등 상대방이 좋아하는 음식에 돈도 아끼면 안 되고. 작업엔 상당한 돈이 필요해."

대기업 영업직 간부 출신인 G(63)씨는 지난해 만난 한 아가씨와의 '추억'을 간직하고 있다. 회사 재직 시절 접대를 위해 자주 들렀던 서울 강남의 한 나이트클럽을 지인들과 다시 찾았을 때였다. 장난 삼아 웨이터에게 "20, 30대 아가씨로 부킹해달라."며 팁을 두둑히 챙겨줬다. 하지만 웨이터의 '피나는' 노력에도 아가씨들은 G씨 일행이 모여 있는 방문을 열자마자 깜짝 놀라거나 화를 내며 나가 버리곤 했다.

그러다 뜻밖에도 한 예쁘장한 아가씨가 순순히 들어와 김씨 옆에 앉았다. 29살 학원강사라고 했던 H씨는 G씨를 잘 따랐고, G씨는 작심하고 스킨십을 '감행'했지만 거부하지 않았다고. 하지만 화장실에 다녀오다 듣게 된 H씨의 통화내용에 실망하고 말았다. "나 지금 무도회장에 왔다가 웬 할아버지하고 있어……. 돈이나 타 써볼까 하는 거지 뭐." 그러나 자신을 왜 만났는지 잘 알면서도 G씨는 자식 나이뻘인 H씨에게 마음을 빼앗기고 말았다. G씨는 나이에 굴하지 않고 H씨에게 적극적인 애정 공세를 펼쳐 몇 달간 만남을 유지할 수 있었다. H씨가 결국 '더 연락하지 말라'며 전화번호를 바꾸긴 했지만.

자식들아, 나 아직 '할 수' 있거든……

현대의학의 발달로 '노인의 성(性)'은 살아 꿈틀댄다. 실제 서울대병원의 연구에 따르면 조사대상 노인(66~71세) 가운데 '성욕이 없다'고 답한 비율은 20% 미만에 불과했다. 하지만 대부분 자식들은 부모의 이러한 현실을 무시하거나 굳이 알고 싶어하지 않는다. 갈등이 생기는 게 당연하다. 홍미령 한국노인복지진흥재단 회장은 "노인들은 성 욕구와 관련된 행위를 자녀들에게 간섭받기를 원치 않는다."면서 "이 때문에 음성적인 방법을 택하는 경우도 많은 만큼 자식들의 이해와 협조가 필요하다."고 조언한다.

경기도 용인시에 사는 I(72)씨는 석 달째 아들과 '냉전' 중이다. 돈 때문에 재혼을 강하게 반대하는 아들이 서운하기만 하다. 젊어서부터 '고집불통'이라는 소리를 곧잘 듣던 I씨는 늘 외로웠다. 사별한 부인과도 관계가 순탄치 못했었다. 그럼에도 마을 노인정에서 만난 동년배 할머니 J씨는 그런 I씨를 잘 이해하고 감싸줬다. I씨에게 주름 가득한 J씨의 눈웃음은 '이효리보다도 섹시했고', 통통해 보이는 몸매 또한 '아이비보다도 예뻤다'. 관계가 진전되자 J씨가 적극적으로 결혼을 요구했다. 경제적으로 어려운 J씨로서는 I씨가 마지막 기댈 곳이었기 때문이었다. I씨도 이런 J씨의 계산을 잘 알았지만 그 역시 인생의 마지막 안식처가 필요하기는 마찬가지였다.

하지만 아들은 "어머니가 돌아가신 지 얼마나 됐다고 재혼이냐."며 만류했다. 동거는 이해하겠지만 결혼은 안 된다는 것이었다. 아파트 등 수억 원대의 재산이 자칫 J씨에게 넘어갈 수 있는 상황을 두려워한 탓이다. I씨는 이런 아들의 생각이 미웠다. "내가 낳은 자식인데도 나에게 사랑에 대한 욕구가 있다는 것을 왜 이해하려 하지 않는지 모르겠어."

할머니 K(69)씨는 요즘 함께 사는 손자에게 미안한 마음이 앞선다. 얼마 전 손자가 학교에 간 사이 K씨는 손자의 컴퓨터로 온라인 고스톱 게임을 하곤 했다. 그러다 우연히 손자가 보고 지운 야동 파일을 찾아냈다. 야동은 남자나 보는 것이라고 생각해 왔지만 호기심에 한 번 보니 나쁘진 않았다.

K씨는 고스톱을 치는 것보다 더 많은 시간 동안 야동을 보기 시작했다. 손자에게 들키지 않게 깔끔하게 지우는 것도 잊지 않았다. 하지만 퇴근한 아들이 컴퓨터에서 야동을 발견하

면서 불똥이 손자에게로 튀었다. 손자는 '내가 본 게 아니다'라며 울며 빌었지만 소용없었다. 손자가 우는 모습에 이실직고하려던 K씨는 아들과 며느리의 대화를 엿듣고는 자백할 용기를 모두 잃었다고 했다. "어머니가 본 것 아니냐고? 울 엄마가 무슨 '야동 순재'냐? 그리고 다 늙은 노인네가 무슨 야동이냐, 그것도 여자가."

출처 : 서울신문 2009년 1월 10일자

제2장

노인의 신체 · 심리 · 사회 · 문화

제1절 노인의 신체

노인의 신체적 특징은 생물학적 노화의 한 영역으로 시간이 지남에 따라 또는 나이가 들어감에 따라 신체구조 및 신체 내부의 세포, 조직, 장기 등 유기체 전반에 걸쳐 일어나는 쇠퇴적 발달 현상을 의미한다(권중돈, 2009). 이러한 생물학적 노화는 신체적 노화와 생리적 노화라고 하는 두 가지 하위 영역을 포함하는데, 신체적 노화는 신체구조와 기능의 쇠퇴로 인한 활력의 상실과 질병에 대한 저항력을 상실하는 노화를 의미하며, 생리적 노화는 유기체의 기관, 조직체, 세포, 생체, 통제기제 중에서의 쇠퇴와 기능 저하를 의미한다.

이러한 생물학적 노화의 과정은 모든 사람에게 보편적으로 일어나지만 노화의 정도나 속도는 개인적으로 차이가 있으며, 신체적으로 부정적 영향을 미치고 질병에 대한 저항능력이 저하되는 결과를 초래하며, 궁극적으로는 죽음에 이르게 된다. 생물학적 노화는 노인기의 심리적 기능과 사회적 기능에 있어서도 중요한 영향을 미친다. 생물학적 노화를 자연스러운 과정으로 수용하고 이에 적응할 경우 사회심리적 기능을 유지 또는 발전시킬 수 있는 반면, 생물학적 노화에 지나치게 집착하거나 몰두하게 될 경우에는 사회심리적 기능에 손상을 가져오며 전반적인 생활만족도도 낮아질 수 있다.

1. 생물학적 노화의 주요이론

생물학적 노화에 관한 보편적 이론은 정립되지 않았으나 생물학적 노화의 원인을 설명하는 대표적 이론은 다음과 같다(권중돈, 2000).

1) 세포이론

- 사용마모이론 : 오랫동안 사용하여 신체기관이 퇴화하여 노화가 진행된다.
- 노폐물 축적이론 : 세포 속에 해로운 물질과 제거될 수 없는 폐기물이 생성, 축적되어 세포의 정상적 기능을 방해하므로 노화가 진행된다.
- 교차연결이론 : 세포 내 · 외부에서 두 개의 큰 분자들이 서로 상대에게 부착되어 이 분자들이 서로 움직이지 못하게 함으로써 화학적 반응을 일으키고, 조직은 탄력성을 상실하여 노화가 진행된다.
- 유전자변이이론 : 세포가 방사선 등의 원인에 의하여 상해를 입게 되면 변이세포가 생성되고, 이러한 변이세포의 누적으로 노화가 진행된다.
- 세포분열제한이론(Hayflick 이론) : 세포가 분열할 수 있는 한계횟수가 정해져 있으므로, 즉 세포시계의 한계를 벗어난 경우 세포분열 제한으로 노화가 진행된다.
- 유해산소이론 : 세포는 신진대사과정에서 흡연, 감염, 지나친 운동 등의 회부자극에 대한 반응으로 활성산소를 생산하는데, 이 산소가 세포의 지방질과 단백질을 파괴하고 세포기능을 저하시켜 노화가 진행된다.

2) 유전이론

- 유전조절이론(예정계획이론) : DNA 속에 노화의 속성이 미리 프로그램되어 있다가 유기체가 일정 시간이 경과하면 노화의 속성이 나타나서 노화가 진행된다.
- DNA 작용과오이론(오류재해이론) : DNA가 단백질 또는 효소와 결합하는 과정에서 DNA의 유전정보에 맞지 않는 것을 생산하는데, 이런 단백질이 축적되어 노화가 진행된다.

- DNA 과다이론 : DNA의 유전적 배열상의 과다로 인하여 유전적 오류가 발생하고 이로 인해 노화가 진행된다.
- 질서 · 무질서이론 : 성적 성숙이 이루어진 이후에 유전적 프로그램에 따라 사용되던 에너지의 효율성이 감소함으로써 노화가 진행된다.
- 테로메라제이론 : 염색체 끝에 연결된 일련의 핵산으로 구성된 텔로미어(telomere)가 세포분열과 함께 점점 짧아져 세포손상을 일으키게 되고, 이로 인해 노화가 진행된다.

3) 생리학적 이론

- 신진대사이론 : 신진대사에 필요한 적정 수준의 열량 부족으로 인해 노화가 진행된다.
- 칼로리제한이론 : 영양 실조 또는 과다한 영양 공급으로 인하여 노화가 진행된다.
- 사망호르몬이론 : 산소 소모를 감소시키는 호르몬에 의해 신경세포가 소실됨으로써 노화가 진행된다.
- 신경호르몬이론 : 뇌의 시상하부의 신호에 의해 분비되는 호르몬 분비가 감소되거나 생화학적 조절기능이 약화되어 노화가 진행된다.
- 흉선자극이론 : 면역계를 지배하는 흉선(thymus)이라는 분비선이 소실되어 신체의 면역계를 약화시켜 노화가 진행된다.
- 생명속도이론 : 타고난 제한된 양의 에너지를 빨리 소모함으로써 노화가 진행된다.

4) 면역이론

- 면역반응이론 : 항체의 이물질에 대한 식별능력이 저하되어 이물질을 모두 파괴하지 못하여 노화가 진행된다.
- 자동면역이론 : 체내 면역체계가 항체를 만들 때 정상세포까지 파괴하는 자동면역 항체를 만들고 이 항체의 증가로 정상세포가 파괴되어 노화가 진행된다.

5) 기타이론

- 생리적 통제이론 : 유기체의 신체 통합 · 조정 기능의 상실로 노화가 진행된다.
- 스트레스이론 : 스트레스가 체내에 부정적 병리현상을 유발하여 노화가 진행된다.

2. 생물학적 노화의 양상

생물학적 노화는 외적으로 진행되어 직접 관찰이 가능한 신체구조의 변화와 내적으로 진행되는 신체적 기능의 변화로 나누어 볼 수 있다.

1) 신체구조의 변화

노화가 진행됨에 따라 신체조직을 구성하는 세포와 섬유물질의 변화가 나타나게 된다. 심장이나 근골격계 및 신경계 등에서 노화색소라고 불리는 지방갈색소가 많이 나타난다. 그리고 생명 유지에 필요한 기능들이 쇠퇴하고 DNA와 RNA, 그리고 단백질 합성에 필수적인 분자들이 세포 내에서 생산되지 않게 됨으로써 세포 노화가 촉진되고 결국 신체기관이나 조직의 노화를 일으키게 된다. 신체조직의 틀을 구성하는 섬유물질이 활발하게 교체되지 못하여 쉽게 손상되어 파편화되고 칼슘화됨에 따라 동맥, 폐 등의 신체조직의 기능 저하를 초래하게 된다.

2) 신체 외형의 변화

체중은 60세부터 점차 줄어들며, 연골조직의 퇴화로 인해 키도 30대에 비해 90대에는 2% 정도 줄어들게 된다. 치아는 60대에 14개, 70대에 11개 그리고 80대에는 6개 정도로 줄어든다. 머리카락은 멜라닌 색소의 감소로 인해 은빛으로 변하게 되며, 피부는 멜라닌 색소의 불규칙한 감소로 인해 전체적인 피부색이 동일하게 유지되지 않으며 얼굴은 창백해지고 얼룩반점이 생기고 건성화된다. 노출된 피부는 표피 증식이 감소하여 얇아지게 되고 피하지방의 감소로 주름살이 생기며, 피부탄력성이 현저하게 줄어들게 된다. 피하조직과 피부의 신경세포 감소로 인하여 체온유지능력이 감소되어 추위를 많이 느끼고, 온도 변화에 쉽게 적응하지 못하여 환절기에 호흡기질환에 감염되기 쉬우며, 갑작스런 온도 변화로 쓰러지는 경우도 있다.

연령이 증가함에 따라 신체조직 구성성분 중 지방분은 증가하는 반면 고형분과 수분이 줄어드는 변화가 일어난다. 또한 뼛속의 칼슘량이 줄어들어 뼈의 질량이 감소하고 골밀도가 낮아짐으로써 골절을 당하기 쉽고 골다공증에 걸리기 쉽다. 특히 여성은 폐경기 이후의 성호르몬 분비가 감소하고 신체적 활동이 줄어듦에 따라 남성에 비해 뼈의 손실이 더욱 많다. 그리고 연골조직이 얇아지거나 탄력이 약화되어 관절염을 일으키기도 한다. 또한 팔, 다리 및 골격 일부에 붙어있는 근육의 양이 감소하고 수축력이 약화되어 운동능력이 감퇴된다.

중추신경계의 변화를 보면 뇌는 크기가 약간 감소하며, 일부 부위에서는 노인반, 신경원섬유 농축체, 수상돌기의 감소 등으로 인하여 뇌의 기능이 저하되기도 한다. 내분비계통의 기능의 변화에 대하여는 알려진 바가 많지 않다. 특히 노화에 따라 갑상선기능항진증 환자가 늘어나는 경향이 있다.

3) 신체기능의 변화

신체 내부의 장기는 40세부터 중량이 감소하는데, 25세 청년을 100으로 하였을 때 75세 노인의 경우 뇌 중량은 95% 정도, 신장 중량은 81% 정도, 간장은 67%, 비장은 45% 정도로 줄어들지만, 심장은 140% 정도 증가한다. 이러한 주요 장기의 중량 변화와 함께 조직 변화가 동시에 나타남으로써 장기의 기능 변화가 나타난다. 대표적인 것이 심장근육 모세혈관의 동맥경화에 의한 심장 비대, 지방량 증가 등의 원인이 되어 심장의 중량이 늘어난다. 또한 심박출량과 심장박동 능력은 감소하게 되며, 심장판막의 석회화로 인해 각종 심장질환에 노출된다. 노화에 따른 혈관계의 변화는 주로 동맥에서 관찰되는데, 동맥벽이 비대해지고 탄력성이 줄어들게 된다. 이러한 동맥의 구조적 변화와 기능 저하로 인하여 혈액순환이 원활하지 못하여 고혈압, 동맥경화, 뇌졸중 등의 순환기계 질환을 앓게 될 가능성이 높아진다.

노인기의 폐조직은 탄성이 저하되고 폐용적이 감소되며 죽은 공간이 증가하는 반면, 기관지는 약간 확장되며 기관지 점액선은 증가하게 된다. 이러한 호흡기계의 변화로 인해 폐 속에 나쁜 공기가 남아 있는, 즉 잔기량이 증가하여 기관지질환이나 호흡기질환에 노출될 가능성이 높아진다.

노인기에는 치아결손, 타액과 위액 등의 소화효소 분비량의 감소, 위 근육의 약화 등으로 인해 소화기능이 감퇴한다. 60세 이상이 되면 소장은 융모의 크기가 작아져 점막 흡수면적이 줄어들고 운동성이 저하되며, 대장조직이 변형되고 운동성이 저하됨에 따라 변비나 숙변, 각종 장 질환에 노출될 위험이 높아진다.

연령 증가에 따라 신장의 크기, 무게, 피질의 양 등이 감소되며 신장 혈관의 경화현상이 나타남으로써 신장기능이 줄어들게 된다. 즉, 신장에서 노폐물이나 독소를 여과하는 비율이 80세에는 30세의 50% 정도로 감소함에 따라 각종 신장질환의 위험이 높고 방광이나 요도기능의 저하로 야간에 소변을 보는 횟수가 증가하게 된다. 실제로 60세 이상의 노인은 밤에 평균 1~2회 정도 소변을 보는 것으로 나타나고 있다. 또한 노인이 되면서 세포수의 감소와 함께 운동성이 저하되어 대사요구량이 줄어들게 되며, 심장이나 혈관의 기능과 밀접한 관련성을 지닌 체액의 양이 줄어들게 된다. 그러므로 휴식상태의 산소소모량인 기초대사율은 감소하는 반면, 탄수화물 대사율은 증가하여 혈액 속에 혈당이 증가하여 당뇨병의 위험이 높아진다. 노인에는 성기능 또는 생식기능의 저하현상이 나타나게 된다. 여성의 경우 폐경으로 인해 월경이 중단되고 생식능력이 상실되는데, 폐경 이후의 성적 욕구의 변화에 대해서는 상반된 연구결과들이 제시되고 있다. 남성의 경우도 생식기능이 저하되며, 발기능력과 음경 크기의 감소, 음경 강직도의 저하, 발기 각도의 변화 등과 같은 불완전한 발기 문제로 인하여 성교능력이 저하되기는 하지만 여성보다는 그 기능 저하가 덜하며, 70대 이상에서도 충분히 성적 관계를 유지할 수 있다는 연구들이 많이 있다.

운동, 세포 노화 막는다

운동이 세포의 노화를 억제한다는 연구결과가 나왔다.

미국 샌프란시스코 캘리포니아 대학의 엘리사 에펠(Elissa Epel) 박사는 운동이 세포의 노화에 따라 점점 길이가 짧아지는 염색체 말단부의 텔로미어(telomere)의 감소를 막아주는 효과가 있다고 밝힌 것으로 《메디컬 뉴스 투데이》가 27일 보도했다.

염색체의 양쪽 끝에는 구두끈 끝이 풀어지지 않도록 플라스틱으로 싸맨 부분처럼 염색체가 풀어지지 않도록 보호하는 텔로미어라는 부분이 있다.

세포가 한 번 분열할 때마다 이 텔로미어는 조금씩 짧아지며 그에 따라 세포는 점차 노화되어 죽게 된다.

에펠 박사는 치매에 걸린 배우자나 부모를 돌보고 있는 폐경 여성 62명을 대상으로 운동을 어느 정도 하는지 조사하고 심한 정신적 스트레스에도 영향을 받는 텔로미어의 길이를 혈액검사를 통해 측정한 결과, 운동을 하지 않은 그룹이 일주일에 75분씩 강도 높은 운동을 한 그룹에 비해 텔로미어의 길이가 현저히 짧은 것으로 나타났다고 밝혔다.

이 결과는 정신적 스트레스가 텔로미어의 길이를 줄어들게 만들어 면역세포의 노화를 촉진한다는 앞서의 연구결과를 확인하는 것이라고 에펠 박사는 말했다.

출처 : 연합뉴스 2010년 5월 28일자

수명 100세 노화방지약 개발 성공
美 연구팀 "치매 등 막아…2012년 시판 가능"

인간수명 100세 시대, 이젠 꿈이 아니다?

알츠하이머와 노화를 방지해 평균 수명을 100세까지 끌어올릴 수 있는 신약이 처음으로 개발됐다고 미국의 폭스 뉴스와 《선》지가 12일(현지 시간) 전했다. 알츠하이머와 노화를 방지해 평균 수명을 100세까지 끌어올릴 수 있는 신약이 처음으로 개발됐다.

노화 연구의 세계적 권위자인 미국의 니어 바르질라이 앨버트 아인슈타인 의과대 교수 팀은 이날 런던에서 열린 세미나에서 "꿈의 알약 개발에 성공했다"고 밝히고 "이 약은 임상실험을 거쳐 2012년에 시판될 것"이라고 예상했다. 바르질라이 교수가 이끄는 연구팀은 노화를 일으키는 유전인자를 추출, 이를 제거함으로써 '건강 100세'를 보장하는 신약 개발에 성공했다고 설명했다.

연구팀은 지난 수년 동안 암이나 당뇨, 치매 등으로 사망하는 사람들의 세포를 집중 연구, 이를 바탕으로 체내의 노화방지 유전인자(anti-aging genes)를 더욱 강화해주는 신약을 만들어내는 데 성공한 것으로 알려졌다. 바르질라이 교수는 "70~80세 사이에 사망하는 사람들은 대부분 삶의 마지막 몇 년 동안 질병으로 극심한 고통가운데 생을 마감하지만 100세 이상 장수노인들은 건강을 유지한 채 숨을 거둔다는 사실에 착안, 건강한 노인들의 유전인자를 집중 연구해 성과를 거두었다"고 설명했다.

출처 : 뉴데일리 2010년 5월 13일자

제2절 노인의 심리

1. 심리적 노화의 개념과 특성

1825년 네덜란드계 유태혈통의 영국인 수학자 곰퍼츠(Gompertz)가 사망률과 연령 사이의 상관성을 연구하면서부터 시작된 심리적 노화의 개념과 특성은 다음과 같다.

심리적 노화의 개념은 생물학적 측면에서 볼 때 인생의 1/4은 성장하면서 보내고 나머지 3/4은 늙어가는데 보낸다고 할 수 있다. 하지만 사회 · 문화적 측면에서 볼 때 인생의 1/4은 성장하는 기간이고, 2/4는 일하는 기간이며, 1/4은 늙어가면서 보내는 기간이라 할 수 있다. 심리적 노화는 인생의 마지막 1/4 기간 동안 이루어지는 것으로 퇴행적 발달의 의미가 강하다. 이러한 심리적 노화는 감각기능, 인지기능, 정서 및 정신기능, 성격 등의 심리내적 측면과 심리외적 측면과의 상호작용과정에 있어서 퇴행, 유지 및 성숙을 동시에 내포하는 심리적 조절과정이라 할 수 있다.

심리적 노화의 영역은 크게 다음의 세 가지로 나눌 수 있다.

- 감각기능, 지각과정, 심리운동수행능력, 정서 및 정신기능 등의 심리적 기능
- 자아의 발달과 성격변화와 같은 발달적 특성
- 정신건강과 장애

심리적 노화의 특성은 앞서 개념에서 언급했듯이 다른 노화의 영역과 상호연관성을 가지고 있다.

1) 생물학적 노화와의 관련성의 특성

생물학적 노화와 관련된 심리적 기능일수록 연령이 증가함에 따라 퇴행적 발달이 나타난다.

2) 심리학적 노화와의 관련된 특성

경험과 관련된 심리적 기능이나 발달은 그대로 유지되거나 오히려 증가하는 특성을 지니고 있다. 사실 실험실 연구에서와는 달리 노인의 감각, 지각 및 다양한 정신기능이 실제생활에서는 연령이 증가하더라도 크게 변화하지 않고 그대로 유지되는 경우가 많은 것으로 나타나고 있다. 그리고 심리적 노화가 일어나는 시점이나 노화의 비율은 개인에 따라 달라진다.

3) 사회적 노화와 관련된 특성

심리적 노화가 사회적 기능의 약화를 초래할 수도 있지만 오히려 촉진하는 경우도 있으며, 반대로 사회적 노화가 심리적 노화에 긍적적 또는 부정적 영향을 미칠 수 있다. 따라서 심리적 노화와 사회 · 문화적 노화는 밀접한 상관성을 지니고 있다(권중돈, 1994).

2. 심리적 노화의 주요이론

심리적 노화에 관한 이론들은 발달과업이론, 성격발달이론, 인지이론, 행동유전이론, 노인초월이론 등이 있다.

1) 발달과업이론

인간발달 단계에 따른 노인기의 발달과업을 제시한 이론들로 대표적으로는 다음과 같은 것이 있다.

(1) 해비거스트(Robert Havighurst)[10]의 발달과업이론

인간발달 여섯 단계를 제시하면서 노인기의 발달과업을 ① 쇠퇴하는 기력과 건강에 대한 적응, ② 퇴직과 소득 감소에 대한 적응, ③ 배우자의 죽음에 대한 적응, ④ 동년배 집단과의 유대관계 강화, ⑤ 사회적 역할을 융통성 있게 수행하고 적응, ⑥ 생활에 적합한 생활환경의 조성이라고 제시하였다.

(2) 펙(Scott Peck)[11]의 발달과업이론

에릭슨의 7~8단계를 통합하여 일곱 단계의 인간발달이론을 제시하면서 중년기 이후의 발달과업을 ① 자아분화 vs. 직업역할몰두, ② 신체초월 vs. 신체몰두, ③ 자아초월 vs. 자아몰두라고 규정하였다.

(3) 클락과 앤더슨(Clark & Anderson)의 적응발달과업이론

노인기에 직면하게 되는 적응과업을 ① 노화의 현상과 이로 인한 행동 및 활동에 제약이 오는 것을 자각하는 것, ② 신체적 및 사회적 생활반경을 재정의하는 것, ③ 노화로 인한 제약 때문에 이전처럼 만족시킬 수 없는 욕구를 다른 방법으로 만족시켜야 하는 적응

10) 독일계 미국인으로 물리학을 공부하였으나 후에 교육학으로 변경, 시카고 대학의 아동심리학과에서 가르쳤다. 주요 관심사는 노인심리학이었으며, 대표적 저서로 《Human Development and Education》이 있다.
11) 미국 정신과 의사이자 저술가이다. 대표적 저서로는 《The Road Less Traveled》가 있다.

과업, ④ 자아의 평가기준을 새롭게 설정하는 것, ⑤ 노인기의 생활에 맞도록 생활의 목표와 가치를 재정립하는 것으로 규정하였다.

2) 에릭슨(Erikson)의 심리사회적 발달이론

전 생애에 걸친 점성적 성격발달이론으로, 노인기의 발달단계를 '자아통합 vs. 절망'이라 규정하였다. 자아통합이란 과거 및 현재의 인생을 바라던 대로 살았다고 받아들이고, 만족스럽고 의미 있게 생각하며, 다가올 죽음을 수용하고 기다리는 태도를 말한다. 절망이란 과거 및 현재의 인생을 후회스럽고 불만스럽게 생각하고, 다시 한 번 기회가 주어진다면 다르게 살겠다고 생각하며, 죽음 앞에 남은 시간이 너무 짧아 어떻게 할 수 없기 때문에 불안, 초조해하는 태도를 말한다.

3) 톰(Thome)의 인지이론

생물학적 · 사회적 · 심리역동적 이론을 통합한 노인기 성격에 관한 인지이론으로서 지각, 지각된 상황, 그리고 지각된 자아를 강조하였다. 객관적 변화보다는 주관적으로 지각한 변화가 행동 변화에 더 중요한 요인이 되며, 그러한 변화는 개인의 지배적인 관심이나 기대치에 의해 평가될 수 있다고 보았다. 성공적인 노화를 위해서는 인지체계와 동기체계의 균형을 유지하고 재구조화하는 것이 필수적이라고 주장한다.

4) 살토스(Salthose)의 자원감소이론

인지적 과업을 수행할 때 필요한 자원이 많을수록 인지적 수행능력이 증가하는데, 노인기에는 정보를 처리할 수 있는 자원이 축소됨으로써 인지적 수행능력이 줄어들게 된다고 노화를 설명하였다.

5) 맥클렘(McCleam)의 행동유전이론

유전적 요인이 노화에 미치는 영향에 관심을 두고 있으며, 시간의 흐름에 따라 유전적 요인과 환경적 요인의 영향력이 달라지게 되고, 그로 인해 행동상의 차이가 유발된다. 유전적 요인은 환경적 요인보다 행동에 지속적인 영향을 미치지만, 환경적 요인 역시 행동 차이를 유발하는 중요한 요인이다.

6) 밀러(Miller)의 정체감위기이론

직업적 역할은 개인의 정체감을 지지·유지하는 기반이며, 사회적 역할, 생계유지자의 역할 등 부수적 역할을 부여한다고 규정하고 있다. 퇴직자는 직업 및 부수적 역할을 상실하여 역할이 없는 사람이라는 낙인이 찍히게 되고, 이로 인해 자아지지기반이 와해되고 정체성 위기에 직면하게 된다고 주장한다. 노인기에 정체감을 유지하기 위해서는 ① 다른 활동을 통하여 대체적 만족감을 추구하거나, ② 사회적 인정을 받을 수 있는 완전한 여가활동 개발 및 참여를 하는 것이 필요하다.

7) 액클리(Atchley)의 정체감유지이론

정체감은 여러 가지 원천에서 파생된다고 전제하고 직업적 역할만이 정체감 유지를 위한 활동이 아니므로 퇴직 후에도 여러 가지 역할을 통하여 정체감을 유지할 수 있다고 주장하는 이론이다. 노인기로의 진입과 함께 물질적이고 현실적인 관점에서 한층 초월적이고 인류적인 관점으로 변화하게 되며, 자연스럽게 삶의 만족도가 증진된다.

3. 심리적 노화의 양상

심리적 기능을 감각기능과 인지 및 정신기능으로 구분하여 살펴보고, 발달적 특성은 정서 및 성격 변화에 대해서 살펴본다.

1) 감각기능

(1) 시력과 청력

노인기에는 신체 내 · 외부의 변화와 상태에 대한 정보를 수집하여 뇌에 전달하는 감각기관의 기능이 저하된다. 먼저 시력은 40대 이후부터 약화되기 시작하여 70세 이후부터는 교정시력으로도 정상시력을 유지하기가 어려워진다. 노인기에는 또한 내이(內耳)에서 대뇌피질까지의 청각체계의 반응능력 감소, 중추신경계의 자극반응능력 감소 등으로 인하여 청각능력의 감퇴가 이루어진다. 55세 이후부터는 음의 고저에 대한 변별력이 감소하고, 노인기 후에는 보청기와 같은 청력 보조기구의 필요성이 높아진다.

(2) 미각 · 후각 · 촉각

미각은 20대에 최고 상태에 이른 후 50세부터는 서서히 저하되지만 70세 이전까지는 큰 변화가 없다. 그러다 80세 이후부터는 맛봉우리가 감소하여 미각 구별능력이 현격히 쇠퇴한다. 후각은 65세 이후부터 감소하기 시작하여 80세 이후 노인의 75% 정도가 후각의 문제를 경험하게 된다. 촉각에 대한 감각은 45세 이후부터 급격히 저하되며, 통각은 젊은 사람들에 비해 노인들이 덜 민감하지만 통각의 저하는 연령과는 크게 상관성이 없다.

(3) 자각기능반응속도의 저하

노인기에는 이러한 감각기관이 수집한 정보를 의식적 수준에서 처리하고 평가하는 자각기능의 반응속도가 저하된다. 즉, 노인기에 이르면 뇌의 신경자극전달세포의 감소, 연령 증가에 따른 조심성, 심사숙고의 증가 등의 원인에 의하여 운동반응, 반응시간, 문제해결, 기억력, 정보처리과정에서 반응속도가 둔화된다. 그러므로 노인기에는 환경 변화에 즉각적으로 대처할 수 없게 되어 안전사고를 유발할 가능성이 높아진다.

(4) 수 면

연령이 증가함에 따라 일반적으로 수면시간이 감소한다. 20대에는 하루 평균 7~8시간의 수면을 취하지만 55세 이후부터는 급격히 감소하여 65세 이상에서는 5~6 시간 정도 수면을 취하게 되는 것으로 나타나고 있다. 이러한 수면시간의 감소와 함께 취면장애, 조기각성, 주야전도, 숙면장애 등의 수면장애를 경험하는 경우가 많다. 특히 REM(Rapid Eye Movement) 수면시간이 감소함에 따라 피로회복률이 낮아짐으로써 낮 동안의 일상적 활동에 지장을 받는 경우가 많아진다.

2) 인지 및 정신기능

사망 직전 혹은 사망 5년 전부터 지적 능력의 감퇴가 확실히 나타난다는 연구보고들이 있다. 하지만 일반적으로는 노인기의 지능, 기억력, 사고 및 문제해결능력의 변화 양상에 대한 연구결과는 아직 일치된 의견이 제시되지 않고 있다.

(1) 지 능

인지기능 중에서 지능은 개체가 유목적적으로 행동하고 사고하며, 환경에 효율적으로 대처하는 종합적이고 총체적인 능력으로, 새로운 것을 학습할 수 있는 능력 또는 환경에 적응하는 능력을 의미한다. 지능은 일반적으로 18~25세 이후부터는 점진적으로 쇠퇴한다고 보고 있으나, 지능에는 여러 종류가 있으므로 특정 영역의 지능만을 근거로 지능의 약화를 주장할 수는 없다.

펜실베니아 주립대학 샤이에(Schaie)의 연구에 의하면, 연령이 증가함에 따라 선천적으로 갖고 태어난 수에 대한 감각, 정확성, 기억능력, 반응속도 등의 유동성 지능은 20~30대에 절정을 이루며 70세 이후부터 급격히 감퇴하는 반면, 경험을 통하여 후천적으로 획득된 추론능력, 어휘력 등의 결정성 지능은 60세까지 꾸준히 증가하는 것으로 나타나고 있다. 이러한 점에서 볼 때, 연령과 지능이 반비례적 관계에 있다고 단정하기는 어렵다. 따라서 지능은 연령 이외의 변인, 즉 교육수준, 생활경험, 직업, 동년배집단효과, 지능검사 시의 신체 및 건강상태 등에 영향을 많이 받는다. 그리고 창의성은 30대에 정점을 이룬 후부터 조금씩 감퇴되지만, 60~70세에서도 20대와 동일한 수준의 창의성을 발휘할 수 있으며, 80세에도 여전히 중요한 일들을 훌륭하게 수행하는 경우가 많이 있다.

(2) 기억력

기억이란 외부에서 들어온 정보를 대뇌에 기록해서 저장했다가 어떠한 상황에 직면하여 의식으로 되살려내는 정신기능을 의미한다.

이러한 기억은 ① 5~10초 후에 회상해 내는 단기 기억, ② 1시간~며칠 후에 회상해 내는 최근 기억, ③ 오래 전에 일어난 일을 생의 과정을 통하여 자주 회상되던 것을 회상해 내는 장기 기억, ④ 오래 전에 일어난 일로서 한 번도 회상해 본 적이 없는 것을 회상해 내는 최고 기억으로 구분된다.

노인기에 이르면 일반적으로 단기 기억과 최근 기억 능력이 약화되고 암기보다는 논리적인 것의 기억능력이 더 많이 감퇴되는 것으로 알려지고 있으며, 보는 것보다는 듣는 것의 기억력이 뛰어나므로 노인들의 학습능력 증진을 위해서는 청각을 활용한 교육방법이 더 효과적이다.

(3) 학습능력과 사고능력, 치매

연습이나 경험을 통하여 정보나 기술을 습득하는 학습능력은 일반적으로 연령이 증가함에 따라 저하되는 것으로 알려지고 있다. 그러므로 노인들의 학습능력을 증진시키기 위해서는 충분한 시간을 부여하고, 의미 있고 분명하며 구체적인 학습과제를 부과하고, 학습결과에 대해서 즉각적인 피드백을 제공하는 것이 바람직하다.

사고능력은 학습과 지각에 의해 받아들인 정보를 구별하고 분류하여 개념화하는 과정으로, 이미 습득한 지식을 활용하여 여러 가지 과제를 해결하거나 과제상황에 대처하는 것을 의미한다. 그리고 문제해결능력은 사고과정에서 형성된 개념들을 바탕으로 논리적 추리를 하여 어떤 결정을 내리는 것을 의미한다. 이러한 사고능력과 문제해결능력은 연령이 증가함에 따라 저하되는 것이 일반적이지만 단순히 연령 증가만이 그 원인이라고 단정 짓기는 어려우며 연령과 교육수준, 인생경험, 지능, 직업, 동년배효과 등의 요인이 복합적으로 영향을 미친다.

노인기에 주로 일어나는 사고능력과 기억력의 심각한 장애인 치매는 심각한 사회문제로 인식되고 있다. 치매는 뇌질량의 감소, 뇌혈관장애, 알코올 등과 같은 원인에 의해 인지기능과 고등정신기능이 감퇴되는 기질성 정신장애로서 기억장애, 추상적 사고장애,

판단장애, 대뇌피질장애, 성격변화가 수반됨으로써 직업 일상적 사회활동 또는 대인관계에 지장을 받게 되는 복합적 임상증후군이다.

(4) 지혜와 영성

노인들은 오랜 삶의 경험을 통하여 나름대로의 삶에 대한 지혜를 갖게 된다. 지혜는 지식과 실용적 능력을 결합하여 인생에 대해 더 큰 이해를 갖게 되는 개인적 지식의 통합체로서 공식교육, 부모나 스승의 가르침, 수도 등을 통하여 후천적으로 습득할 수도 있지만, 성인이나 종교지도자처럼 선천적으로 타고나는 경우도 있다. 노인기에 겪게 되는 반응속도의 저하와 같은 인지기능의 저하를 오랜 인생경험을 통해 획득한 지혜를 사용하여 보완할 수 있다. 또한, 노화 자체가 궁극적 존재의 이유에 대해 관심을 갖게 하고 죽음에 대해 깊이 명상하게 하며 보편적 가치를 추구하게 하므로 노인기에는 영성(spirituality)이 더욱 깊어지는 경향이 있다. 대다수의 노인들이 젊은 시절에 비해 영성이 훨씬 깊어진다는 연구조사가 있다.

3) 정서 및 성격 변화

(1) 자아정체감

노인기의 자아정체감 변화에 대하여 상반된 이론이 제시되고 있다.

밀러(Miller, 1965)는 노인기에 이루어지는 은퇴로 인하여 자아기반이 와해되면서 노인은 정체성 위기에 직면하게 된다는 정체감위기이론을 제시하였다. 반면, 애클리(Atchley, 2000)는 정체감은 여러 가지 원천에서 파생되므로 은퇴 이후에도 여러 가지 역할을 통하여 정체감을 유지할 수 있다는 정체감유지이론을 제시하고 있다.

에릭슨(Erikson, 1963)은 노인기의 심리사회적 위기인 '자아통합(Integration) vs. 절망(despair)'은 중·장년기의 '생산성 vs. 침체'의 위기를 어느 정도 성공적으로 극복했는가에 따라 그 결과가 달라진다고 하였다. 노인이 자아통합에 이르게 되면 자신이 살아온 인생을 수용하고 두려움 없이 죽음에 직면하는 능력이 높아지지만, 절망에 이른 경우에는 죽음을 수용하지 못하고 타인을 원망하며 우울증의 경향을 보인다.

(2) 감정표현능력

노인기에는 감정표현능력이 저하된다. 이러한 감정표현능력의 저하는 연령의 증가에 기인한 것이라기보다는 사회문화적 요인에 더 큰 원인이 있다. 즉 감정표현을 억제하는 것이 사회문화적으로 좀 더 바람직한 것이라는 사회적인 압력에 순응한 결과라고 할 수 있다.

노인기의 성격, 특히 방어기제의 변화와 관련하여 존스와 메러디스(Jones & Meredith, 2000), 코스타와 맥크래어(Costa & McCrae, 1984)는 나이가 들수록 투사, 공격성 등의 미성숙한 방어기제는 줄어드는 반면 승화와 같은 성숙한 방어기제는 더욱 증가하는 경향이 있다고 하였다. 그러나 노인기의 성격이 연속성과 안정성을 유지한다는 주장과 변화한다는 주장이 동시에 제기되고 있다.

(3) 노인기의 10가지 특징적 성격 변화

- 내향성 및 수동성의 증가 : 외부 사물이나 행동보다는 내적인 측면에 관심과 주의를 기울이며, 자신의 사고나 감정에 따라 사물을 판단하고, 능동적 문제해결보다는 타인에 대한 의존성이 증가한다.
- 조심성의 증가 : 정확성을 중시하며, 감각능력이 감퇴하고, 결정에 대한 자신감의 결여로 인하여 확실한 것을 추구하는 경향이 강해진다.
- 경직성의 증가 : 자신에게 익숙한 습관적 태도와 방법을 고수하며, 이로 인해 학습능력과 문제해결능력이 저하되는 것이 일반적이다.
- 우울 성향의 증가 : 신체 질병, 배우자 사망, 경제사정 악화, 사회로부터의 고립, 일상생활에 대한 통제력 약화, 과거에 대한 회상의 증가로 인하여 우울 성향이 증가하고 이로 인한 불면, 무감각, 강박관념, 증오심, 체중 감소 현상이 나타나기도 한다.
- 생에 대한 회상의 경향 : 과거의 인생을 회상하여 남은 시간에 지금까지 해결하지 못한 것을 찾아서 새로운 해결을 시도하고 새로운 인생의 의미를 발견하려 한다.
- 친근한 사물에 대한 애착 증가 : 사용해온 물건에 대한 애착이 증가하며, 이를 통해 과거 인생을 회상하고 마음의 평온을 추구한다.
- 성역할 지각의 변화 : 남성은 친밀성, 의존성, 관계지향성이 증가하는 반면, 여성은

공격성, 자기주장, 자기중심성, 권위주의 성향이 상대적으로 높아진다.

- 의존성의 증가 : 노화가 진행됨에 따라 경제적 의존, 신체적 의존, 정서적 의존, 사회적 의존성이 전반적으로 증가한다.
- 시간전망의 변화 : 40세 이후부터 시간전망의 변화가 나타나는데, 남아 있는 시간을 계산하고 시간이 얼마 남지 않았다는 사실을 회피하기 위하여 과거에 대한 회상에 집중하거나 반대로 과도하게 미래지향적이 되기도 한다.
- 유산을 남기려는 경향 : 죽기 전에 자손, 예술작품, 기술, 지식, 재산 등 뭔가를 남기려는 성향이 강해진다.

(4) 노인기의 성격유형

- 성숙형 : 매사에 신중하고 은퇴 후의 변화를 수용하고 과거에 집착하지도 않으며, 여생이나 죽음에 대하여 과도한 불안이 없다.
- 방어형 : 노화에 따른 불안을 방지하기 위해 사회적 활동 및 기능을 계속 유지한다.
- 은둔형 : 은퇴 후 과거에 힘든 일이나 복잡한 대인관계에서 벗어나 조용히 수동적으로 보내는 것에 만족한다.
- 분노형 : 젊은 시절 인생목표를 달성하지 못하고 늙어버린 것을 비통해하며, 실패 원인을 외부에 투사하여 남을 질책하고 자신의 늙음에 타협하지 않으려 한다.
- 자학형 : 지난 인생에 대해 후회가 많고 불행이나 실패의 원인이 자신에게 있다고 여겨 자신이 무가치하고 열등하다고 생각하여 의기소침하거나 우울해 한다.

"내가 정신병자냐"
상담 꺼리다 최근 예방센터 찾는 노인 부쩍

"눈만 감으면 자꾸 죽고 싶어. 높은 곳으로 올라가 뛰어내리고 싶고……."

장태현(가명 · 70) 씨는 키 178cm에 말끔하게 차려입은 노신사였다. 서울 서대문 노인자살예방센터 상담실 안에서 만난 그는 지난 해부터 자살 충동을 참지 못해 일주일에 한 번씩 심리치료를 받고 있다.

"15년 전 사업 실패 후 아내가 떠났지. 나도 좌절이 큰 만큼 방탕한 생활을 했어. 이후 자식들과도 연락이 두절되더군." 장 할아버지의 얼굴이 살짝 어두워졌다. 이후 그는 쪽방촌 등을 전전하다 2년 전부터 반지하 빌라에서 혼자 살고 있다.

"집에 혼자 있는 시간이 길어지자 미칠 것만 같더군. 휴……. 처음에는 그냥 막 화가 나고 외로웠지만 견딜 만했어. 누군가 그리우면 하루 종일 서울역, 공원 등을 돌아다녔거든. 근데 어느 순간부터 죽고 싶다는 충동이 강해졌어."

김영순(가명 · 72) 씨도 일주일에 한 번씩 센터를 찾아 상담을 받는다. 김 씨는 남편도 있고 경제적으로 풍족했지만 수차례 자살을 시도했다. 3년 전 한강에서 투신자살을 시도했지만 몸이 떠오르자 물에서 기어나왔다. 이후에도 계속 음독자살을 시도했다. 김 씨가 자살 시도를 하게 된 것은 딸이 외국에 나가 살고 아들과 관계가 소원해지면서부터다.

"처음에는 기분이 별로 안 좋은 정도였어. 하지만 자꾸 성격이 내성적으로 변했어요. 멍하니 있으면 눈물이 나고 상담을 받으면서 펑펑 울었어. 내가 문제가 있다는 것을 그때 알았지."

이처럼 최근 지역 내 노인자살예방센터를 찾는 노인이 많아졌다. 서울 서대문 · 성북구 · 노원구노인자살예방센터와 성남 · 경기도노인자살예방센터 등에는 매주 적게는 30명, 많게는 400명 이상의 노인들이 심리상담사를 찾아 자살 충동에 대해 고민하고 치료를 받고 있다. 신변과 생활에 큰 문제가 없는데도 자살 충동을 느끼는 노인들이 적지 않다.

박재희(가명 · 71) 씨도 자신이 나이가 들어 무기력한 줄만 알았다. 돈도 넉넉했고 남편, 자식들과의 관계도 좋았다. 하지만 2년 전부터 몸이 아프고 자꾸 자고 싶어졌다. 병원을 찾았지만 병명은 알 수 없었다. 이후 자살 충동이 강해졌다. "어느 순간부터 내가 자식들에게 짐 같은 존재라는 생각이 들기 시작했던 것 같아. 그 순간부터 죽고 싶다는 충동을 자주 느꼈어."

서울시정신보건센터 이명수 센터장은 "노인은 젊은 사람들과 달리 더 산다고 해서 미래가 나아지리란 희망이 없어 자신이 생각하는 현재의 문제를 더 크게 느끼게 된다."고 지적했다. 노인 상담가들은 "노인 자살을 막기 위해서는 자살 충동자를 찾아내는 것이 가장 중요하다."고 밝혔다. 노인이 먼저 상담기관을 찾는 사례는 극히 드물기 때문이다. 기자가 노인자살예방센터에서 만난 노인들은 대부분 처음에는 '내가 정신병자도 아닌데 왜 (센터에) 가느냐'는 식으로 화를 냈다고 말했다.

노인자살예방센터들은 1년에 상 · 하반기를 나눠 경로당, 교회 등을 찾아다니며 노인을 대상으로 설문조사를 한다. 이들의 자살위험도를 미리 파악해 위험도가 높은 노인의 경우 관리에 들어가기 위해서다. 또 수시로 전화를 걸어 상태를 체크하고 말동무가 되거나 방문 상담, 센터 내 심리치료 등을 병행하고 있다. 서대문노인자살예방센터 강순성 팀장은 "노인들에게 누군가 관심을 가져준다는 것을 느끼게 해야 자살을 막을 수 있다."고 말했다.

"조금만 관심을 가지면 어르신을 살릴 수 있습니다."

5년에 걸쳐 노인자살생존자들을 연구해온 상지대 박지영 사회복지학과 교수(42)의 말이다. 박 교수는 자살 시도 후 살아난 노인들을 집중 상담하며 노인 자살자가 보여 왔던 특징, 정신 상태 등을 분석했다.

박 교수에 따르면 노인들은 다른 연령대의 자살 시도자와 달리 자살에 대해 의사표현을 하거나 도움을 요청하는 경우가 극히 드물다. 따라서 평소처럼 목욕을 다녀오거나 집안을 청소하는 등 아주 일상적인 활동을 한 후에도 자살을 시도한다.

우선 자녀나 배우자가 갑작스럽게 죽거나 노인이 가족에게 부담이 되는 질병을 얻었을 때 가족들은 노인을 주의 깊게 관찰해야 한다.

노인이 "나 같은 사람이 살아서 뭐해."라고 하소연을 하거나 "죽으면 편할까?" 등 죽음에 관한 이야기를 자주 하는지도 관찰한다. 또 계속 해오던 지병 치료나 식사를 거부하는 경우도 주의한다. 자기 물건에 손대는 것에 민감해지는 경우에도 관심을 가지야 한다. 또 갑자기 고마움을 표시하거나 평소 아끼던 물건을 줄 때도 눈여겨봐야 한다.

출처 : 동아일보 2010년 3월 5일자

제3절 노인의 사회 · 문화

인간이란 사회 · 문화 속에서 상호작용하며 살아가는 존재이기에 노화의 사회 · 문화적 측면을 정확히 이해하기 위해서는 노인기로의 전환과 함께 자신을 둘러싼 사회 · 문화환경에도 영향을 미치게 된다.

그러므로 노화를 정확하게 이해하기 위해서는 사회 · 문화가 노화과정이나 노인에게 미치는 영향, 노인인구로 인하여 야기되는 사회 · 문화적 변화라고 하는 세 가지 측면을 모두 고려해야 한다. 하지만, 노화의 사회 · 문화적 영역은 주로 노인기로의 전환과 함께 나타나는 개인 수준으로 노화의 영역을 제한하는 것이 일반적이다.

따라서 사회 · 문화적 노화란 '노인기로의 전환과 함께 나타나는 사회 · 문화적 관계망과 상호작용, 사회 · 문화규범과 사회 · 문화화, 그리고 지위와 역할의 변화'라고 정의할 수 있다.

1. 사회 · 문화적 노화의 주요이론

1) 활동이론

노인기에는 신체 및 환경적 제한이 따르고 중요한 역할의 상실을 경험하지만 중 · 장년기처럼 지위에 따르는 역할이나 다양한 활동에 적극적으로 참여함으로써 긍정적 자아개념을 유지하고 성공적으로 노화에 적응할 수 있다고 보는 이론이다. 중년기까지 활동과 역할의 축소를 강요받아 사회 · 문화적으로 분리될 경우 노인들은 문제에 직면하게 된다는 것이다.

2) 분리이론

노인이 자발적으로 사회 · 문화에서 분리됨으로써 유능한 젊은이들이 일할 기회를 제공할 여지를 마련하게 되고, 노인은 편안히 쉬면서 죽음을 준비할 수 있는 기회를 갖는 것이 바람직하다고 보는 이론이다. 노인기에는 사회 · 문화적 교류와 활동범위를 축소하고, 개인이나 사회를 위해 노인이 사회로부터 분리되고, 사회 역시 노인을 사회에서 분리시키는 것이 타당하다.

3) 지속이론

인간은 성인기 이후에 자아이미지, 성격이나 생활습관 등이 거의 동일하게 유지되며, 노인기에도 이전과 같은 방식으로 생활한다. 노인기에 자신의 고유한 생활습관과 성격, 행동유형을 유지하는 것이 자아존중감과 생활만족도를 증진시킨다.

4) 역할이론

개인이 노화에 얼마나 잘 적응하는가는 노인기의 역할 변화를 어느 정도 수용하는가에 의해 결정된다. 노인기에 상실되는 역할은 많은 반면 새로운 역할을 얻지 못하거나 역할의 불확실성 등으로 인하여 사회 · 문화적 정체감과 자아존중감의 혼란이 초래된다.

5) 스트레스이론

노인기에는 배우자 상실, 퇴직 등으로 인하여 스트레스를 경험하게 되지만, 이에 대처할 수 있는 자원이 부족하여 스트레스로 인한 부정적 영향을 받을 가능성이 높아진다. 동일한 스트레스라고 하더라도 개인의 스트레스에 대한 지각과 대처자원, 사회 · 문화적 지지수준에 따라 스트레스의 결과는 달라지게 된다.

6) 생활과정이론

노인들의 삶은 그 시대의 문화가 요구하는 연령규범의 영향을 받게 된다. 노인기의 연령규범과 사회 · 문화화 기준이 불명확하여 많은 노인들이 성공적인 노화와 만족스러운 노인기 삶에 대한 인식의 혼란을 경험한다.

7) 현대화이론

사회 · 문화의 현대화(보건의료기술 발전, 생산기술의 변화, 도시화, 교육의 대중화) 수준과 반비례하여 노인의 지위가 하락한다. 노인 지위의 하락에 비례하여 노인문제가 발생한다.

8) 구조지체이론

의술의 발달로 노인들의 활동능력은 증가하였지만 경제제도하에서는 노인을 은퇴시키며, 사회 · 문화복지제도에 있어서도 노인의 욕구에 맞추어 적절한 서비스를 개발하여 시행하지 못하는 등 사회 · 문화제도가 노인들의 욕구와 현실의 변화를 따라가지 못하고 지체되어 있다.

9) 낙인이론

사회 · 문화가 노인들을 비생산적이고 쓸모없는 존재로 규정하면 노인들은 이러한 사회 · 문화적 규범과 낙인에 맞추어 스스로 행동하려는 경향이 있다.

10) 사회 · 문화와해이론

노인이 부적절한 행동에 대해 사회 · 문화적 비판을 받게 되면 의존적 존재가 되지만 장점과 능력을 인정받으면 자율적 존재가 되는데, 일반적으로 사회 · 문화가 노인을 부정적으로 인식함에 따라 노인기의 사회 · 문화적 관계와 사회 · 문화 참여가 위축된다. 사회 · 문화가 노인에게 은퇴를 강요하게 되면 노인은 자신감 상실과 정서적 불안 등으로 부적절한 행동을 하고 의존적 존재가 되어 문제를 경험한다.

11) 하위문화이론

사회 · 문화의 차별, 노인들 간의 신념과 관심사의 유사성 등으로 노인들은 집단 특유의 규범과 가치를 창조해 냄으로써 집단정체감과 하위문화를 형성한다. 노인세대의 하위 문화가 다른 세대와의 갈등, 분화를 통하여 집단 내 결속력을 높이고 더 많은 권력을 얻지 못한 결과로 노인들은 문제를 경험하게 된다.

12) 연령계층화이론

사회 · 문화가 경제적 계급에 의해 계층화되는 것과 마찬가지로 청년, 중년, 노인으로 연령에 따라 계층화된다. 서로 다른 연령계층으로 구성된 사회 · 문화에서 노인은 이전까지 누리던 역할과 권력 등이 약화되면서 배분과정에서 소외된다. 노화에 따른 권력의 약화, 사회 · 문화 배분구조에서의 소외로 인하여 노인은 세대간 차이를 느끼고 낮은 서열로 밀려나게 됨으로써 문제를 경험한다.

13) 세계체제이론

선진국과 개발도상국 사이에 존재하는 정치적 불평등에 의해 제3세계 노인들의 지위와 삶의 질적 수준이 저하된다. 중심국가(선진국)의 주변국가(개발도상국)에 대한 경제적 지배나 착취기 개발도상국 노인의 문제를 야기한다.

14) 정치경제이론

사회 · 문화의 정치경제적 제도 속에서 노인은 다양한 기회가 축소되거나 상실한 존재이다. 사회 · 문화정책과 조직, 집단권익옹호행동에서 노인의 기회를 박탈하고 의존성을 조장함으로써 사회 · 문화 · 경제적으로 열악한 상태에 이르게 된다.

15) 교환이론

노인의 재산소유 및 통제권의 약화, 지식의 낙후성, 가족 유대관계 약화 등으로 인하여 노인의 교환자원이 점차 약화되고 노인의 가치가 저하됨에 따라 교환관계에서 열등한 지위에 처하게 되고 사회 · 문화적 상호작용에서 소외된다.

2. 사회 · 문화적 노화의 양상

사회 · 문화적 노화의 양상 가운데서 노인기로의 전환과 함께 나타나는 사회 관계망과 상호작용, 사회 · 문화규범과 사회화, 지위와 역할의 변화에 국한하여 각각의 영역에서 노인 개개인에게 어떤 변화가 일어나며, 이러한 변화에 사회 · 문화 환경이 어떠한 영향을 미치는가에 대해 살펴보는 것이 중요하다.

1) 사회 · 문화적 관계망과의 상호작용

(1) 일반적 특징

노인기에는 퇴직, 배우자와 친구의 상실 등으로 인해 사회적 관계망이 줄어드는 것이 일반적이다. 또한 직장 등과 같은 2차 집단과의 유대관계 및 참여 정도는 줄어들고 가족, 친구, 이웃 등과 같은 1차 집단과의 관계가 사회적 관계의 중심이 되며, 그 중에서도 가족이나 자녀와의 관계가 핵심적 관계축이 된다(권중돈, 2000).

(2) 부부관계의 특징

노인기에는 평균수명의 연장과 출산자녀수의 감소로 자녀양육 기간은 줄어들고, 배우자 사망 이후 독신으로 생활하는 기간과 여가시간이 늘어나게 된다. 그러므로 노인기의 원만한 부부관계의 유지는 삶의 만족도 유지에 필수적 요인이 된다. 이를 위해 건강 및 경제적 자립, 생활범위의 조정 등이 이루어질 필요가 있다.

특히 남성노인의 경우, 은퇴 이후 익숙하지 않은 가정이란 공간에 머물게 되는 시간이 늘어나게 되면서 배우자와 갈등을 일으키는 경우가 많아질 수 있으므로 양성적 성역할을 사전에 익힐 필요가 있다.

또한 노인기가 되면 배우자의 사망이라는 상실을 경험하게 되는데, 이때 많은 노인들이 슬픔, 불면증, 식욕 상실, 체중 감소, 사회 · 문화활동에 대한 관심 저하, 불안, 우울, 분노, 비통, 죄의식 등과 같은 애도 감정이나 이와 관련된 행동을 나타낸다.

이밖에도, 최근 황혼이혼이 점차 증가하고 있으며 노인기 재혼에 대해 좀 더 허용적인 태도로 바뀌고 있다. 하지만 노인기 재혼에 대한 욕구는 노인 자신의 보수적인 성 도덕관, 자녀의 반대, 경제적 자립생활능력의 결여, 노인전문 결혼상담기관의 부족 등으로 실제 재혼에 이르는 경우는 많지 않은 실정이다.

(3) 자녀관계

노인기에는 성인 자녀와 적절한 유대관계를 형성해야 하지만 노인이 부양자의 지위에서 피부양자의 지위로 전환하는 과정에서 많은 어려움을 겪기도 한다. 특히 핵가족화, 소가족화의 영향으로 자녀와 별거하는 비율이 높아지면서 노인과 자녀와의 연락이나 접촉빈도가 낮아지는 등 양적 관계에 있어서의 변화뿐만 아니라 부모-자녀 간의 정서적 유대관계도 소원해지는 등 질적 관계에서도 많은 변화가 일어나고 있다.

특히 결혼, 취업 등으로 인해 자녀가 모두 부모의 곁을 떠나고 노부부만 남게 되는 빈둥지(empty nest) 시기를 자유롭게 자기 자신을 개발할 수 있는 기회로 활용하는 경우가 있지만, 자녀가 떠난 빈자리로 인해 우울을 경험하는 경우도 있다.

이와 같은 부모-자녀관계를 원만하게 유지하기 위해서는 자녀에게 일방적으로 의존하기보다는 상호지원관계를 유지하고 신체적 건강의 유지, 안정된 소득기반의 조성, 그리고 심리적 건강 등을 확보하여야 한다. 그렇기 못할 경우, 가족들에 대한 의존성이 높아지고 가족 내·외부의 사회·문화적 역할수행에 어려움을 겪게 될 뿐만 아니라 가족기능과 가족관계에서 많은 어려움을 초래하게 된다.

(4) 손자녀 관계

평균수명의 연장으로 인하여 조부모로서의 역할을 수행하는 기간이 증가하였지만, 이전과는 달리 조부모의 교육적 기능은 사라지는 상황이다. 최근 들어 조부모가 부모를 대신하여 손자녀와 즐거운 시간을 보내고, 나머지 시간에는 노인 자신의 관심 추구에 많은 시간을 보내는 경우가 늘어나고 있다. 또한 예전처럼 손자녀 훈육도 엄격하지 않고 온화하고 관대해지는 경향이 강하게 나타나고 있으며, 성인 자녀와의 별거로 인하여 원거리형 조부모역할 유형이 증가하고 있다.

(5) 친구관계

노인기의 친구관계는 가족관계 못지않게 중요하다. 노인기의 친구관계는 노후 적응에 매우 중요하며, 자아의 중요한 지지기반이 된다. 노인기에는 직장동료관계 등과 같은 기존의 사회 · 문화적 관계가 축소됨에 따라 친구의 수가 줄어들게 되지만 새로운 친구를 사귀기가 쉽지 않으며, 대부분 지역적으로 가까운 곳에 사는 이웃노인이 친구가 되는 경우가 많다. 따라서 노인기에 친밀한 친구관계를 유지하기 위해서는 경제적으로 안정되어 있어야 하고 건강상태가 양호해야 하며, 동일한 지역에서 오래 거주하는 것이 바람직하다. 대다수의 노인들은 자신이 거주했던 집에서 살고 싶어 하며 주거지를 변경하는 경우는 많지 않다.

그러나 퇴직 혹은 자녀와의 동거로 인해 주거환경이 바뀔 경우 사회 · 문화적 관계망의 위축, 지역사회 · 문화에서의 상징적 지위의 상실, 새로운 이웃과의 관계 설정 과정에서의 어려움 등 부정적 영향을 받는 경우도 많이 있다. 또한 질병이나 가족의 부양능력 한계 등으로 인해 노인복지시설에 입소하는 경우가 점차 늘어나는 경향을 보이는데, 시설에 입소하게 될 경우 지역사회에서 거주하는 경우보다 외부 사회 · 문화적 관계망과의 상호작용이 좀 더 많이 위축될 수 있다.

2) 연령규범과 사회 · 문화화

성공적인 사회 · 문화생활을 위하여 개인은 자신이 속한 집단이나 사회 · 문화에서의 지위에 적합한 기술, 지식, 가치, 역할 등을 학습하여야 한다. 이러한 개인 수준 또는 사회 · 문화적 수준에서 이루어지는 노력을 사회 · 문화화라 한다. 즉 사회 · 문화화란 '사회 · 문화적 상호작용을 통하여 사회 · 문화적 규범, 가치, 역할기대 등을 학습하고 사회 · 문화생활에 필요한 사회 · 문화적 기술들을 발전시키게 하는 사회 · 문화적 학습과정'이라 할 수 있다.

이러한 사회 · 문화화의 과정은 일생동안 지속되는 것으로, 주변의 사회 · 문화적 관계망과 관계를 맺는 과정에서 타인의 태도와 행동은 특정 개인의 행동방식에 영향을 미치며, 사회 · 문화가 자신에게 기대하는 바와 제한하는 바가 무엇인지를 배우고, 승인되는 행동과 승인되지 않는 행동이 무엇인지를 알게 된다. 사회 · 문화적으로 기대되는 행동을 하게 되면 인정을 받지만 그렇지 못할 경우에는 벌을 받는다. 따라서 노인들도 사회 · 문화의 연령규범과 사회 · 문화화에 대한 기대에 순응하여야 적응적인 삶을 영위할 수 있게 된다.

한 사회 · 문화의 연령규범이 명확할수록 구성원들의 사회 · 문화화과정은 좀 더 쉽게 이루어질 수 있다. 이때 연령규범(age norms)이란 동시대인들이 특정연령대에 적합한 행동을 하도록 각 개인에게 요구하는 사회 · 문화적 기대나 가치를 의미한다. 이러한 연령규범은 한 개인이 무엇이 옳고 그른가를 판단하는 데 영향을 미칠 뿐만 아니라 특정연령대에 속한 사람들의 권리와 의무를 규정하게 된다.

따라서 노인들은 사회 · 문화의 연령규범을 기준으로 하여 자신이 무엇을 어떻게 할 것인지를 결정하게 된다. 그러나 급격한 변화를 경험한 우리 사회 · 문화는 아직 노인기에 적합한 연령규범에 대한 합의가 이루어지지 않고 있다. 즉, 노인기에 대한 긍정적 시각과 부정적 시각이 혼재해 있고, 노인기의 사회 · 문화적 역할과 연령적합 행동에 대한 합의가 이루어지지 못하고 있다. 이러한 노인기와 관련된 연령규범의 부재로 인해 노인기에 적합한 가치, 기술, 지식, 행동 등을 중년기 이후 사전에 학습하고 싶어도 할 수가 없게 되며, 예비적 사회 · 문화화 과정을 거치지 못한 채 노인기에 진입하게 됨으로써 노후생활에 많은 혼란과 어려움을 경험하게 된다. 또한 우리 사회 · 문화가 어린이나 젊은이의 사회 · 문화화에 주력하기 때문에 노인에게 새로운 지식이나 기술을 습득할 수 있는 기회가 제한됨으로써 사회 · 문화에서 분리될 수밖에 없다. 그리고 노인 스스로도 노화가 진행됨에 따라 새로운 기술의 학습에 어려움을 겪기 때문에 사회 · 문화적으로 고립되어 간다.

3) 지위와 역할의 변화

(1) 노인기 지위와 역할 변화의 특징

개인의 정체성이나 행동규범은 종종 그가 지닌 사회 · 문화적 지위[12)]나 역할[13)]에 의해

12) 사회 · 문화적 지위란 사회 · 문화적 신분에 따라 개인이 차지하는 자리나 계급을 의미한다.

13) 사회 · 문화적 역할이란 지위의 동적인 표현으로 특정한 사회 · 문화적 지위에 상응하는 기대행동을 뜻한다.

주로 결정된다. 이러한 사회 · 문화적 지위와 역할은 한 개인이 행사할 수 있는 권력, 사회 · 문화적 영향력, 그리고 삶의 질을 결정하는 매우 중요한 요소이다.

이러한 사회 · 문화적 지위나 역할은 일생을 통하여 변화하게 되는데, 일반적으로 성인기까지는 사회 · 문화적 지위와 역할을 획득하는 경우가 많지만 노인기는 중요하고 가치 있는 사회 · 문화적 지위와 역할을 상실하는 경우가 더 많다. 즉, 노인기에는 친구와 가족의 죽음, 직업적 지위와 수입의 상실, 신체적인 건강, 아름다움의 저하, 그리고 전체적인 삶의 목적 상실 등 얻는 것보다는 잃는 것이 더 많은 시기이므로 상실의 시기라고 할 수 있다. 그러나 노인기에 사회 · 문화적 지위나 역할을 잃기만 하는 것은 아니며, 새로운 역할을 얻기도 하고 동일한 역할을 수행하더라도 그 수행방법이 변화되며, 역할 자체의 중요성이 변화되는 등 다양한 역할 전환을 경험하게 된다.

노인기의 지위와 역할의 변화에 나타나는 특성을 보면, 먼저 노인기에는 특정한 지위와 역할은 상실하는 반면 다른 지위와 역할을 획득하게 된다. 노인기에는 직업인의 지위에서 물러나 퇴직인의 지위를 갖게 됨으로써 생계유지자 및 남편과 아내로서의 역할에서 피부양자, 독신, 조부모의 역할로 전환하게 된다. 그리고 2차 집단에서의 지위와 역할의 종류와 수는 줄어들지만 1차 집단 내에서의 지위와 역할은 큰 변화가 없다.

(2) 노인기의 사회 · 문화적 역할수행유형

노인기의 사회 · 문화적 지위에 따르는 역할수행방법은 개인에 따라 많은 차이를 보이는데 다음과 같이 나누어 살펴볼 수 있다.

- 재구성형 : 젊음을 유지하고 활동적으로 지역사회 · 문화활동에 참여하는 유형
- 집중형 : 심사숙고해서 선택한 몇 가지 활동에 에너지를 집중하는 유형
- 유리형 : 조용히 자기자신에 몰두하고 스스로 사회 · 문화적 관계로부터 위축되는 유형
- 계속형 : 나이를 먹는다는 사실을 두려워하지만 바쁜 생활을 계속하고 성취지향적이며, 결코 은퇴하지 않는 유형
- 제한형 : 능력 상실과 노화의 위협에 사로잡혀 있으며, 에너지를 축소시켜 쇠퇴를 회피하려고 노력하는 유형

- 구원요청형 : 보통 정도의 사회 · 문화활동을 유지하나, 타인에게 정서적으로 의존하는 유형
- 무감각형 : 인생을 수동적으로 살아온 사람으로 안락의자에 앉아 아무 일도 하지 않고 거의 하루를 보내는 유형
- 와해형 : 사고력이 퇴화되고 정서 통제가 불가능한 유형

이상에서 살펴본 바와 같이 노인기에 직업적 지위와 역할의 상실과 같은 중요한 지위와 역할을 상실하고 사회 · 문화적 가치가 낮은 지위와 역할을 획득하게 됨으로써 노인 스스로 자신의 가치를 평가절하하게 되고 그로 인하여 자아존중감, 삶의 만족도 등이 낮아지게 된다. 그리고 사회 · 문화 역시 노인기의 지위와 역할 상실을 당연하게 받아들이거나 오히려 이를 조장하는 경향을 보임으로써 노인의 사회 · 문화적 분리와 소외를 초래하는 경향이 있다.

그러나 노인기의 역할 전환이 항상 부정적 결과를 초래하는 것은 아니다. 노인기에 이루어지는 역할 변화는 대부분 점진적으로 이루어지기 때문에 심리적으로 준비할 수 있는 시간을 충분히 가질 수 있고, 대다수의 노인들은 이러한 역할 전환에 성공적으로 적응하고 있으며, 새롭게 획득한 지위와 역할에 만족하는 경우도 많이 있다.

20년뒤 노인인구 24%… 사회 · 문화의 짐이 아닌 주역

조선시대의 평균수명은 20대 후반이었다. 1945년 해방 후에도 35세 정도였다. 지금은 우리 조상이 믿지 못할 80세로 껑충 뛰었고, 머지않아 100세까지 살 수 있을 것으로 전망된다. 게다가 20년 뒤 노인인구 비율도 현재(11%)의 두 배를 넘어설 전망이다. 최근 경제협력개발기구(OECD) 발표에 따르면 2030년 국내 노인인구는 약 24%로 OECD 국가 중 4위에 오른다. 노인인구가 넘쳐나는 것이다.

그렇다면 급증하는 노인 수는 우리 사회 · 문화를 불행하게 하는 장애물일까?

김일순(73 · 사진) 한국골든에이지포럼 초대 회장(공동대표)은 '노인인구와 수명이 느는 것을 걱정하는 것은 기우'라고 잘라 말했다. 인구구조가 잠시 역피라미드가 되지만 궁극적으로 원통형의 이상적인 구조가 되기 위한 일시적 진통에 불과하다는 것이다.

그는 또 노인을 부정적으로 보는 시각도 바꿔야 한다고 주장했다. 미국심리학회가 조사한 연구결과에서도 70, 80대가 가장 인생을 행복하게 느끼고 있는 것으로 나타났다.

"전쟁에서 고통받는 병사 사진과 승리를 하고 환호하는 사진을 놓고 피험자의 시선을 조사했습니다. 그랬더니 젊은층은 죽어가는 병사에게, 노인은 승리자의 사진에 주목하더랍니다." 이는 노인들이 인생을 긍정적인 시각으로 바라본다는 것을 방증한다. 게다가 사회 · 문화와 가족 부양의 의무를 벗고, 자율성과 독립성을 갖춰 인생의 황금기를 누린다는 것. 포럼의 이름을 '골든 에이지'로 정한 배경이다.

지난해 10월 창립한 포럼은 의료 · 문화 · 법조계 등 사회 · 문화 각 전문분야에서 활동하는 70세 고령자들이 주축이 돼 만들었다. 이 포럼이 주창하는 것은 앞으로 1,400만 명까지 늘어날 고령자의 '삶의 질 향상'이다. 고령자의 시각으로 정책을 제안하고, 산업을 지원해 고령자가 사회 · 문화의 짐이 아닌 주역으로 살도록 하는 것이 포럼의 역할이라고 했다.

"지금의 정책은 복지에만 초점이 맞춰져 있습니다. 하지만 앞으로 장래 노인이 될 사람을 대상으로 노후에 대한 대책을 준비하도록 도와주는 게 더 중요합니다."

그는 현재 노인보다 40대가 가장 행복한 노년을 맞을 거라고 예측했다.

"현재의 노인은 이렇게 오래 살지 몰라 노후준비가 전혀 안 돼 있죠. 하지만 40대는 재력과 건강을 고루 갖춘데다 고령에 대한 준비도 잘하고 있습니다. 80살이 되어도 지금의 60대처럼 활동적으로 살 수 있죠. 따라서 정부도 이들을 돈을 쏟아붓는 복지대상으로만 보는 정책은 실효성이 없습니다."라고 꼬집었다.

김 회장은 "노인은 어떻게 여생을 사는 것이 이상적인지도 고민해야 한다"고 말했다. 앞으로 어르신 봉사단 등을 만들어 도움이 필요한 곳에 손을 보탤 예정이라고 했다.

포럼은 현재 고령자를 뜻하는 '노인'이라는 단어가 부정적이라고 판단해 외부 용역을 줘 '어르신'으로 바꾸는 작업을 하고 있다.

김 회장은 노인의 자립생활을 돕는 복지용품 개발도 시급하다고 덧붙였다. 노인이 6백만 명인데 고령친화용품은 고령자 중 10%에 불과한 불구노인을 위한 것뿐이라고 한다.

마지막으로 김 회장은 노인들을 위한 걷기운동 지침서를 개발하고 있다고 소개했다. "걷는 것만으로 병원 방문율을 40%나 줄인다는 연구보고가 있습니다. 노인들에게 걷기만큼 건강을 보장하는 수단은 없지요."

출처 : 중앙일보 2010년 5월 24일

제3장

우리나라의 노인인구

노인인구의 증가는 20세기 이후 전 세계적으로 나타나는 일반적 현상이며, 우리나라도 노인인구의 증가현상을 겪고 있다. 이는 평균수명의 증가와 함께 지속적으로 실시된 1960년대 초반부터 꾸준히 시행된 인구억제 정책의 결과이기도 하다. 인구억제 정책은 적게 낳고 적게 사망하는 이른바 '소산소사형'의 인구구조를 낳는다.

제1절 평균수명 연장과 고령화

통계에 따르면 우리나라 사람들의 평균수명은 지난 30년간 꾸준히 증가하였다. 2000년에는 남성이 72.1세, 여성은 79.5세, 평균 75.9세로서 남녀 모두가 70세 이상이며, 2020년에는 남성이 78.2세, 여성 84.4세로 평균수명은 81.0세로 추정되고 있다. 평균연령의 증가율은 남녀가 비슷하나 여성의 평균수명이 남성의 평균수명보다 약 7세 정도 더 길기 때문에 미래사회에서 노인여성의 수가 노인남성의 수보다 더욱 증가할 것으로 예측된다.

표 3-1 평균수명 추이

(단위 : 세)

구분	2000년	2010년	2020년	2030년	2050년
계	75.9	79.1	81.0	81.9	83.2
남자	72.1	76.2	78.2	79.2	80.7
여자	79.5	82.6	84.4	85.2	86.6
차이	7.4	6.4	6.2	6.0	5.9

출처 : 통계청, 「장래인구추계」, 2005.

우리나라 노인인구의 주요특성 중 하나는 빠른 노인인구의 증가속도와 노령화속도에서 나타난다. 유엔(UN) 보고서는 65세 이상의 노인인구가 7% 이상이면 고령화사회(aging society), 14% 이상이면 고령사회(aged society) 그리고 20% 이상이면 초고령사회(super-aged society)로 구분한다. 우리나라 노인인구의 비율은 1960년 72만 6,450명인 2.9%에서 1995년 5.9%, 2010년에는 11.0%를 넘게 되었다. 다시 말해 2000년부터 우리 사회는 고령화사회로 진입하였다. 통계청은 우리 사회가 2019년에는 14.4%가 되고, 2026년에는 20%에 이르러 초고령사회로 돌입할 것으로 전망하고 있다(통계청, 2006). 1960년과 비교하여 노인인구가 전체 인구의 14.4%에 이르게 되는 2019년에는 노인인구가 10배를 넘게 된다.

또한, 노인인구의 증가와 더불어 고령화지수도 증가한다. 고령화지수란 유년인구(0~14세)의 비율에 대한 노인인구(65세 이상 인구)의 비율을 말하는 것으로, 우리나라는

표 3-2 주요국가 고령화 속도(노인인구비율 변화 소요기간)

국가	특정 노인비율 도달연도			소요기간(년)	
	7%	14%	20%	7% → 14%	14% → 20%
한 국	2000	2018	2026	18	8
일 본	1970	1994	2006	24	12
프랑스	1864	1979	2018	115	39
독 일	1932	1972	2009	40	37

출처 : 보건복지부, 「통계청 자료 및 저출산고령사회기본계획 대비 심층분석」, 2006. 11.

2004년 43.3%에서 2019년에는 102.3%에 달하게 된다. 이미 고령화사회로 진입한 선진국들과 비교해 볼 때 우리나라는 유래 없이 빠른 속도로 고령화 사회로 진입하였다. 노인인구가 전체 인구에서 차지하는 비율이 7%에서 14%까지 도달하는 데 걸린 시간을 보면, 프랑스 115년, 일본 26년에 비해 우리나라는 19년으로 고령사회가 매우 급속하게 다가오고 있음을 알 수 있다. 따라서 사회적 · 가정적 · 개인적으로 고령사회, 더 나아가 초고령사회에 대한 대비와 이에 대한 교육이 요구된다.

1. 노령화지수와 노년부양비

노인인구의 증가는 이들에 대한 부양 및 보호 부담을 개인적 · 사회적으로 증가시키는 결과를 초래하게 된다. 노인부양 부담률을 파악하기 위한 지표로는 노년부양비(aged dependency ratio), 인구 구성의 노령화를 나타내는 지표로는 노령화지수(index of aging)를 들 수 있다. 노령화지수는 65세 이상의 인구수를 0~14세 미만의 인구수에 대한 백분율로 산출하는데, 우리나라 노령화지수 추이는 1980년 11.2%, 2000년에는 34.3%, 2010년에는 67.7%, 그리고 2030년에는 213.8%로 추정되고 있어서 시간이 지남에 따라 증가폭이 커짐을 볼 수 있다.

노년부양비란 생산력이 있는 인구(15~64세)에 대하여 부양을 받아야 하는 노인인구의 비율이며, 노령화지수가 증가함에 따라 노년부양비 또한 증가된다. 노년부양비의 변화를 보면 1990년에는 7.4%, 2000년에는 10.1%, 2020년에 21.7%, 그리고 2030년에는 37.7%로 증가될 것으로 추정하고 있다. 2000년 노년부양비 10.1%의 의미는 생산인구 100명이 노인 10.1명을, 2020년의 노년부양비 21.7%란 생산인구 1,000명이 노인 21.7명을 부양해야 한다는 뜻이다. 즉 15~64세의 생산인구층이 65세 이상의 노인인구층을 돌봐야 할 사회적 책임이 매우 커지는 추세이므로 이에 따른 제반문제가 발생할 것이다.

표 3-3 부양비 및 노령화지수 추이

(단위 : 천 명, %)

연 도	65세 이상 인구	구성비	부 양 비			노령화지수
			총부양비	유년부양비	노년부양비	
1960	726	2.9	82.6	77.3	5.3	6.9
1970	991	3.1	83.8	78.2	5.7	7.2
1980	1,456	3.8	60.7	54.6	6.1	11.2
1990	2,195	5.1	44.3	36.9	7.4	20.0
2000	3,395	7.2	39.5	29.4	10.1	34.3
2010	5,357	11.0	37.2	22.2	15.0	67.7
2020	7,701	15.6	38.9	17.2	21.7	125.9
2030	11,811	24.3	55.4	17.7	37.7	213.8

자료 : 통계청, 「장래인구추계」, 2008.

2. 노인인구 지역 간 분포

우리나라 노인인구는 도심보다는 농어촌에 편중되어 있다. 이것은 대부분 젊은 자녀들이 교육과 취업을 목적으로 도심으로 이동하고, 노인 부모는 농어촌에 그대로 남아 있기 때문이다. 농촌지역의 고령화비율은 1990년 9.0%로 이미 고령화사회로 진입한 데 비하여 도시지역은 3.6%에 불과하였으며, 2050년에 농촌지역의 노인인구 구성비가 18.6%로 도시지역의 노인 인구 비율은 7.2%에 비하여 상당히 높은 수준이며, 대부분의 농촌에는 젊은이들이 떠나고 노인들만 남아 있는 실정이다. 이상의 통계에서 현대화가 가속화

표 3-4 도시·농촌 간 노인인구의 구성비

(단위 : %)

구분 \ 연 도	1970	1975	1980	1985	1990	1995	2000	2005
도 시	2.2	2.3	2.6	3.0	3.6	4.3	5.5	7.2
농 촌	3.9	4.6	5.6	6.8	9.0	11.8	14.7	18.6

출처 : 통계청, 「인구주택총조사 보고서-고령자 통계」, 2005.

되고 농촌 경제의 어려움이 해결되지 않는다면 농촌의 고령화는 앞으로 더욱 증가할 것으로 보인다. 젊은 자녀들과의 분리된 삶과 육체노동에 따른 심리적 · 신체적 측면에 대한 고려가 필요하다.

3. 노인의료비의 증가

건강하지 못한 노인의 증가로 노인의료비 지출은 타 연령층에 비하여 훨씬 빠른 속도로 증가하고 있다. 1995년 이후 2005년까지 지난 10년간 전체인구 진료비가 약 4배 증가한 것에 반해, 노인인구 진료비는 약 8배 이상 증가하였고, 연령별 입원율은 7~18세 연령층에서 가장 낮고 65세 이상의 연령층에서 가장 높았다.

이러한 현상은 노인인구의 증가가 국민의료비 총액을 증가시키는 중요한 요인임을 보여주는 것으로 노인인구의 진료비 증가율이 전체인구의 진료비 증가율보다 훨씬 빠른 속도로 증가하고 있다.

표 3-5 건강보험에서의 노인의료비 증가 추이

(단위 : 억 원)

연 도	전체 의료비	증가자수	노인진료비	증가자수	노인의료비 구성비(%)
1985	5,833	100	275	100	4.7
1990	22,198	381	2,392	692	8.2
1995	59,775	1,025	7,281	2,646	12.2
1999	113,797	1,951	19,332	7,026	17.0
2000	131,410	2,233	22,893	8,320	17.4
2001	178,195	3,055	31,681	11,520	17.8
2005	247,968	4,251	60,556	22,020	24.4

출처 : 건강보험심사평가원, 「건강보험심사평가통계」, 각 연도.

4. 노인범죄의 증가

최근 1998~2008년 대검찰청 범죄데이터베이스(DB)를 분석해 '노인범죄 발생 실태 분석과 예방 대책' 보고서가 나왔다(대검찰청, 2009). 이 연구에 따르면 전체범죄자 수는 1997년 198만 6,254명에서 2007년 198만 9,862명으로 소폭 증가한 반면, 같은 기간 만 60세 이상 노인범죄자 수는 3만 4,211명에서 8만 4,028명으로 2.5배 증가했다. 또 1997년을 기준으로 연도별 범죄자 수 증가율 평균을 산출한 결과 2007년까지 전체범죄자 수는 9.9% 증가한 반면, 노인범죄자 수는 84.3% 증가했다. 노인범죄자 수 증가율이 전체범죄자의 8.5배나 된 것이다. 연령대별로 보면 60대 이상 84.3%, 50대 48.3%, 40대 42.8% 증가한 반면, 30대는 3.4%, 20대 8%, 10대 24.2%로 오히려 감소했다.

그리고 범죄 발생 빈도만으로 노인범죄를 분석할 경우 노인인구 증가가 고려되지 않는 점을 보완하기 위해 인구 10만 명당 전체범죄자 수, 노인범죄자 수를 비교했다. 그 결과 인구 10만 명당 전체범죄자 수는 10년간 4,322명(1997년)에서 4,107명(2007년)으로 4.9% 감소한 반면, 노인범죄자 수는 810명(1997년)에서 1,329명(2007년)으로 64.0% 증가했다(유지웅, 2009).

지난 30년 동안 우리 사회는 급격한 산업화 · 도시화 등 사회변동을 거치면서 경제적 합리성, 또는 생상성이 중요한 사회 가치가 되었다. 노인은 청 · 장년층보다 상대적으로 경제적 합리성 내지 생산성이 떨어지므로 경제활동을 비롯한 사회활동에서 배제되는 경우가 많다. 특히, 경제활동에서 은퇴한 노인들의 사회적 지위는 크게 낮아지는데 이는 노인에 대한 존중 및 사회적 지원의 약화와 연관된다. 또한 전통적 가족 가치관의 퇴색과 가정 내 지위 · 역할의 감소는 과거 가정에서 웃어른 대접을 받았던 노인의 위치를 현격히 저하시켰다. 이러한 과정을 통해 노인들은 경제적 어려움은 물론 소외와 무기력, 역할 상실감을 경험하게 된다. 이것은 노인의 폭력성 범죄 증가를 가져오는 원인으로 볼 수 있다.

이밖에도 현대 노인의 특성은 노인인구의 인터넷 사용 증가, 건강 및 소외문제들이 있다. 노인상담은 다양한 차원에서 우리 사회의 초고령화에 준비를 해야 한다. 즉 사회적 변화에 빠르게 대처하면서 노인들이 갖는 문제와 상담에 대한 수요를 파악해 볼 수 있다.

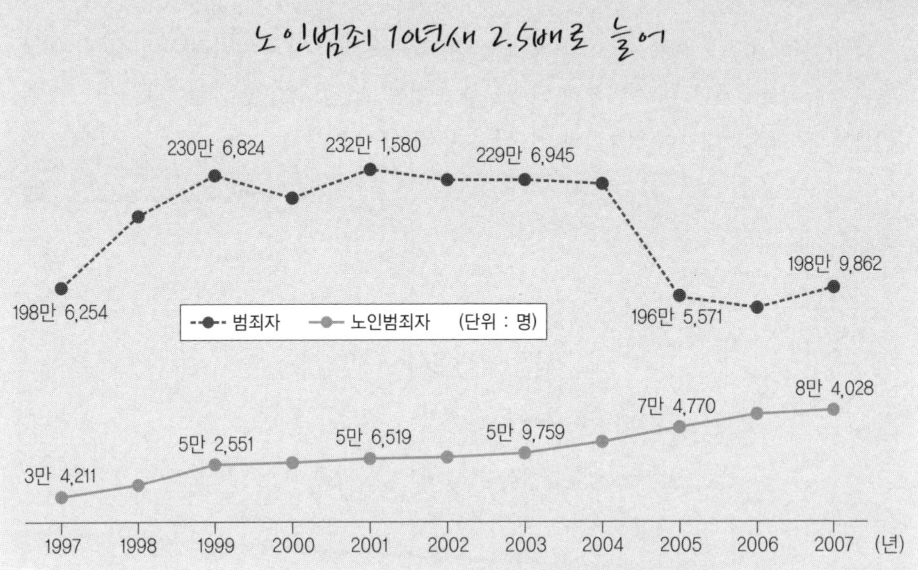

전체 범죄자수와 노인 범죄자수 비교

10년 전 은퇴한 김모 씨(65)는 가끔 스스로 변한 자신에 놀란다. 나이가 들었는데도 성적욕구는 여전해 가끔 성매매업소를 이용하지만 성에 차지 않았다. 이후 김 씨는 대학가를 돌며 인적이 드문 곳에서 여자들을 만나면 성추행을 하기 시작했다. 고령화가 급속히 전개되는 가운데 노인범죄가 크게 늘고 있는 것으로 나타났다. 단순히 노인인구가 늘기 때문이 아니라 △조기 은퇴 △독거생활 △경제적 빈곤 등으로 인한 영향이 큰 것이라는 분석이다.

빠른 은퇴, 빈곤, 소외감이 원인

노인범죄 중 특히 강간, 폭행, 살인 등 강력범죄가 크게 증가했다. 1997년 기준 연도별 전체 노인범죄자 수 증가율 평균이 84.3%였지만 강간은 107.3%, 살인은 113.4%, 폭행과 상해는 각각 116.0%, 141.0%, 절도는 226% 증가했다.

전문가들은 노인들이 흉포해진 원인으로 △빨라진 은퇴와 상실감 △자식부양을 받지 못해 빈곤이 심화됨 △현실과의 괴리, 소외로 분노가 쌓이면서 범죄로 이어지는 구조를 지적했다. 서울 종로구 종묘공원에서 폭행혐의로 경찰조사를 받았던 박모 씨(70)는 "몸은 생생한데 사회에서 역할은 없고 자녀들에게 따돌림 당하다 보니 마음속에 괜한 분노가 생겼다."고 말했다.

유 박사는 "소외감과 분노에서 표출되는 노인들의 행동이 사회적 범죄로 이어진다."며 "은퇴한 노인들로 구성된 '실버폴리스' 제도를 운영해 노인범죄가 많이 일어나는 장소를 관리하는 등 사회적 대안이 필요하다."고 밝혔다.

출처 : 동아일보 2009년 12월 1일자

노인범죄 10년새 139%↑
'부에 대한 욕심' 주요 동기
범죄 피해 노인도 급증

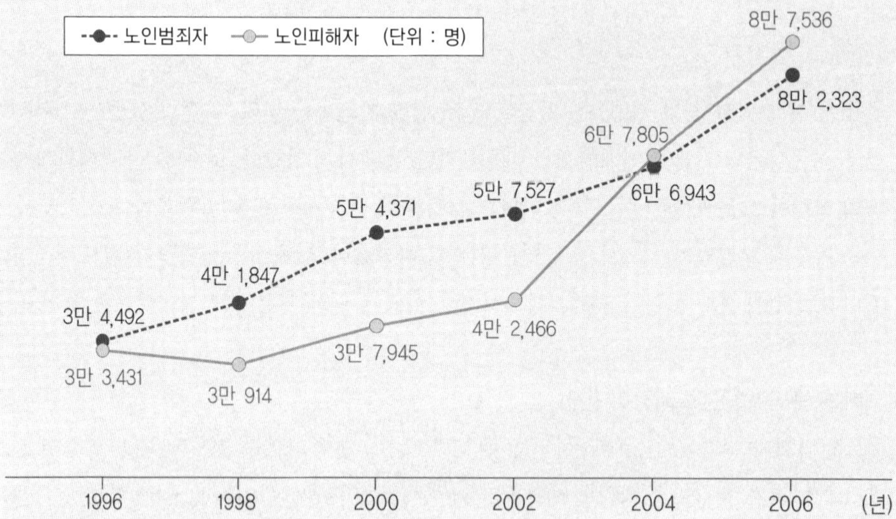

노인 범죄자와 노인 피해자 수

출처 : 한국형사정책연구원, 정준모 박사

노령화 추세 속에 범죄를 저지르는 노인들 수가 급증한 것으로 나타났다. 범죄 피해를 당한 노인들도 큰 폭으로 늘고 있다.

4일 한국형사정책연구원의 장준오 박사가 펴낸 논문 '노인범죄 및 범죄 피해'를 보면, 1996년 3만 4,492명이던 61살 이상 노인범죄자가 2006년 8만 2,323명으로 늘어 10년 만에 139%의 증가율을 보였다. 노인범죄자 증가율은 이 기간 노인 인구 증가율(64%)을 두 배 이상 웃돈다. 같은 기간에 전체범죄자 수는 192만 2,549명에서 193만 2,729명으로 조금 늘었을 뿐이다.

노인범죄 가운데 살인 · 방화 등 강력범죄도 가파른 상승세를 보이고 있다. 1996년 20명이던 노인 살인범은 2006년 59명으로 3배 가량, 7명이었던 방화범은 46명으로 6배 이상 증가했다. 성폭행범도 94명에서 423명으로 4배 이상 늘었다. 20대 4명이 희생된 2007년의 '보성 어부 연쇄살인사건'과 지난해 숭례문 방화를 계기로 그동안 주로 피해자로 인식되던 노인들의 범죄 문제가 부각되기도 했다.

수감된 노인들을 대상으로 한 조사에서는 '부에 대한 욕심'(24.1%)이 가장 많은 범죄 동기로 나타났고, '원한이나 분노'(16.9%), '생활비 마련'(14.6%)이 뒤를 이었다. 1995년 조사에서는 '원한이나 분노'(43.1%)가 '부에 대한 욕심'(20.3%)보다 2배 이상 많았다.

장 박사는 논문에서 "노인은 자신과 가족 및 사회에 대한 불만으로 인해 범죄를 저지르는 경향이 있는데, 이는 사회에서 자신의 위치를 못 찾은 데 대한 반대급부적 현상이기도 하다."며 "은퇴 뒤 계속 사회활동을 하도록 배려하는 것이 중요하다."고 설명했다.

한편, 범죄에 노출된 노인피해자 역시 급증하고 있는 것으로 드러났다. 전체 범죄피해자가 1996년 75만 7,994명에서 2006년 105만 66명으로 증가한 가운데, 노인피해자는 3만 3,431명에서 8만 7,536명으로 162% 늘었다.

출처 : 한겨레신문 2009년 1월 4일자

제2절 노인문제

우리나라에서는 일반적으로 노인문제를 빈곤(貧困), 병고(病苦), 고독(孤獨), 무위(無爲) 등의 4고(四苦)로 표현하고, 때로는 빈곤, 병고, 고독의 3악(三惡)으로 말하기도 한다. 노인이 퇴직 후 소득감소에서 오는 생계비 문제, 노후에 자주 경험하는 만성질환과 심신쇠약으로 인한 건강문제, 은퇴 후 가정과 사회에서의 역할 상실 및 지위의 저하, 그리고 결과적으로 나타나는 고독감, 소외감 등은 현대 노인들이 당면하고 있는 공통적인 문제라고 볼 수 있다.

노인문제를 기능별로 분류하여 보면 경제적 빈곤문제, 신체적 건강문제, 사회참여 문제, 심리적 고독감 등으로 나눌 수도 있다. 대체로 후진국에서의 노인문제는 빈곤문제와 건강문제가 급선무로 되어있으나, 복지선진국에서는 노인들의 빈곤문제나 건강문제는 사회보장제도와 의료보호제도로 해결해 나가고 있으며, 여가활동이나 사회참여 그리고 고독감 등의 사회심리적 문제들을 노인복지의 중요한 과제로 다루고 있다.

1. 노인문제의 발생원인

1) 경제적인 문제(빈곤의 문제)

현재 우리나라 노인들의 대다수는 가난하다. 노후생계를 위한 준비가 없었기 때문이다. 경제성장에 따른 생활개선과 의료기술의 발달로 수명이 연장되고 고령인구가 증가하고 있으나 개인적으로나 사회적으로 노후대책을 세우지 못한 때문이다.

(1) 조기정년제

우리나라 근로자의 대부분은 55세 전후에 퇴직하고 있다. 그러나 IMF 이후 계속적인 기업의 구조조정 과정에서 30대 혹은 40대의 젊은 사원들이 퇴직당하는 경우도 많다. 이처럼 강제퇴직 혹은 조기정년제는 은퇴자들이 노후대책을 세우기도 전에 강행되기 때문에 당사자들은 물론 가족들에게도 커다란 경제적 · 심리적 타격을 주고 있다. 조기퇴직은 근로수입의 감소 및 사회심리적 문제를 가져올 뿐만 아니라 궁극적으로 노후생활에 필요한 소득보장에 심각한 문제를 제기하고 있다.

(2) 고령자취업

아직도 일할 수 있고 또한 일을 계속해야 하는 40~50대의 근로자들이 정리해고 또는 조기정년제에 의하여 강제적으로 퇴직당하는 경우가 많아 가족의 생계유지와 본인의 노후준비를 위해서 재취업을 원하는 노인이 증가하고 있다. 이들을 위한 〈고령자고용촉진법〉(노동부)이나 노인인력은행(보건복지부), 노인취업알선 프로그램(대한노인회) 등이 있으나 별다른 효과는 거두지 못하고 있다.

(3) 연금제도

연금제도는 산업사회에서 필연적으로 제공되어야 할 사회보험이다. 그러나 현재 각종 연금을 수령하는 65세 이상 노인은 전체노인의 6%도 안된다. 국민연금은 1988년부터 실시되면서 그 당시 노인들을 포함시키지 않았기 때문에 현재 국민연금 수혜노인은 2% 정도이다. 국민연금은 2008년에 가서야 정식으로 받기 시작하는데 2010년에는 전체 노인의 10%, 2020년에는 30%, 그리고 2030년에 가서야 50%정도의 노인이 연금 혜택을 받을 수 있을 것으로 예상하고 있다.

(4) 자녀교육비 과다지출

오늘의 노인세대는 자녀의 양육비, 교육비, 결혼비 등의 과다지출로 자신들의 노후생계를 준비할 여유가 없었다. 현재 40~50대의 경우도 예외는 아니다. 자녀를 위해 과다지출을 하고 있으며 이는 자신들의 노후준비에 커다란 영향을 주고 있다.

(5) 가족부양기능 저하

핵가족화와 소가족화, 그리고 여성인력의 직장 진출로 가족의 노인부양기능이 저하되고 있다. 또한 경로효친에 대한 의식의 약화로 노인들의 부양을 자녀들이 책임지던 전통적 생활규범은 점점 줄어들고 있다.

사회부양 차원에서의 정부의 노인복지 예산 또한 열악한 상태이다. 노후생활에 필요한 생계비나 의료서비스는 노인 자신이 해결할 수 있도록 준비하지 않으면 안된다.

서울지역 홀로사는 노인 크게 증가…5명 중 1명 '혼자'

서울지역 65세 이상 노인 5명 중 1명 꼴로 자녀와 떨어져 혼자 사는 것으로 나타났다.

5일 서울시가 25개 자치구를 통해 집계한 자료에 따르면 홀로 사는 노인은 2005년 12만 4,879명에서 지난해 20만 3,081명으로 4년간 62.6%나 급증했다.

65세 이상 노인 증가폭이 2005년 73만 1,349명에서 지난해 92만 7,560명으로 26.8%가 늘었다는 점을 감안해도 빠른 증가폭이다.

특히 서울 전체노인 중 홀로사는 비율은 2005년 17.1%에서 지난해 21.9%로 상승하면서 전국 평균치를 뛰어넘었다. 통계청이 2007년 조사한 장래인구 추계에 따르면 전국의 65세 이상 인구 중 홀로 사는 노인 비율은 2005년 17.8%에서 2009년 18.8%였다.

사회적 · 개인적 인식 변화에 따라 서울에서 홀로 사는 노인 비율은 앞으로도 계속 늘어날 것으로 보인다.

시가 지난해 조사, 최근 발표한 〈서울서베이〉 자료에 따르면 65세 이상 노인 응답자의 대다수가 '자녀와 가까운 곳에서 독립생활을 하거나 노인전용 공간에서 살고 싶다'고 답한 반면, '자녀와 함께 살고 싶다'고 답한 비율은 27.9%에 그쳤나.

특히 10년 뒤부터 노인세대로 진입하는 '베이비 붐' 세대(1955~1963년생)의 경우 15.4%만이 '자녀와 함께 살고 싶다'고 답했다.

시 관계자는 "일반적으로 노인 세대가 직면하는 문제는 경제력과 건강, 여가활용에 관한 것으로, 홀로 사는 노인은 여기에 외로움과 안전 문제가 추가된다."며 "홀몸노인을 위해서는 지역사회가 수행하는 공동체 기능을 강화하는 것이 중요하지만 서울은 지방보다 지역사회의 연결고리가 약해 정책 마련에 깊이 있는 고민이 필요하다."고 말했다.

출처 : 파이낸셜뉴스 2010년 5월 5일자

(6) 노령기의 연장

1910년경의 한국인의 평균수명은 불과 25세 정도였다. 영아사망률이 높았기 때문이다. 1950년에는 평균수명이 50세 정도였다. 전쟁과 가난의 결과였다. 2000년에는 평균수명이 75세에 이르렀다. 노후대비가 없는 수명의 연장은 결과적으로 노인이나 가족 모두에게 경제적 · 정신적 부담을 가중시키는 요인이 되고 있다. 이에 대한 사전 준비가 필요하다. 퇴직 후 10년을 더 살게 되면 퇴직 10년 전부터 준비해야 하고, 20년을 더 살게 된다면 퇴직 20년 전부터의 준비가 필요하다. 예를 들어 55세에 퇴직하고 평균 75세까지 산다면 적어도 20년 전, 즉 35세부터 본격적인 노후준비를 해야 한다는 것이다.

2) 의료보호 문제(질병치료 및 간병의 문제)

노인의 의료보호는 생계대책과 더불어 노후생활에 절대로 중요한 요소이다. 고령노인의 의료문제는 질병관리, 의료비 지불, 그리고 장기보호대책 등이다. 노화과정에서 오는 심신기능의 약화로 고령노인은 퇴행성 만성질환에 걸릴 확률이 높고, 노인성 질환은 장기간의 치료와 요양을 필요로 하기 때문에 의료비와 간병비의 부담이 높다. 남의 도움 없이는 스스로 살아갈 수 없는 병약한 노인들을 위한 간병 · 수발 등의 장기요양보호가 가정이나 사회의 커다란 문제로 등장하고 있다.

(1) 만성질환 관리

현재 65세 이상 우리나라 노인의 87%가 치매, 중풍, 당뇨, 관절염, 고혈압, 심장병 등과 같은 만성질환을 가지고 있으며, 그 중 약 3.5%(약 12만 명)가 거동을 할 수 없는 심신장애 노인이다. 이들은 집 안에서나 요양시설에서 자녀나 전문 간병인의 수발을 받아 살아가는 의존성 노인들이다. 노후 만성질환에 대한 대책은 무엇보다도 예방차원에서의 평소 건강관리가 필요하고, 노인성 만성질환에 대한 적절한 치료 · 간호 · 재활 · 간병 등의 보건의료 대책이 필요하다.

(2) 의료 · 간병비용 조달 문제

의료비와 간병비 부담은 노인이 가장 걱정하는 문제의 하나이다. 현재 노인들은 건강보험이 있어도 병원진료비나 입원비의 20~50%를 본인부담으로 되어 있어 고액의 의료비 부담이 심각한 재정문제가 되고 있다. 간병비는 건강보험에서 지급하지 않는다. 결과적으로 만성질환을 가지고 고생하는 일부 저소득층 노인들은 수입의 80%까지 약값 또는 병원비로 쓰고 있으며 간병은 전혀 받지 못하는 경우도 있다.

(3) 장기요양 문제

치매나 중풍과 같은 만성질환을 가지고 24시간 보호가 요구되는 중증 장애노인이 되면 가정에서 필요한 보호를 받거나 노인전문 요양시설이나 노인전문병원에 들어가 의료보호를 받을 수밖에 없다. 그러나 현재 장기요양보험이 실시되고 있지만 전체 노인에게 혜택이 돌아가고 있지는 못하다.

3) 역할상실 문제(여가선용 문제)

현 세대 노인들은 정년퇴직 이후 가정에서나 사회에서의 역할을 상실하고 노후생활에 알맞는 새로운 역할을 찾지 못하고 있다. 성공적인 노후생활을 영위하기 위해서는 길어진 노령기를 재미 있고 보람 있게 즐길 수 있는 여가활동의 개발이 필요하다.

(1) 조기퇴직으로 인한 역할상실

직장활동을 통한 생산적인 역할에서 은퇴한 후 이를 대체할 수 있는 새로운 역할을 찾아야 소외감이나 무력감을 극복할 수 있다. 재취업이나 지역사회 봉사활동, 또는 재미있고 의미 있는 여가활동을 통하여 노후생활에 바람직한 역할을 정립하는 자세와 노력이 필요하다. 노인기는 비록 신체적으로는 허약해지고 있지만 지적 · 정서적 · 인격적 · 영적 성장은 계속될 수 있기 때문이다.

(2) 여가활동 기술 및 시설 부족

현 세대 노인들은 여가활동에 대한 지식이나 기술이 부족하다. 평소 즐기는 여가활동은 주로 텔레비전 시청이나 친구 · 친족 방문이다. 보다 만족스럽고 보람있는 노후생활을 갖기 위해서는 젊어서부터 다양한 취미와 봉사활동을 습관화하는 노력이 필요하다.

노인의 여가활동을 증진하기 위해서는 여가시설의 확충과 프로그램 개발이 필요하다. 현재 전국에 개설되어 있는 40,000여 개소의 경로당들은 대부분 그 장소가 협소하고 시설 및 서비스 프로그램이 부족하다.

각 지역에 있는 사회복지관이나 노인복지관과 연계하여 경로당을 이용하는 노인들에게 실질적인 서비스의 제공이 필요하다.

4) 갈등 및 소외문제(고독의 문제)

노인들은 심신기능의 저하와 은퇴생활에서 오는 소득감소 및 역할상실감 등으로 소외감이나 고독감 속에 살아가는 경우가 많다. 가족과 이웃, 친구와 친족 간의 긴밀한 유대관계의 지속이 필요하다. 생산적이고 통합적인 활동을 통하여 노후생활에서 오는 고독감을 극복하고 남은 생의 목표와 활동을 재정립하는 노력이 필요하다.

(1) 세대 간의 갈등해소

노인세대와 젊은 세대는 성장배경, 교육수준, 사고방식, 생활관습 등이 다르기 때문에 세대 간의 갈등이 있을 수 있다. 세대 간의 대화와 통합적인 활동을 통한 상호이해와 지원이 필요하다.

(2) 사회참여 활동촉진

노후 소외감이나 고독감을 극복하기 위해서는 노인의 적극적인 사회활동(경제활동, 정치활동, 종교활동, 봉사활동, 친목활동, 취미활동 등)을 통하여 모든 세대와 더불어 사는 노력이 필요하다.

제2부

노인상담 이론과 방법

4_ 노인상담의 이론과 방법

5_ 노인상담의 주요이론

6_ 노인상담기법

제4장

노인상담의 이론과 방법

제1절 노인상담의 유형

노인상담은 그 유형에 따라 대면상담과 비대면상담으로 나눌 수 있다. 대면상담은 1인 상담자와 1인 내담자가 상담하는 면접상담과 1인 상담자와 다수의 내담자 사이에서 이루어지는 집단상담으로 구분된다. 비대면상담은 매체의 종류에 따라 전화상담과 인터넷 상담으로 세분화된다.

1. 개인상담

개인상담은 노인과 상담자가 1 : 1로 만나 이루어지는 상담으로 내담자가 자신의 문제를 가족에게 알리기를 원치 않거나 가족원이 상담과정에 참여하기 곤란할 때 활용된다. 개인상담은 문제의 원인을 개인의 정신내적 과정에서 찾아야 한다.

개인상담은 내담자가 상담자와 직접 얼굴을 맞대고 상담하는 과정이다. 상담자가 내담자를 직접 보면서 내담자의 언어적 표현과 비언어적 의사소통 형태, 그 밖의 상황에 대한 자세하고 구체적인 정보를 얻을 수 있기 때문에 가장 이상적인 상담의 형태라고 할 수 있다. 그러나 내담자가 직접 상담의 장으로 나와 자신을 노출해야 한다는 부담감을 가질 수 있다.

개인상담에서 상담자는 내담자인 노인들이 자기표현에 익숙하지 않거나 문제의 핵심을 제대로 파악하지 못하거나 가족의 협조를 필요로 하는 경우가 많다. 그리고 내담자와의 연령 차이로 인해 공감이나 기타 감정적 연계가 쉽지 않다. 그러므로 상담자는 내담자의 진술 및 행동 등 모든 부분에 대한 파악을 통해 내담자의 마음 속에 들어있는 강한 욕구의 내용이 무엇인가를 알아낼 필요가 있다. 특히 노인들은 대개 자신의 결점을 자신보다 젊은 사람들에게 드러내고 싶어하지 않으며, 특히 남성 노인이 젊은 여성 상담자와 상담을 하게 되면 자신을 은폐하거나 왜곡된 정보를 제공할 가능성이 높다. 따라서 상담자는 전문성을 가지고 내담자의 진술, 비언어적 의사소통 형태, 내담자의 정서 및 성격 등을 파악하되, 진실함과 이해 및 수용의 태도로 상담에 임해야 한다. 특히 지식을 강조하거나 자존감에 상처를 줄 수 있는 일은 피해야 하고 존중과 경청에 중심을 두어야 한다.

노인들의 경우 상담자를 자발적으로 찾아오는 일이 쉽지 않다. 특히, 상담료를 지불하는 경우 노인들은 경제적인 부담 때문에 상담을 받으려 하지 않거나 중간에 상담을 중지하는 경우가 있다. 그리고 노인상담은 대개 개인상담으로 끝나기보다는 가족 전체가 구조적으로 연결되면서 가족치료로 확대되는 경우가 많다. 이때 가족원과 원활한 협력은 노인 내담자의 문제를 해결하는 데 중요한 자원이 되며 노인의 삶의 질 향상에도 도움이 된다.

2. 가족상담

가족상담은 노인가족을 위한 상담으로 '지금-여기'의 관점에서 즉각적인 해결책 계획에 초점을 둔 교육적이고 지지적인 활동으로, 가족상담을 통하여 노인에 대한 가족구성원의 고정관념을 재검토하여 객관적으로 상황을 파악하게 함으로써 가족이 노인을 돌보는 방법을 발견하고 가족적 결합을 굳히는 계기가 될 수 있다. 즉 가족 내에서 의사소통의 문제를 겪고 있는 노인을 위해 이용할 수 있는 상담으로 각 가족구성원에게 감정을 표현하는 기회를 제공함으로써 그 대안을 모색하게 하고, 다른 가족구성원에 대한 민감성을 증진시킨다. 상담자는 상담에 참여한 가족구성원들의 행동, 말소리, 자세, 표정 등 모든 행위를 유심히 관찰해야 하며, 참여한 가족들이 당면한 문제에 대해 공감대를 형성할 수 있도록 대화를 조정해야 한다. 특히 노인의 경우에 가족구성원들 앞에서 감정을 적절히 표현한다는 것은 어려울 수 있다. 남 앞에서 자신의 감정을 드러내지 않도록 생활해 왔기 때문이다. 즉, 노인은 문제가 발생했을 때 혼자 조용히 생각하거나 무조건 참는 경향이 있다. 상담자는 이러한 노인의 특성을 고려하여 가족 내 구성원들의 노인의 표현되지 않은 느낌과 생각을 이해할 수 있도록 배려해야 하고, 가족구성원들이 노인의 표현되지 않은 느낌과 생각을 이해할 수 있도록 "당신이 그렇게 할 때 할머니께서는 어떻게 하셨나요?", "어떤 생각을 하셨을까요?" 등과 같은 질문으로 유도할 수 있다.

3. 집단상담

집단상담은 상담자의 태도와 행동을 수정하고자 하는 다수의 내담자들이 인간 상호간의 작용을 통해 좀 더 깊은 자기이해와 자기수용을 촉진하는 과정이다. 집단상담은 더 많은 내남자에게 도움을 줄 수 있기 때문에 경제성이 높고 다른 동료들이 가진 다양한 경험을 공유할 수 있는 이점이 있다. 또한 새로운 행동을 시도해 볼 수 있는 기회를 제공해 주는 장점도 있다.

반면에 상담자는 복잡한 역할을 담당할 수 있어야 하며, 개인은 집단상담 과정에서 심리적 손상을 받거나 집단경험 자체로만 끝나 일상생활을 개선하지 못하는 제한점을 가지고 있다. 집단의 목표는 감정의 바람직한 표현 혹은 자신의 문제나 관심사에 대한 직면과 해결뿐만 아니라 자아개념의 대화 혹은 자기표현의 향상, 대인관계 기술의 향상 등을 포함한다. 따라서 효과적인 집단상담을 위해서 상담자는 내담자들의 참여의식을 높이고 분명한 목표를 설정하며, 바람직한 수준의 긴장감을 제공하여야 한다. 그리고 내담자가 능동적으로 모임에 참여하고 자신을 노출하며, 동시에 다른 참여자의 이야기를 경청하고 공감할 수 있도록 집단 내의 역동을 이끌 수 있어야 한다.

우리나라 노인들의 경우 개인상담에 노출되는 부담이 크고 상대적으로 젊은 상담자에게 자신을 노출하기를 꺼려하므로 집단상담의 활용은 노인들의 상담 욕구를 크게 만족시킬 수 있다. 집단상담 시 주의할 점은, 노인들이 자신들의 문제에 빠져서 집단의식을 잃거나 한 주제에서 맴돌며 일부 참여자들에게 공격적인 방향으로 분위기가 흐르지 않도록 조절해야 한다. 또한 집단 내에 흐르는 상담을 방해하는 분위기들, 즉 지나친 공격성, 일방적인 독백, 회피, 불안 등을 지적하고 이를 원만하게 해결할 수 있어야 한다. 그러기 위해 상담자는 여러 가지 집단상담 기법에 익숙해야 하고, 집단원 개개인과 집단의 역동성에 민감할 수 있도록 감수성 훈련 등 많은 집단상담 경험을 스스로 쌓아야 한다.

4. 전화상담

전화상담은 전화매체를 활용하여 신속하게 내담자에게 대응하며 내담자의 문제와 위기에 개입하는 상담의 유형이다. 이러한 전화상담의 특성은 단기상담, 익명성, 신속성, 내담자의 선택 용이성을 들 수 있다.

전화상담은 한 번의 상담을 통해 내담자에게 현재 가장 시급한 문제, 가장 도움 받고 싶은 영역을 효율적으로 상담하는 단기상담이기 때문에 내담자가 현재 처해 있는 어려움에 주로 집중한다. 전화상담은 노인들이 자신을 노출시키지 않고 도움을 받을 수 있는 이점이 있다. 하지만 이러한 장점에도 불구하고 내담자의 진실성이 면접상담보다 덜 확보된다는 단점도 있다. 전화상담은 또한 한층 시급한 상황에 당면한 내담자에게 신속하게 대처하여 그 문제에 대응할 수 있는 특징이 있으며 내담자의 문제해결 의지가 강렬하여 적절한 도움을 받을 경우 도움이 크다. 전화상담은 내담자가 자신이 원하는 시기에 상담자의 의지와 무관하게 상담시간을 정할 수 있는 이점도 있다.

전화상담은 노인상담에서 중요한 영역이다. 노인 입장에서는 연소자와의 대면을 통한 상담에 부담감이 적고, 거동이 불편한 경우에도 심리적 · 신체적 부담감을 덜 수 있다.

1) 전화상담의 특징

우리나라 노인 전화상담의 특징은 다음과 같다.

- 상담영역 면에 있어서 매우 다양하게 행해지고 있는데, 취업 혹은 노인관련시설이나 복지시설, 병원, 여가 복지시설 등에 대한 정보를 위해 가장 많이 이용된다. 유효한 정보제공에 적합한 역할을 한다.
- 상담내용이 노부모 부양의 정서적 문제, 노인건 강상의 문제, 경제적 문제, 이 세 가지 문제로 드러나는 것으로 보아 노인들은 가족 내 역할의 문제, 경제적 상실, 건강상의 어려움 등으로 고생하고 있는 것을 알 수 있다.
- 주로 문제의 해결보다는 내담자의 호소를 들어주고 공감해 줌으로써 내담자의 감정을 돌봐주고 지지해 주는 역할을 한다. 노인들뿐만 아니라 노인을 부양하는 가족원에게도 노인으로 인한 갈등을 이해하는 데 도움을 준다.
- 노인 전화상담을 이용하는 내담자는 노인이 아닌 가족원인 경우가 더 많다.
- 노인들의 전화상담 이용은 지역 간에 많은 격차가 존재한다. 이는 노인들의 교육수준과 의식수준, 노인복지수준을 포함한 생활환경 등의 지역차를 반영한다.
- 전화상담기관을 통해 이루어시는 노인 전화상담은 주로 전화상담 자원봉사자들이 담당한다.

2) 전화상담의 실무

(1) 전화상담이 하는 일

전화상담에서는 억눌렸던 감정을 봇물이 터지듯 쏟아놓고 나서 "속이 후련합니다."라는 해탈의 소리와, 모두모두 네 탓이라고 기관총 같이 쏘아대고 나서 "내 탓도 있었네!"라는 통찰의 소리, 그리고 인생의 항로에서 하염없이 표류하다가 "등대를 찾았네!"라는 환생의 소리들을 듣게 된다.

(2) 봉사자의 자세

봉사자의 자세는 남을 위하여 일한다는 생각을 가져야 한다. 봉사의 대가를 바란다면 상인이라는 마인드를 가져야 한다. 그리고 사회의 정화와 기여에 만족할 줄 알아야 하며, 정녕 어떠한 정신적이든지 물질적이든지 대가를 바란다면 자기성장이나 자아실현 내면에서 구하도록 한다.

(3) 상담자의 자세

상담자는 설득자나 지시자가 아니고, 희로애락을 같이 나누는 이웃이다. 전지전능자가 아니며, 함께 하는 동반자이고 안내자다. 치료자가 아니고, 같이 생각해 주는 거울이다. 개인의 가치관, 도덕성은 초월하고, 자신의 인격 자존심은 방기한다. 이러한 자세를 항상 상담자는 유지하고 가져야 하며 상담에 임해야 한다.

(4) 대화의 자세

말씨는 부드럽고 명료하고 상대방이 알아듣기 쉬워야 하며, 용어는 전문적인 것이 아니라 일반인들에게 통용되는 일상적인 용어를 사용하여야 한다. 내담자와 마주 앉듯이 성심성의껏 내담자를 대하여야 하고 대화는 농담이 섞이지 않고 진지하게 차분히 한다. 발언량은 내담자가 많이 하도록 유도하고 될 수 있는 한 듣는 쪽으로 발언량을 조절하여야 하며, 대화의 주도는 상담자가 내담자를 이끌어갈 수 있어야 한다.

우리나라 노인의 전화 상담자례 분석

상담자: 노인의 전화입니다.

내담자: 노인의 전화죠? 답답해서 전화했어요.

상담자: 아! 그러셨군요. 어서 말씀하십시오.

내담자: 며느리가 의심스러워서 그래요.

상담자: 며느리가 의심스럽다고요?

내담자: 예. 저는 60대 초반의 할머니입니다. 홀시아버지를 모시고 살아온, 결혼한 지 30년이 넘은 사람으로서 슬하에 일남 일녀를 두었습니다. 자식들도 모두 결혼하였고 아들은 33세로 손녀 하나가 있습니다. 따로 살고 있고 그들에게 생활비 보조도 해줄 수 있는 처지입니다. 그러나 아들이 간암선고를 받고 병원에서 투병중이에요. 손녀는 제가 보살펴주고 며느리에게 병간호를 시키고 있지요.

상담자: 무엇을 듣기 원하십니까?

내담자: 다름이 아니고 아들의 병은 깊어갈 뿐 차도를 안보이고, 며느리에게 병원비와 기타 생활비도 주고 있는데 며느리는 어디에 쓰는지 불과 얼마 안 있어 다 썼다고 합니다. 쓴 곳이 분명치 않고 그 액수로 충분할 것 같은데 부족하다니 의심스러워요.

상담자: 젊은 며느리가 병중인 남편 간병하는 것 이외에 또 어디에 쓰겠습니까? 다른 용도가 있는가를 물으시고 섭섭지 않게 대하시면 어떨까요?

내담자: 아니에요. 며느리의 친정은 못살아서 보조가 필요했어요. 그러니 지금도 그것을 병원비에서 보충해 주는 것 같아요. 물론 그랬을 겁니다. 그러니 내 자식 병원비에서까지 돈이 나가는 것 같습니다. 간병에는 정성이 없고, 아들이 먹고 싶은 것을 요구하면 손수 만들어다 주는 것이 아니고 삐죽 사다 주고 맙니다. 그리고 중병이 걸렸어도 회복하는 것은 간병인의 노력 여하라고 믿지도 않고, 소홀히 대하는 태도를 볼 때 엄마로서 내 자식이 가엽기만 합니다.

상단자: 어머니로서 자식에 대한 애정이야 무엇에 비하겠습니까? 그러나 며느리의 입장에서도 젊은 여성으로 한 남자에게 일생을 걸었는데 어찌 소홀히 대하겠습니까? 남편을 잃고 싶지 않기는 어머님이 아들을 잃어버리고 싶지 않은 것과 똑같습니다. 만일 친정에 불가 부득이 보조를 했다한들 남편 거둘 생각 없이 했겠습니까? 가지신 분이 서로 나누어 주십시오. 상호간에 자식을 나누어 며느리가 되고 사위된 입장인데다, 타인도 도울 수 있으면 도우며 살지 않아요. 아드님 마음 편히 해주시고, 며느리의 아픈 마음 위로해 주시면서 어머니로서 포옹하십시오. 손녀딸이 귀여우시지요? 사랑하는 내 손녀의 엄마인 며느리가 설마 배신이야 하겠습니까?

내담자: 아니에요. 돈도 돈이지만 며느리가 벌써부터 딴 마음이 있는 것 같아요. 믿을 수 있는 세상인가요? 아들이 가기 전에 며느리가 변심하지 않을까 그것도 두려워요. 며느리가 아무래도 여러 마음 가지고 있는 것으로 보여요. 그래서 우리 내외도 연로하신 시아버지 모시는 일이 마무리될 때 시설에 갈까 합니다. 다음 기회에 좋은 시설이나 알선해 주세요. 장시간 죄송합니다. 마음 뒤숭숭해서 한번 전화해 봤어요.

5. 인터넷 상담

1) 정 의

인터넷 상담이란 인터넷이 보급된 컴퓨터를 통하여 문제를 가진 내담자가 자신의 문제를 해결하고, 문제에 대해 좀 더 바람직한 결과를 얻도록 훈련된 상담자와 상담적 교류를 갖는 것을 말하며, 실시간으로 제공되는 경우가 늘어나고 있다.

평균수명 연장과 인터넷 보급 확산에 따라 노인들의 인터넷 사용이 증가하고 있다. 조사에 의하면 노인들이 가장 즐겨 이용하는 인터넷 서비스는 이메일, 신문잡지, 게시판, 게임, 오락 순으로 나타났다. 특히 이메일을 통한 서신 교환에 가장 큰 비중을 두는 것은 소외극복 차원에서 친구나 친지들과 관계를 유지하기 위해 인터넷을 사용한다고 볼 수 있다.

2) 장 점

인터넷 상담은 내담자가 자신의 문제를 호소하고 글을 쓰는 과정에서 자신의 문제를 정리하는 시간을 주며, 상담자의 답변이 오기까지 기다리면서 문제에 대한 대안을 생각하고 관심을 지속할 수 있다는 장점이 있다. 상담자는 내담자의 주요문제를 글을 통해 읽고, 주어진 호소 내용을 숙고할 시간을 가질 수 있으며 답변을 적어 가면서 다시 한 번 상담내용을 정리하고 살필 수 있다. 또한 실명보다는 가명이나 ID를 사용하여 상담을 요청하므로 내담자는 자신을 노출하지 않아도 되는 익명성이 있으므로 다양한 문제(성문제, 자녀문제)를 상담할 수 있다.

그 밖에도 다음과 같은 것들을 장점으로 들 수 있다.

- 실시간으로 상담이 진행된다.
- 단회적 상담이 대부분이나 여러 회로 연장할 수 있다.
- 비용을 절감할 수 있다.
- 다른 상담자례를 통해 상담적 간접경험을 할 수 있다.
- 다양한 정보를 얻는다.

3) 주의할 점

주어진 글로써 상담을 하기 때문에 내담자는 자신의 상황을 미화하거나 왜곡하여 전달할 수 있으며, 내용이 지나치게 한정적이라 파악하기 힘든 경우도 있다. 또한 단회성 상담인 경우가 대부분이라 문제의 구체적인 상황 파악이나 심층적인 요인 파악이 어려우며, 내담자의 비언어적 특성을 문체나 한정된 단어 및 그 배열에서 찾아야 하는 등의 어려움이 있을 수 있다.

제2절 노인상담의 영역

1. 심리 영역

심리 영역으로는 노년기에 있어서 가정은 직접적이고 중요한 환경이라고 할 수 있다. 가족은 노인들의 삶 그 자체였으며 목적이었다. 그러나 산업화로 인한 사회적 변화 속에서 가치관이 변화하면서 공허와 상실, 홀대와 소외 등을 느끼며 가족관계가 소원해지게 되었다. 또한 핵가족의 보편화와 맞벌이가구의 증가 속에서 가족은 더 이상 노인들을 정서적으로 보호해 주지 못하게 되었다.

정서적 고립감과 소외감은 삶의 동기를 뿌리째 흔드는 것이므로 정신건강적 측면에서도 매우 해롭다는 사실을 인식하여 사회복지사 등의 상담을 받아야 한다. 우리나라 노인의 전화상담 사례 대부분의 내용이 심리적 소외, 갈등, 배우자 사별에 대한 외로움, 재혼문제, 노후생활, 고부갈등, 가족에 의한 노인학대 등의 내용이었다. 가족 속에서 노인에게 문제가 필연적으로 발생하였을 때 또는 내면적으로 가족 간에서 갈등을 느껴 상담을 요청해 온다면 그러한 노인을 위해서 적절한 상담기법을 사용하여 문제를 완화 또는 해결할 수 있어야 한다.

2. 경제 영역

경제적 영역으로는 노인들이 가정 또는 사회의 일원으로서 인간다운 삶을 영위하기 위해서는 경제자립이 가능해야 한다. 이를 위해서는 노년기에 노인에게 적합한 일자리에 대한 정보 제공과 구직의사를 파악해야 한다. 우리나라 노인들의 경우 노년기에 소유 재산의 대부분을 자녀들의 결혼, 분가 등으로 지출하게 되면서 소득구조상 저소득계층에 편입하게 된다. 결국 생활상의 빈곤은 영양의 결핍과 적절한 의료혜택을 받지 못하게 되므로 유병률의 증가를 가져오게 된다. 퇴직 또는 은퇴 시 노년기 생활과 재정에 대하여 전문적 상담을 받아 존중받고 합리적인 노년이 될 수 있도록 해야 한다.

3. 신체 · 서비스 영역

신체 · 서비스 영역으로는 노년기에는 생리적 기능에 변화가 오며, 신체적 기능이 퇴화하게 된다. 이는 잘못된 생활습관과 식생활에서 비롯되는 것이기에 노인들의 주된 관심사는 건강에 관한 것들이다. 우리나라 노인의 85% 이상이 만성질환을 3개월 이상 앓고 있으며, 최근에는 치매에 대한 관심이 증가하면서 이에 대한 상담도 증가하고 있다. 상담자는 노년기 질병과 이에 대한 증상, 대처방법 등을 숙지하여 상담에 능동적으로 임해야 한다.

4. 사회 · 법률 영역

사회 · 법률 영역으로는 노년기는 사회적 지위의 상실을 가져오지만, 사회에 대한 참여에 대한 장벽이 없어지는 시기이기도 하다. 노인들은 적극적으로 지역사회의 모임에 참석하고, 각종 봉사활동에 참여하면서 노인에 대한 부정적 이미지를 제거하고, 노인도 사회의 주요계층이라는 인식을 심어줘야 한다. 다양하고 적극적인 사회활동은 노인의 삶의 만족도를 증진시킨다. 이를 위한 정보를 제공해야 한다. 또한 노년기는 후세대에서 상속이 이루어지는 시기이고, 이에 대한 문의가 많기에 전문적인 법률적 상담을 위해 변호사 등을 자원봉사자로 모집하여 무료 법률상담이 이루어져야 한다.

제5장

노인상담의 주요이론

제1절 정신분석적 상담

정신분석적 상담은 현대의 상담 실제에서 가장 많이 사용되는 이론이다. 프로이트(Sigmund Freud, 1858~1939)는 인간을 의식의 영역 밖에 존재하는 비합리적이고 통제할 수 없는 무의식적 본능의 지배를 받는 수동적인 존재로 보고 있다. 즉 무의식에 의해 인간 행동이 결정되고 성격의 기본구조가 초기 아동기에 결정된다는 이론을 주장하였다.

무의식의 중요성에 대한 그의 견해는 행동주의 관점과는 다르다. 프로이트는 의식과정을 강조한 행동주의적 관점들을 모두 부적절한 것으로 보고, 의식적인 행동을 움직이는 감정, 충동, 욕망 등의 많은 영역들을 무의식으로 보았다. 즉 인간의 무의식 영역들을 의식화시켜 이에 대한 통찰을 통해 의식문제를 해결하고자 하였다.

1. 상담의 개요

프로이트는 정신장애란 무의식적 성격의 서로 다른 부분 사이에서 억압된 갈등에 의한 불안에서 기인한다고 하였다. 이러한 무의식적인 충동과 갈등은 직접적으로 표현되지 않으면 이를 여러 가지 증세와 신경질적인 행위를 통하여 간접적으로 해소하려 한다. 상담의 목적은 각 개인으로 하여금 이러한 무의식적인 욕구나 갈등을 의식적으로 인식하게 하거나 통찰력을 갖게 함으로써 정서적인 긴장감을 해소하고 궁극적으로 이들에 대한 통제력을 갖게 하는 것이다.

1) 상담의 주요개념

(1) 인간관

인간의 본성에 대한 프로이트의 관점은 결정론적이다. 프로이트에 의하면 인간 행동은 생후 5년간의 비합리적인 힘, 무의식적인 동기, 생물적이고 본능적인 동기, 그리고 심리적이고 성(性)적인 사건에 의해 결정된다고 한다(심리 · 성적 결정론).

인간의 본성은 인간의 사고, 감정, 행동하는 모든 것에는 의미와 목적이 있다. 무의식은 충동이나 억압된 감정(무의식의 내용들이 인간 행동의 동기)들을 말한다. 그리고 모든 행동에 목적이 있는데, 이는 무의식적 동기에 의하여 크게 좌우된다.

구강기(0~2세)

- 입과 입술로 만족을 얻는 시기, 신뢰, 의존, 독립의 태도를 결정하는 시기이다.
- 구강기는 전기와 후기로 나누는데 전기는 생후 6개월까지로, 이때는 주로 빠는 행위에서 쾌감을 느끼고, 후기는 깨무는 것으로 쾌감을 느낀다.
- 구강기 동안 신체적 · 정서적으로 무시당하거나 박탈당한 아이는 성인이 된 후 충족되지 못한 보살핌에 대한 강한 갈망을 경험하기 쉬우며, 타인에 대한 불신으로 대인관계가 어려울 수 있다.

항문기(1~3세)

- 배변훈련과 관련된 시기로 부모의 감정, 태도, 반응은 성격 형성에 지대한 영향을 미친다.
- 지나치게 엄격한 배변훈련을 시킬 경우에는 강박적이거나 의존적인 성격이 되기 쉽다.

- 항문기 전반기 : 변을 내보내는 데서 즐거움을 얻는다.
- 항문기 후반기 : 변을 방출하지 않고 보유하는 데서 즐거움을 얻는다.

남근기(3~5세)

- 이 시기 아동의 관심은 성기에 집중되어 있다. 아동의 주요 활동은 성기를 자극하고 자신의 몸을 보여주거나 혹은 다른 사람의 몸을 보면서 쾌감을 얻는다.
- 부모와 동일시 과정을 통해 초자아(양심)가 발달하는 단계이다.
- 오이디푸스 콤플렉스(Oedipus complex) : 남자아이가 어머니를 사랑하게 되면서 경험하는 딜레마이다. 이때 남자아이는 아버지를 경쟁자로 생각하고 적대적인 감정을 갖는다.
- 엘렉트라 콤플렉스(Electra complex) : 이 시기 여자아이는 아버지와 성적으로 사랑에 빠지고 그 때문에 어머니에게 적개심을 품는다.

잠복기(5,6~11,12세)

- 리비도(Libido)가 非성적인 활동에 투입되어 지적 활동, 운동, 친구관계에 관심을 갖게 된다.
- 남녀 모두에게 2차성장이 나타나며 이전 시기에 확립했던 성적 주체성에 의해 성인으로 성장한다.
- 지금까지 발달한 초자아 더욱 강화되면서 오이디푸스적 욕망을 억제한다.

성기기(12세~사망)

- 사춘기 이후의 시기로 이성에 대한 관심과 충동이 다시 증가한다.
- 쉽게 분노하거나 적개심을 표출한다.
- 정치, 사회운동에 참가하거나 범죄, 혁명 등에 에너지를 투입한다.

본능은 프로이트 접근법의 주요개념이다. 그는 자기 자신과 환자들을 관찰한 결과 모든 행위는 두 개의 기본적인 충동, 즉 '생의 본능(Eros)과 죽음의 본능(Thanatos)'에 의해 지배된다고 본다.

생의 본능은 성충동이라고도 하는데, 이 성충동은 단순한 성충동 이상의 모든 창조적인 욕구를 말한다. 죽음의 본능은 공격충동이라고도 하며, 이는 자기파괴나 질서, 규범 등을 파괴하려는 욕구들을 포함한다. 신체적 활동과 마찬가지로 심리적 활동에도 에너지를 필요로 하고, 이러한 창조적 충동, 즉 생의 본능 에너지를 리비도(Libido)라고 불렀다. 그리고 프로이트는 인간의 마음의 영역을 두 가지로 구별하였는데, 그중 성격구조는 원초아, 자아, 초자아 그리고 의식의 영역은 의식, 전의식, 무의식의 영역으로 나누어 살펴보았다.

(2) 성격구조

성격은 세 가지 구조, 즉 본능(Id), 자아(ego), 초자아(superego)로 구성된다. 성격의 역동성은 심적 에너지가 본능, 자아, 초자아에 분포되는 방식에 따라 구성되고 행동은 이 심적 에너지에 의해 결정된다.

원초아(본능, Id)

- 성격의 원시적이고, 무의식적인 부분, 맹목적이며 고집스럽다.
- 성적 · 공격적 충동이 내재되어 있다.
- 인간이 생존하는 데 필요한 모든 본능이다.
- 쾌락의 원리 : 인간은 원초아의 욕구가 충족되지 않고 박탈되었을 때 발생하는 긴장을 해소하고 본래의 욕구를 충족하기 위하여 동기를 부여받는다. 이때 자아는 이러한 원초아의 욕구를 이성적인 수단으로 충족할 수 있도록 돕는 기능을 한다.

자아(ego)

- 현실의 외적인 세계와 관계를 가지며, 성격을 제어하고 통제한다.
- 현실적 요구들의 맥락 안에서 원초아를 만족시키는 현실원리를 사용한다.
- 현실원칙 : 환경을 지배하여 불안을 통제하려는 자아의 수단이다. 자아는 만족을 추구할 수 있는 방법을 발견할 때까지 만족을 연기한다.
- 현실원칙에 따라 사회적으로 수용될 수 있는 방법을 발견할 때까지 쾌락을 추구하는 긴장해소는 유보한다. 이성적인 차원에서 행동의 결과를 평가하고 자신의 행동

과정을 결정한다.

초자아(superego)

- 사람의 도덕규범 : 양심, 도덕적 원리의 지배를 받는다.
- 초자아는 3~5세 사이에 발달하여 부모가 아이에게 전달하는 사회의 가치와 관습을 말한다.
- 쾌락보다는 안정을 추구하고 현실적인 것보다 이상적인 것을 추구한다.
- 부모와 사회기준을 내면화하여 심리적인 보상(자존심과 자기애)과 처벌(죄의식과 열등감)을 가진다.

(3) 의식과 무의식

프로이트는 인간의 의식세계를 세 가지로 구분하였다. 특히 의식구조를 위계적으로 구성하였다. 이 중 무의식은 인간의 의식구조에 최초로 도입되었다. 인간의 의식세계를 나누어 보면 다음과 같다.

의식(conscious)

한 개인이 현재 각성하고 있는 모든 행위와 감정들을 포함하고 있다. 이러한 의식수준은 인간생활의 극히 일부분에 지나지 않는다. 의식은 자신에게 주의를 기울이면 순간에 알아차릴 수 있는 경험과 감각들을 뜻한다. 보고, 듣고, 만지고, 냄새 맡고, 맛 보는 것과 같은 여러 가지 감각을 인식하고, 슬픔과 고통 같은 것을 쉽게 알아차릴 수 있는 정신생활의 영역, 깨어있을 때 작용하는 영역이다.

전의식(preconscious)

흔히 이용 가능한 기억이라고 불리기도 한다. 즉 전의식은 의식이 부분은 아니지만 조금만 노력하면 의식 속으로 떠올릴 수 있는 생각이나 감정들을 포함하고 있다. 전의식은 정신세계에서 의식과 무의식의 영역을 연결해 주는 교량 역할을 담당한다.

무의식(unconscious)

프로이트는 가장 중요한 의식수준을 무의식으로 보았다. 무의식이란 개인이 자신의 힘으로는 의식상에 떠올릴 수 없는 생각이나 감정들을 포함하고 있으며, 또한 무의식 속에는 자신이나 사회에 의하여 용납될 수 없는 감정이나 생각 혹은 충동이 억압되어 있다. 결국 무의식의 내용들이 인간행동의 동기로서 작용한다.

무의식은 물 위에 떠있는 빙산보다 물 아래에 있는 보이지 않는 더 큰 부분에 비유될 수 있다.

(4) 이상심리와 부적응

불 안

불안은 무엇을 하기 위해 동기를 유발하게 하는 긴장상태로서, 생체의 안전을 위협하는 모든 상황에 대해 불안을 일으킨다. 불안을 일으키는 요인들을 살펴보면 다음과 같다.

- 현실적 불안 : 현실 세계의 위험에 대한 반응
- 신경증적 불안 : 원초아(본능)의 충동이 의식 속으로 분출되어 나올 것에 대한 불안
- 도덕적 불안 : 죄책감과 수치심으로 표현되는 초자아(양심)의 처벌 위협에 대한 반응

방어기제

방어기제는 이성적이고 직접적인 방법으로 불안을 통제할 수 없을 때 자아를 붕괴의 위험에서 보호하기 위해 무의식적으로 사용하는 사고 및 행동수단이다. 방어기제는 성격발달의 수준이나 불안의 정도에 따라 여러 형태로 나타나지만 두 가지 공통된 특성을 보인다. 첫 번째로는 방어기제는 사실을 거부하거나 왜곡시킨다는 점이며, 두 번째로 방어기제는 무의식적으로 작용한다는 점이다.

- 억압(repression) : 의식하기에는 현실이 너무 고통스러워서 무의식 속으로 억눌러 버리는 것으로 다른 방어기제나 신경증적 증상의 기초가 된다. 억압을 통해서 자아는 위협적인 충동, 감정, 소원, 환상, 기억 등 위험적 요소들이 의식화되는 것을 막아준다. 특히 수치감, 죄책감, 자존감을 상하게 하는 경험일수록 억압의 대상이 된다.

- 거부, 부인(denial) : 가장 원시적인 방어기제로 고통스러운 현실을 인정하지 않음으로서 불안을 방어해 보려는 수단이다. 의식화하기에는 불쾌한 생각, 욕구, 충동, 현실 등을 무의식적으로 부정함으로써 불안으로부터 자신을 방어하려는 정신기제를 말한다.
- 투사(projection) : 자신의 심리적 속성이 타인에게 있는 것처럼 생각하고 행동하는 것으로 다른 사람들도 나와 똑같은 감정, 태도를 가졌다고 단정짓는 것이다. 즉 받아들일 수 없는 충동이나 욕망, 자신의 실패 등을 타인의 탓으로 돌리는 것을 말한다.
- 퇴행(regression) : 비교적 단순한 초기의 발달단계로 후퇴하는 행동으로, 심한 스트레스나 좌절을 당했을 때 현재의 발달단계보다 더 이전의 발달단계로 후퇴하는 것을 말한다. 사랑을 독차지하던 아이가 동생이 태어나 사랑을 빼앗기게 되자 갑자기 대소변을 가리기가 안 된다든지, 더욱 심한 어리광을 부리게 되는 것이 그 예이다.
- 합리화(rationalization) : 실망을 주는 현실에서 도피하기 위해 그럴듯한 구실을 붙이는 것이다. 즉 자신의 언행 속에 숨어 있는 용납하기 힘든 충동이나 욕구에 대해 사회적으로 그럴 듯한 설명이나 이유를 대는 것을 말한다. 그 설명이나 이유는 합리적이고 이성적이며 자아가 받아들일 수 있는 내용으로 꾸민다.
- 승화(sublimation) : 본능적인 에너지, 특히 공격적 · 성적 에너지를 개인적으로나 사회적으로 용납되는 형태로 유용하게 돌려쓰는 것을 말한다. 사회적으로 용납되는 형태와 방법을 통해 충동과 갈등을 발산하는 것으로 정육점 주인, 외과의사는 직업선택 시 공격적 충동이 승화로 작용한 것이다.
- 전위(displacement) : 욕구충족 대상에 접근할 수 없을 때 다른 대상에게 에너지를 돌리는 것이다. 즉 어떤 생각이나 감정 등을 표현해도 덜 위험한 대상에게 옮기는 것을 말한다. 일상생활에서 무의식적인 공격성을 농담으로 표현하는 것을 말한다.
- 반동형성(reaction formation) : 무의식 속의 받아들여질 수 없는 생각, 소원, 충동 등을 정반대의 것으로 표현하는 경우인데, 원래의 생각, 소원, 충동 등을 의식화하지 못하게 하는 단계이다. 겉으로 드러나는 언행이 마음 속의 요구나 생각과 정반대인 경우의 방어기제이다.

2. 상담의 과정과 기법

정신분석학적 상담의 목표는 크게 두 가지이다. 첫째, 증상의 해결이지만 궁극적으로는 공격적 · 성적 충동을 승화시키는 것이고, 둘째, 자아의 역량을 키우고 개인 내부의 욕구를 깨닫게 하는 것이다.

1) 상담의 과정

(1) 상담자의 기능과 역할

정신분석학자들은 자신을 거의 공개하지 않고 중립적인 감정을 지닌다. 왜냐하면 그들은 '전이관계'를 형성해야 하기 때문이다. 전이관계에서 내담자는 상담자에게 투사하게 된다.

정신분석적 상담자의 중심기능은 내담자가 사랑하고 일할 수 있는 자유를 얻도록 돕는 것이다. 또한 불안을 현실적으로 잘 처리하고 충동적이고 비합리적인 행동을 통제하도록 돕는다.

(2) 상담자와 내담자와의 관계

상담자와 내담자와의 관계는 전이과정에서 개념화된다. 전이는 내담자의 과거의 중요한 타인들에 대한 반응에서 생기는 일종의 치환으로서 긍정적이거나 부정적인 내담자의 느낌이나 환상이 상담자에게 무의식적으로 옮겨 가는 것이다.

상담이 성공적으로 되려면 전이관계는 훈습되어야 한다. 훈습과정은 무의식의 자료와 방어를 탐색하는 것인데, 훈습은 해석의 반복과 저항의 형태를 탐색함으로써 달성된다.

(3) 상담단계

- 시작단계 : 과거사를 알아보는 과정(가능한 많은 양의 정보 파악 ⇒ 진단 치료 계획 세움)
- 전이단계 : 전이분석을 통해 내담자는 과거와 현재, 환상과 현실을 구분하게 됨

- 훈습단계 : 통찰을 공고히 하는 단계(반복, 정교화, 확대하는 과정)
- 전이 해결단계 : 상담종결, 이루어진 해석의 재구성을 확인하게 되지만 저항이 일어나기도 함

2) 상담의 기법

- 통찰 : 내담자가 행동의 원인과 해결방법을 깨닫고 수용하는 과정으로 무의식 속에 있던 것들의 진정한 의미를 깨닫는 것이다.
- 자유연상 : 통찰을 촉진하기 위해 마음속에 떠오르는 것을 모두 이야기하게 하는 것으로 무의식을 끌어내기 위한 방법이다.
- 전이 : 내담자가 상담자에게 자신의 감정과 사고를 몰입함으로써 문제를 드러내게 되는 것이다.
- 저항 : 자신의 갈등을 의식화하기 꺼려서 나타내는 여러 행동을 말한다.
- 훈습 : 통찰 후 자신의 심리적 갈등을 깨달아 실생활에서 자신의 사고와 행동을 수정하고 적응방법을 실행해 나가는 과정이다.
- 해석 : 내담자의 행동의 의미를 상담자가 지적하고 설명하고 때로는 가르치기도 하는 정신분석적 상담의 기본적인 절차이다.

제2절 인본주의적 상담

비지시적 상담, 민주적 상담, 내담자 중심적 상담으로 불리우는 인간 중심적 상담은 칼 로저스(K. Rogers)에 의해 소개되었다. 모든 인간은 긍정적인 방향으로 성장하려는 경향과 자기결정 및 자아실현 경향을 갖고 있으며, 자신의 운명을 스스로 결정하고 자유롭게 선택하는 존재라는 점을 중시하였다.

인본주의적 상담에서는 내담자가 자기 자신의 중요한 일들을 스스로 결정하고 해결할

수 있는 능력을 지니고 있음을 강조하며, 상담자는 내담자들이 긴장이나 정서적 불안을 발산하고 자신의 문제에 대한 해결능력을 회복하여 인간적인 성숙을 기할 수 있도록 돕고, 적극적으로 성장할 수 있도록 허용적인 분위기를 만드는 데 주력한다.

1. 상담의 주요이론

내담자 중심적 상담에서는 모든 내담자가 자기 자신의 중요한 일들은 스스로 결정하고 해결할 수 있는 능력을 지니고 있음을 강조하며, 상담자는 내담자들이 긴장이나 정서적 불안감을 발산하고, 자기 자신의 문제에 대한 해결능력을 되찾아 인간적인 성숙을 기할 수 있도록 돕는다. 또한 적극적으로 성장할 수 있도록 허용적인 분위기를 만드는 데 주력한다.

즉 인간중심적 상담은 다음과 같은 것을 기반으로 하고 있다.

- 개인의 가치와 존재를 인정하고 존중함
- 내담자의 능력에 대한 신뢰
- 상담자의 자기이해

1) 상담의 개념

- 개인은 궁극적인 행동을 결정하는 '현상의 장'을 가지고 있다. 개인 자체를 중요시한다.
- 인간은 자기 자신을 유지하고 향상시키려는 방향으로 잠재력을 개발하려고 노력한다.
- 내담자는 자기 자신의 중요한 일들을 스스로 결정하고 해결할 수 있는 능력이 있다.
- 상담자는 내담자가 문제에 대한 해결능력을 되찾아 인간적인 성숙을 기할 수 있도록 조력한다.

2) 상담의 주요내용

(1) 인간관

로저스는 인간을 근본적으로 합목적적이고 전진적이며, 건설적이고 긍정적이며, 독립적이고 수용적이며, 현실적인 존재인 동시에 신뢰할 만한 선한 존재로 본다.

인간은 본래의 부적응상태를 극복하고 정신적 건강상태를 되찾을 수 있는 능력을 가지고 있다고 믿기 때문에 치료 진행의 책임을 내담자 자신에게 맡긴다.

(2) 유기체

유기체란 사람을 뜻하며 사고, 감정, 행동을 포함한 인간의 자기지각으로 이루어져 있다. 즉, 유기체란 인간 각 개인의 사상, 행동 및 신체적 조직 모두를 포함하는 전체로서의 한 개인을 지칭하는 것이다. 유기체의 일차적인 목적은 욕구를 만족시키기 위해 행동하는 것이고, 늘 유기체 자신을 향상시키고 유지시키려는 동기를 가지고 있다.

(3) 현상학적인 장

현상학적인 장은 유기체가 경험하는 모든 것을 말한다. 즉 유기체 개인의 실제세계를 말한다. 이는 개인의 사적이고, 주관적인 경험의 세계이다. 이런 주관적인 경험의 세계를 현상학적인 장이라 한다.

(4) 자 아

자아는 개인의 전체적인 현상학적 장 혹은 지각적인 장으로부터 분화된 부분이다. 다시 말해서 자아란 자기 존재의 각성 또는 기능화의 각성을 의미하는 것이다. 이와 같은 자아발달을 통해서 개인은 자기에게 속한 것, 혹은 자기 일부와 자신이 지각하는 다른 모든 대상 사이를 구분할 수 있게 된다.

(5) 적응과 부적응

적응이란 자아와 유기체의 경험 간의 일치를 말하며, 경험에 개방적인 특성을 지니고 있으며 충분히 기능을 발휘할 수 있는 상태라고 할 수 있다. 이와 다르게 부적응이란 자아와 유기체의 경험 간의 불일치를 말하는 것이며 방어적인 특성을 가지고 있다고 할 수 있다.

2. 상담의 철학적 가정

- 인간은 가치를 가지는 독특하고 유일한 존재이다.
- 인간은 자기확충을 향한 적극적인 성장력을 지녔다.
- 인간은 근본적으로 선하며 이성적이고 믿을 수 있는 존재이다.
- 각 개인을 알기 위해서는 개인의 주관적 생활에 초점을 두어야 하며 이것은 마치 그 개인이 세상을 지각하듯이 그의 세계를 지각해야 한다는 것을 의미한다.
- 상담의 목표는 각 개인으로 하여금 자기를 수용하고 심리적 장애를 제거하려는 자기통찰을 통하여 전인적인 기능을 발휘하도록 하는 것이다.

3. 상담의 목표와 과정

1) 인간 중심적 상담의 목표

내담자로 하여금 로저스가 말하는 인간관을 가진 사람이 될 수 있도록 하는 데 있다. 즉 개인의 자아실현(유능한 인간으로 성장해 나가는 과정)을 목표로 한다. 이런 자아실현을 이룬 사람의 특징은 첫째, 자기방어를 위해 현실을 왜곡하지 않으며, 둘째, 자기 자신에 대한 올바른 이해를 바탕을 둔 신뢰감과 융통성을 지닌 마음의 자세에 있고, 셋째, 실존문제에 대한 해답은 자신의 내부에서 찾으려 하며, 넷째, 인간적인 성숙이 지속적인 과정임을 아는 것이다.

2) 인간 중심적 상담의 과정 : 상담자가 갖추어야 할 태도

로저스(Rogers, 1980)는 인간 중심적 상담관계에 핵심이 되는 상담자의 세 가지 특성과 태도로써 일치성 또는 진실성, 무조건적인 긍정적 관심, 공감이해를 들었다. 이러한 상담자의 태도가 만들어 내는 분위기 내에서 내담자는 자기탐색과 자기이해의 긍정적인 성장을 경험하게 되는 것이다.

- 일치성(진실성) : 상담자가 내담자와의 관계에서 순간순간 경험하는 자신의 감정이나 태도를 있는 그대로 솔직하게 인정하고 정직하게 표현하는 태도를 말한다. 즉 상담자가 자신의 부정적 감정을 표현하는 것뿐만 아니라 내담자가 표현하는 부정적 감정 역시 받아들일 수 있을 때 내담자와의 진실한 의사 및 감정의 교류가 가능할 수 있다는 것이다.
- 무조건적인 관심(수용) : 상담자가 내담자를 평가 · 판단하지 않고, 내담자가 나타내는 어떤 감정이나 행동 특성들도 있는 그대로 수용하여 소중히 여기고 존중하는 상담자의 태도이다. 로저스는 내담자가 어떤 상태에 놓여 있는 존재이든 간에 무조건적이고 긍정적이며 수용적인 태도를 경험하고 있을 때 치료적 변화가 일어날 가능성이 더욱 커진다고 주장한다.
- 공감적 이해 : 공감은 동정이나 동일시와는 다르며, 상담자가 '내담자의 입장이 되어' 내담자를 깊게 주관적으로 이해하면서도 자기 본연의 자세는 버리지 않는 것이다. 즉 상담과정에서 상담자와 내담자가 상호작용하는 동안에 발생하는 내담자의 경험과 감정들, 그리고 그러한 경험과 감정들이 상담과정에서 그 순간순간에 내담자가 갖는 의미를 상담자가 민감하게 그리고 정확하게 이해하려고 하는 노력을 말한다.

3) 상담과정의 조건

상담과정에는 다음과 같은 조건들이 구비되어야 한다.

- 두 사람이 접촉(만남)해야 한다.

- 내담자는 불일치 상태에 있고 취약한 상태에 있으며 불안정한 상태에 있다.
- 상담자는 관계성에 있어서 균형과 일치 상태에 있어야 한다.
- 상담자는 내담자에게 무조건적인 긍정적 지각을 하여야 한다.
- 상담자는 내담자의 내적 준거에 대하여 공감적 이해를 경험하여야 한다.
- 내담자도 최소한의 긍정적 지각과 공감적 이해의 상태를 갖추어야 한다.

4) 상담의 과정

로저스는 상담의 과정을 다음의 12단계로 설명하였다(Rogers, 1980)

- 내담자의 방문 : 첫 단계에서는 스스로 상담을 받겠다는 결정이 가장 중요하다. 자발성이 중요하다.
- 상담장면의 설정 : 양자 간의 상담관계, 즉 도와주는 장면과 절차 등이 정의된다.
- 감정의 자유로운 표현 유도 : 상담자가 내담자의 정서반응을 반영하고 명료화하여 내담자가 자신의 문제에 관한 감정을 자유롭게 표현하도록 북돋운다.
- 부정적 감정의 수용과 시인 : 상담자는 내담자가 표출하는 부정적 감정을 수용하고 알아주고 정리해 주어야 한다.
- 긍정적 충동의 표출 : 이 단계에서는 내담자는 성장의 디딤돌로써 긍정적 감정을 표출하게 하는 것이다.
- 긍정적 충동에 대한 수용과 시인 : 상담자는 내담자의 부정적 감정을 받아들임과 동시에 긍정적인 감정을 인식하고 받아들인다.
- 자기통찰과 이해의 촉진 : 부정적 감정과 긍정적 감정을 모두 경험하면 자기이해, 자기수용, 자기통찰이 나타난다.
- 가능한 결정과 방향 제시 : 통찰과 함께 여러 가지 의사결정을 할 수 있는 길이 선명하게 보인다.
- 적극적이고 긍정적 행동 표출 : 내담자는 긍정적 행동을 취하게 되며, 생활 장면에 대해 더욱 정확하고 완전한 분별을 하게 된다.
- 깊은 통찰과 완전한 자기이해 : 더욱 성장을 한다. 긍정적인 행동을 취하게 되면 점

차로 통찰이 확대 심화되어 정확한 자기이해를 할 수 있게 된다.

- 적극적 행동의 통합 : 내담자는 보다 잘 통제된 행동을 점점 더 많이 하게 된다.
- 상담의 종결 : 내담자는 이제 도움을 받을 필요를 덜 느끼게 되고 치료관계를 종결해야겠다는 생각을 하기에 이른다.

4. 상담의 한계

(1) 책임의 한계

상담자가 명확히 밝혀두어야 할 한계의 한 가지는 내담자의 문제와 행위에 대해서 책임을 지는 범위이다. 내담자가 아무리 기대하고 요구한다고 해도 문제의 해결을 상담자에게 맡겨서는 안 되며, 상담자가 아무리 돕고자 하는 마음이 있어도 문제해결의 책임을 질 수 없다는 것을 상담자는 내담자에게 이해시켜야 한다.

(2) 시간의 한계

상담 시 일정한 시간의 한계를 설정해서 거기에 내담자가 잘 적응하도록 하는 것이다. 상담은 인간과 인간 사이의 관계이므로 이 시간의 한계가 내담자의 요구에 대한 이해에서 성립되고 엄수될 경우에 상담은 더 잘 진행된다.

(3) 공격적 행위의 한계

공격적 행위의 한계는 놀이치료에 관련되는 것으로 타인 및 타인의 물건을 손상시키는 데 대한 한계이다.

(4) 애정의 한계

상담자가 내담자에게 보이는 애정에는 어떤 한계가 있음을 상담자는 표현해야 한다. 상담자는 내담자에게 단순히 인간적인 존중과 깊은 이해를 보이는 것이므로 명확하게 이해시켜야 한다.

제3절 인지적 상담

인지이론에서는 인간을 주관적인 존재로 규정한다. 각 개인의 정서, 행동, 사고는 개인이 현실을 창조해 내는 방식, 즉 현실세계를 구성하는 방식에 따라 달라진다고 본다 (Beck, 1976).

엘리스(Ellis, 1979)는 인간은 생물학적 본능에 의해 조종당하거나 외부 상황에 영향 받는 것이 아니라 본래 자기보존적이며 성장과 변화 그리고 자아실현 경향을 지닌 존재라고 보았다. 그리고 인간은 합리적인 생각과 비합리적인 생각을 할 수 있는 가능성을 동시에 갖고 태어난 존재라고 하였다. 상담에서는 내담자의 비합리적인 생각을 합리적인 생각으로 전환을 통해 문제를 해결하려고 한다.

1. 합리적 · 정서적 상담이론

엘리스는 인간은 내면에서의 신념이나 생각 등 인지적인 면들이 정서와 행동에 크게 영향을 미치기 때문에, 만약 내담자의 감정에 강력하게 작용하지 않거나 새로운 행동을 끊임없이 실천하지 않으면 기본적인 변화를 가져오기 어렵다고 본다.

합리적 · 정서적 상담은 내담자의 비합리적인 생각을 합리적 생각으로 대치시키거나 최소화시켜서 내담자가 좀 더 합리적이고 융통성 있는 인생관을 갖도록 한다.

1) 상담의 기본개념

- 인간은 합리적일 수도 비합리적일 수도 있다.
- 인간의 비합리적 · 비현실적인 사고방식은 어린 시절 가족과 사회의 영향을 받는다.
- 인간은 지각, 생각, 느낌, 행동을 동시에 할 수 있는 인지적 · 정의적 · 행동적 존재이다.
- 증상 제거 자체가 목표는 아니다.
- 심각한 정서적 문제들이 비합리적인 사고로부터 바로 연유되므로 이를 직접 다루어야 한다.

2) 이론적 근거

(1) 비합리적 신념과 심리적 문제

엘리스에 따르면 사람들이 정서적 문제를 겪는 이유는 구체적인 사건들(선행사건 ⓐ) 때문이 아니라 그 사건을 지각하고 받아들이는 방식이 잘못되었기 때문이다. 즉 어떤 사건을 자신이 이미 가지고 있는 기존의 생각들에 비추어 비합리적으로 해석(비합리적인 사고 ⓑ)하기 때문에 그 결과로 정서적 문제(결과 ⓒ)를 경험하게 된다는 것이다.

엘리스의 합리적 정서치료는 정서적 문제(우울, 공포, 불안 등)를 유발하는 것은 생활사건 자체가 아니라 그 사건에 대한 왜곡된 생각 때문이라는 가정에서 출발한다. 그리고 이러한 왜곡되고 잘못된 생각은 비합리적인 신념이 존재하기 때문이라고 본다.

(2) 합리적 신념과 비합리적 신념의 구분

어떤 생각이 합리적인지 아니면 비합리적인지 여부를 판가름 하는 데는 몇 가지 기준이 적용된다.

- 융통성 : 모든, 항상, 반드시, 꼭, 결코, 당연히, ~이어야만 등과 같은 단어가 들어가는 생각들은 융통성이 없고 따라서 비합리적이다.
- 현실성 : 세상에 완벽한 사람이란 없다. 완벽이라는 것은 사람들의 이상일 뿐 현실은 아니다. 사람들은 이상을 추구할 수는 있지만, 이상을 실현할 수는 없다.

사람들 개개인의 인간적인 가치는 현실 속에서 달성 가능한 목표를 향해 꾸준하고 성실한 노력을 기울이는 데서 찾을 수 있는 것이지 '완전'과 '완벽'에서 찾아지는 것은 아니다.

(3) 비합리적 신념의 교정과 정서적 건강

정서적 문제로부터 벗어날 수 있기 위해서는 비합리적 신념들을 합리적인 신념들로 대체해야 한다.

현실적으로 달성하기 불가능한 당위적 생각들을 많이 가질수록 정서적 문제를 더 많이 그리고 더 심각하게 경험하게 되며, 반대로 현실적으로 달성 가능한 융통성 있는 선호나 소망 또는 기대들을 가지고 있으면 정서적 문제로부터 상당부분 자유로워질 수 있다.

결국 사람들을 심리적으로 괴롭게 만드는 것은 사건 자체가 아니라 그들이 가진 생각인 것이다. 정서적 문제에 원인이 되는 비합리적 생각들을 확인하고 그것들을 보다 합리적인 생각들로 대체해나가는 과정이 바로 합리적 정서 치료의 핵심이 된다.

비합리적인 신념 11가지

① 나는 내가 아는 중요한 사람들 모두에게서 사랑이나 인정을 받아야 한다.
② 나는 모든 면에서 유능하고 적합하며 성취적이어야 한다.
③ 어떤 사람이 악랄하고 정당하지 못하다면 우리는 그를 비난하고 처벌해야 한다.
④ 내가 바라는 대로 일이 되지 않는다면 이것은 무시무시한 파멸이다.
⑤ 불행은 외부의 환경과 사건에 의해서 생기며, 그것을 사람의 힘으로 어쩔 수 없다.
⑥ 위험하고 두려운 일은 항상 일어날 수 있으며 그것은 항상 걱정의 원인이 된다.
⑦ 어떤 어려움이나 책임을 직면하는 것보다 회피하는 것이 더 쉬운 일이다.
⑧ 사람은 누군가에게 의지해야 하고 내가 의지할 만한 강한 누군가가 있어야 한다.
⑨ 과거의 경험이나 사건이 현재 행동의 영향을 주며, 사람은 과거의 영향을 벗어날 수 없다.
⑩ 사람은 다른 사람이 곤경과 어려움에 처하면 당황하게 된다.
⑪ 모든 문제에는 적절하고 완벽한 해결책이 있으며 그 해결책을 찾지 못하면 불행해진다.

2. 상담의 목표와 과정

1) 상담의 목표

- 내담자의 비합리적이고 왜곡된 사고의 수정을 통한 문제, 부적응을 해결한다.
- 내담자의 핵심적인 자기 파괴적 생각을 최소화하고 삶에 있어 더욱 현실적이고 관대한 철학을 갖도록 한다.
- 삶에 있어 바람직하지 못한 결과가 나왔을 경우 자기 자신이나 다른 사람에 대한 비난을 줄이도록 한다.

2) 상담의 과정

(1) ABCDE 모형

- A(Antecedent) : 개인의 정서적 혼란을 가져오는 활동(Activity), 행동(Action), 선행사건(Antecedent)
- B(Belief) : A에서 발생한 활동, 행동, 사건에 대한 개인의 신념(Belief)
  - 이성적 · 합리적 신념(rational Belief : rB's)
  - 비이성적 · 비합리적 신념(irrational Belief : iB's)
- C(Consequence) : 선행사건 A 때문에 생겨났다고 내담자가 생각하는 정서적 또는 행동적 결과(Consequence)
  - 이성적 · 합리적 결과(rational Consequence : rC)
  - 비이성적 · 비합리적 결과(irrational Consequence : iC)
- D(Dispute) : 비합리적인 신념을 바꾸도록 돕는 상담자의 과학적 · 자극적인 논박(Dispute)
- E(Effect) : 비합리적인 신념을 논박, 논쟁하여 얻은 결과(Effect)

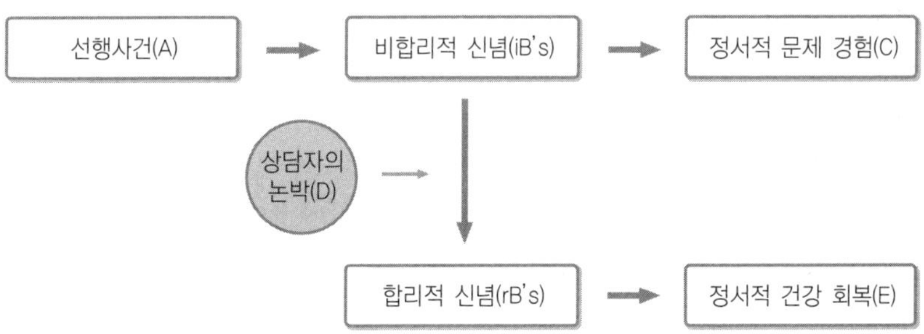

(2) 합리적 정서치료의 진행과정

상담의 절차

- 합리적 정서치료의 기본철학 및 논리를 내담자가 믿도록 설명하고 설득한다.
- 상담면접 과정에서 내담자의 자기보고 및 상담자의 관찰을 통해 비합리적 신념을 발견하고 규명한다.
- 내담자의 비합리적 신념에 대한 상담자의 직접적인 논박 및 합리적 신념을 예시하거나 시범을 보인다.
- 비합리적 신념을 합리적 신념으로 대치시키기 위한 인지적 연습을 반복한다.

상담을 진행할 때 주의사항

상담자의 논박이 내담자의 인격을 모독하여 내담자가 상담 자체에 부정적인 느낌을 갖지 않도록 해야 한다. 따라서 상담자는 내담자가 가진 비합리적 신념에 대해서는 통렬한 논박을 가할 수 있지만, 내담자 개인은 고귀한 인격체로서 존중하는 태도를 유지해야 한다.

3. 인지적 상담이론

1) 베크의 인지치료 개요

베크(Beck)의 인지치료는 합리적 정서치료와 더불어 인지행동적 상담이론들 중 가장 널리 알려지고 보편화된 상담이론이다.

(1) 기본개념

- 인지 혹은 사고가 인간의 정서 및 행동을 중재하거나 선도한다고 전제한다.
- 인간은 스스로 자신에 대한 자각과 의식기능을 가지고 있어 문제나 장애를 해결할 수 있다.

- 개인의 문제는 잘못된 가정과 추측에서 오는 현실 왜곡 때문이고, 인지발달과정에서의 잘못된 학습에서 비롯된다.

(2) 상담의 목표

내담자 적응의 사고방식 개발을 궁극적 목표로 한다는 면에서 합리적 상담과 유사하다. 상담자는 내담자의 생각 중에서 왜곡된 부분은 시정하고 생활경험을 좀 더 현실적으로 소화하는 대안적 안목 및 태도를 학습하도록 돕는 것이 기본목표이다.

2) 이론적 근거

베크의 인지치료이론에서 가장 핵심이 되는 개념들은 '자동적 사고', '역기능적 인지도식', '인지적 오류'를 들 수 있다.

(1) 자동적 사고

- 자동적 사고 : 사람들은 대개 어떤 사건에 접하게 되면 자동적으로 어떤 생각들을 떠올리게 되는데, 이를 자동적 사고라 한다.
- 심리적 문제와 자동적 사고 : 사람들이 경험하는 심리적 문제는 스트레스 사건을 경험했을 때 자동적으로 떠올리는 부정적인 내용의 생각들로 인해 발생한다.
- 자동적 사고의 세 가지 구성(인지삼제) : 우울증상을 경험하는 사람들의 자동적 사고는 크게 세 가지 내용으로 구성되어 있다.
  - 자기 자신에 대한 비관적인 생각(나는 무가치한 사람이다)
  - 앞날에 대한 염세주의적 생각(나의 앞날은 희망이 없다)
  - 세상에 대한 부정적 생각(세상은 살기가 매우 힘든 곳이다)

(2) 역기능적 인지도식

- 인지도식의 개념 : 세상을 살아가는 과정에서 삶에 관한 이해의 틀을 형성한 것이 바로 삶의 인지도식이다.

- 역기능적 인지도식의 의미 : 개인의 인지도식의 내용이 부정적인 성질의 것일 경우, 이러한 인지도식을 역기능적 인지도식이라고 부르는데 이는 심리적 문제를 초래하는 근원적 역할을 한다.

(3) 인지적 오류

- 역기능적 인지도식과 인지적 오류 : 역기능적 인지도식은 부정적인 자동적 사고와 인지적 오류를 발생시킨다. 인지적 오류란 현실을 제대로 지각하지 못하거나 사실 또는 그 의미를 왜곡하여 받아들이는 것을 뜻한다.
- 인지적 오류의 종류
  - 흑백논리 : 사건의 의미를 이분법적인 범주의 둘 중에 하나로 해석하는 오류
  - 과잉 일반화 : 한두 번의 사건에 근거하여 일반적인 결론을 내리고 무관상황에도 그 결론을 적용시키는 오류
  - 선택적 추상화 : 상황이나 사건의 주된 내용은 무시하고 특정한 일부의 정보에만 주의를 기울여 전체의 의미를 해석하는 오류
- 의미확대, 의미축소 : 사건의 중요성이나 의미를 지나치게 과장 또는 축소하는 오류

3) 상담방법과 진행과정

(1) 베크의 인지치료에서 상담자는 크게 두 가지 과제를 달성해야 한다

- 내담자의 부정적인 자동적 사고를 찾아내어 이를 보다 적절한 적응적인 사고로 대치해야 한다.
- 부정적인 자동적 사고의 기저를 이루는 근원적인 역기능적 인지도식을 찾아내어 그 내용을 한층 현실적인 것으로 바꾸어 나가야 한다.

(2) 상담의 체계적 절차

- 내담자가 호소하는 심리적 문제를 구체화하여 내담자와 상의하여 상담목표로 정한다.

- 심리적 문제에 인지적 요인이 관련되어 있음을 내담자가 납득할 수 있도록 인지치료의 기본원리를 설득력 있게 설명한다.
- 내담자의 현재 삶 속에서 심리적 문제를 불러일으키는 환경적 자극과 자동적 사고를 내담자와 함께 탐색하고 조사한다.
- 환경적 자극에 대한 내담자의 해석내용, 즉 자동적사고의 현실적 타당성을 따져본다.
- 환경적 자극에 대한 좀 더 객관적이고 타당한 대안적 해석을 탐색해 보고, 이를 기존의 부정적인 자동적 사고와 대치한다.
- 환경적 자극을 왜곡되게 지각하도록 만드는 더욱 근원적인 역기능적 인지도식의 내용들을 탐색하여 확인한다.
- 역기능적 인지도식의 내용을 현실성, 합리성, 유용성 측면에서 검토한다.
- 현실적이고 합리적인 대안을 탐색하여 이를 내면화할 수 있도록 유도한다.

4) 인지치료과정의 5단계

- 1단계 : 내담자가 느끼는 감정의 속성이 무엇인지 파악한다.
- 2단계 : 감정과 연합된 사고, 신념, 태도들을 확인한다.
- 3단계 : 내담자의 사고들을 1~2개의 문장으로 요약 정리한다.
- 4단계 : 내담자를 도와 현실과 이성의 사고를 조사해 보도록 개입한다.
- 5단계 : 과제를 부여하여 신념들과 생각의 적절성을 검증하게 한다.

제4절 행동주의적 상담

파블로프(Pavlov)의 개실험을 통한 고전적 조건화와 스키너(Skinner)의 미로실험을 통한 조작적 조건화를 통해 발달된 행동주의이론은 인간의 행동은 환경적 자극에 의해 동기화되며, 그것에 따르는 강화에 의해 행동의 강화와 빈도가 결정된다고 보고 있다.

행동주의이론에서는 인간의 행동은 대부분 학습되거나 학습으로 수정할 수 있다는 전제에 근거를 두고 있다. 행동주의이론은 직접 관찰 가능한 인간 행동에 초점을 두며, 특정 행동은 선행하는 사건과 연속하여 일어나는 결과에 의해 발생한다고 보고 있다. 그러므로 잘못된 학습을 수정함으로써 행동을 수정할 수 있다고 본다.

1. 상담의 기본개념

인간의 행동은 학습된다. 그러므로 수정이 가능하다(행동심리학의 학습이론이 기초). 인간의 행동은 유전과 환경의 상호작용의 소산으로 복잡하기는 하지만 원칙적으로 예측이 가능하고 현재의 행동은 어떤 선행 조건에 의해서 결정된다.

다음의 다섯 가지 명제에 기초한다.

- 대부분 인간 행동은 학습된 것이므로 수정이 가능하다.
- 특정한 환경의 변화는 개인의 행동을 적절하게 변화시키는 데 도움이 될 수 있다. 상담의 절차란 환경을 변화시킴으로써 내담자들의 행동을 변화시키려는 것이다.
- 강화와 사회모방 등과 같은 사회학습 원리가 상담방법을 발전시키기 위해서 이용될 수 있다.
- 상담의 효율성과 상담결과는 상담장면 밖에서 비춰진 내담자들의 구체적 행동의 변화로 평가한다.
- 상담의 방법이란 정적이거나 고정된 것이거나 사전에 결정된 것이 아니라, 각 내담자의 특수한 문제를 해결하기 위해서 각기 독특하게 고안될 수 있는 것이다.

2. 상담의 주요개념

(1) 강화 : 행동이 증가되도록 하는 행동의 귀결

- 정적 강화(보상, 칭찬, 좋은 평점 등) : 어떤 자극이나 결과를 제공함으로써 그 자극

을 받은 행동의 빈도와 강도가 늘어나는 것

- 부적 강화(사회적 비난, 잔소리 등) : 어떤 행동의 발생을 억제하거나 감소시키던 자극이나 결과를 제거함으로써 그 행동의 발생이나 형성을 촉진시키는 것

(2) 처벌 : 특정한 행동을 제거하거나 하지 않도록 하는 것

(3) 소거 : 주어지던 강화를 제거함으로써 그 강화에 의한 행동이 약화되거나 없어지는 것

(4) 강화계획

- 고정간격 강화 : 5분 간격으로 강화(칭찬)를 해주는 것
- 변동간격 강화 : 5분 사이에 아무 때나 강화를 주는 것
- 고정비율 강화: 미리 정한(5회에 한 번) 과제를 달성할 때마다 한 번씩 강화를 주는 것
- 변동비율 강화: 2회 1번, 4회 1번, 이런 식으로 강화를 주는 것

– 생산성을 높일 수 있는 방식

3. 상담의 철학적 가정

1) 행동과학적 상담자들이 가치를 두는 몇 가지 구체적인 입장

- 인간행동과학은 타인의 행동을 변화시키는 데 필요한 기술을 마련한다.
- 인간은 사회적 존재이므로 타인으로부터 학습한다.
- 인간은 타인의 행동에 영향을 미칠 수 있다.
- 목표와 목표의 성취를 위한 수단은 별개의 것이므로 상담자의 기능은 내담자로 하여금 목표에 도달하는 가장 효과적인 수단을 선택하고 사용하게 하는 것이다.
- 인간은 무엇이 자신을 위하여 가장 좋은 것이며, 어떤 결과가 인간으로서의 발달에 기여할 것인지를 알고 있다.

4. 상담의 목표와 기법

1) 상담의 목표

내담자의 부적응 행동이나 행동상의 문제를 변화시키고, 좀 더 효율적인 의사결정과정을 학습하는 데 있다.

(1) 상담의 목표 평가기준

- 내담자가 원하는 목표이어야 한다.
- 상담자는 내담자들이 이 목표에 도달할 수 있도록 기꺼이 도와주려고 하는 것이어야 한다.
- 내담자들이 상담을 통한 학습의 결과로 얼는 정도 그 목표에 도달할 수 있는가를 평가할 수 있는 것이어야 한다.

5. 상담기법

1) 내적인 행동변화를 촉진시키는 기법

(1) 체계적(단계적) 둔감법

불안을 일으키는 자극을 가장 약한 정도에서 출발하여 가장 강한 자극으로 점차적으로 자극력을 감소해 나가는 방법으로, 불안이 원인이 되는 부적응행동이나 회피행동을 치료하는 데 가장 효과적이다.

체계적 둔감법 3단계 절차는 근육이완훈련, 불안 위계목록 작성, 둔감화이다.

- 근육이완훈련(명상) : 근육이완훈련은 이완 상태와 불안이 서로 양립할 수 없다는 이론에 근거를 두고 있다.
- 인지적 모델링과 사고 정지 : 인지적 모델링은 상담자가 과제를 수행하는 동안 자기

자신에게 말하고 있는 것을 사람들에게 보여주는 절차이고, 사고정지는 내담자가 부정적인 인지를 억압하거나 제거함으로써 비생산적이고 자기패배적인 사고와 심상을 통제하도록 도와주기 위해 사용된다.

- 인지적 재구조화 : 내담자가 자신의 인지를 확인하고 평가하는 과정으로, 스트레스 상황에서 내담자의 자기패배적 사고를 자기진보적 사고로 바꾸기 위해 사용한다.
- 스트레스 접종 : 예상되는 신체적 · 정신적인 긴장을 약화시켜 내담자가 충분히 그 자신의 문제를 다룰 수 있도록 준비시키는 데 사용되는 기법이다.

2) 외적인 행동변화를 촉진시키는 기법

- 토큰법 : 토큰법은 스키너의 강화원리를 포함한 조작적 조건형성의 원리를 적용시킨 것으로 직접적으로 강화인자를 쓰는 대신 후에 내담자가 원하는 다양한 물건과 교환할 수 있는 강화물로 토큰이 주어지는 체계적인 기법이다. 물리적 강화물(토큰)과 사회적 강화물(칭찬)을 연합함으로써 내적 동기의 가치를 학습하도록 한다.
- 모델링: 내담자에게 가능한 적절한 행동대안을 공개적으로 보여주는 것(관찰학습, 모방)이다.
- 주장훈련 : 불안을 역제지하는 방법(대인관계에서 오는 불안 제지 효과)이다.
- 자기관리 프로그램 : 자기관리와 자기지시적인 삶을 영위하고 의존적이지 않기 위해 학습하는 것이다.
- 행동계약 : 정해진 기간 내에 각자가 해야 할 행동을 정해놓고 지키기로 계약한다.
- 역할연기 : 현실적인 장면이나 극적인 장면을 시연시킴으로써 이상행동을 적응행동으로 바꾼다.
- 혐오치료 : 특수한 행동에 대한 불안을 제거한다.

제5절 실존주의적 상담

1940~1950년대 정신분석, 행동주의에 대한 반발로 발생하였다. 신뢰 있고 근본적인 인간 존재의 이해방법을 찾으려는 노력에서 시작되었다. 특정 학자에 의해 발전된 단일의 체계적 이론이 아닌 신학, 철학, 정신의학, 심리학 등의 여러 학문분야에서 발달한 이론을 총망라한 것이다. 내담자의 존재를 그대로 수용하여 이해하면서 그의 역량을 스스로 계발하도록 돕는 상담모형이다. 현상학적 방법을 채택하여 내담자의 실존, 있는 그대로의 경험을 이해하고 연구한다.

특징으로 치료기법을 발달시키는 대신에 인간의 깊은 경험을 이해하는 데 중점을 둔다. 상담자는 내담자와의 상담관계 속에서 완전한 현존의 실존을 방해, 파괴하는 행동을 피한다. '지금 그리고 여기(now and here)'에 초점을 둔다.

1. 상담의 주요개념

실존치료는 우리의 행동이 결정된다는 전제를 거부한다. 인간은 행동할 수 있는 능력, 즉 선택과 행위에 책임능력이 있으므로 자유로부터 도피할 수 없다는 것을 전제로 하고 있다. 내담자를 병든 존재가 아닌 삶이 병들었거나, 삶을 사는 데 서툰 사람으로 생각한다.

인간의 과제는 의미 있고 목적을 가진 삶을 창조하는 것이다. 삶의 의미가 무엇이든 간에 삶의 의미는 불확실성 속에서 선택을 하는 자유와 참여를 통해서 생긴다. 인간 대 인간의 관계를 강조한다.

1) 존재와 비존재(개인을 주체적인 존재로 이해하고자 시도)

- 실존주의는 인간을 이해하려고 노력한다. 즉 인간을 어떤 존재하는 것으로 고정해서 보지 않고 과정적 존재에 있는 것으로 간주하며 늘 되어가고 만들어지는 형성적 존재로 본다.

- 존재는 인간 개개인이 그가 누구인가에 대한 인식이며, 인간이 그 자신에게 내리는 정의이고, 무엇이 그 자신을 현재의 그로 만드는 것인가에 대한 인간의 자각인 것이다.
- 비존재의 가장 뚜렷한 형태는 죽음이다. 그러나 비존쟁의 진정한 치료문제는 집합체인 순응 또는 흡수에 의해 나타나는 비존재적인 삶에 초점을 맞춘다. 즉 간단히 말하자면 개개인의 실체와 독특성의 상실인 것이다.

2) 불안과 죄의식

- 실존주의적 관점에 있어서 불안과 죄의식은 인간의 존재를 이해하는 데 중점적이다.
- 개인이 그의 잠재능력을 실현시킬 상황에 직면할 때 그는 불안이라는 것을 체험하게 된다.
- 만약 그의 잠재능력을 부정하거나 그것을 실행하는 데 실패할 때 그의 기분은 죄의식을 느낀다.

3) 시 간

실존주의자들은 공간과 유사한 것으로서의 전통적인 시간의 개념과는 의견을 달리하며, 내담자의 실존적인 시간의 의미를 이해하고자 노력한다.

4) 현실상황의 초월

인간은 자유로운 자기 의지를 가진 존재이기 때문에 자기가 처해 있는 현실상황으로부터 빠져 나오려고 애를 쓰며 추상적으로 생각할 수 있는 능력에 따라 그가 무엇이 될 수 있는지에 대해 그 자신의 태도를 분명히 할 수 있다.

5) 자 유

몇몇 실존주의자들은 인간을 성숙해지는 존재, 선택과 자유의지를 가지고 있는 존재로 본다. 즉 자유를 실행할 수 있는 존재로 보고 있는 것이다.

6) 인 간

- 인간의 개념에 대한 유력한 견해는 '내던져짐'이다.
- 개인의 통제를 넘어선 국면 환경을 바꿀 수는 없지만 수용 혹은 거부하는 것은 각 개인에 의해 체험되는 선택 여하에 달렸다.

2. 상담의 목적과 역할

1) 치료목표

내담자를 치료하는 것이 아니라 그들이 행하고 있는 것을 인식하도록 돕고 내담자로 하여금 그 방법 중에서 선택하도록 격려하는 것이다.

- 행위에 대한 자유와 책임을 수용하게 한다.
- 내담자들이 진실한 삶을 살고 있지 않는 방식을 인지하고 '진정한 존재'가 될 수 있도록 '선택하는 방식'을 인식할 수 있게 돕는다.
- 내적 평가를 실행한다.

2) 상담자의 기능과 역할

- 내담자가 새로운 이해나 선택을 할 수 있도록 돕기 위하여 내담자의 주관적 세계를 이해한다.
- 현재의 상황에 초점을 둔다.
- 같은 내담자라도 치료과정의 각 단계에 따라 다양한 방법을 사용한다.
- 내담자가 개인적 책임을 수용하게 한다. '나는 할 수 없다'고 말하면 '나는 하지 않을 것이다'로 바꾸도록 한다.

- 삶에서의 자기역할을 인식하게 한다.

3) 상담의 과정

상담은 참만남(너와 나의 인격적 만남)을 통해 이루어진다. 상담에서는 내담자의 세계를 이해하고자 하는 것이 가장 중요하다

(1) 초기 단계

내담자가 세상에 관해 가지고 있는 가정을 확인하고 명료화한다. 내담자가 말하는 것에 대한 상담자의 반응을 말하고 의견을 나눈다. 내담자의 경험과 유사한 상담자 자신의 경험을 노출한다.

(2) 중기 단계

자기가치체계에 대한 원천과 근거를 철저하게 검토하도록 격려한다. 불확실한 세계에서 반드시 선택해야 하는 고민을 표현하도록 한다. 내담자가 결정을 회피하는 모든 방식을 인식하고 이에 대한 판단을 하도록 한다.

(3) 종결 단계

실존주의적 상담과정에 배운 것을 행동으로 실천하도록 돕는다.

제6절 현실 치료적 상담

글레이저(Glasser, 1992)와 우볼딩(Wubbolding, 1991)은 인간의 행동은 목적지향적이며, 외부의 힘보다는 각 개인은 자신이 행동하고 있는 것을 선택하는 것이므로 각 개인은 상담자의 도움을 받아서 더 나은 선택을 하도록 학습할 수 있다고 하였다. 현실치료적

상담의 주요목표는 사람들에게 그들 자신의 욕구를 충족시키고 인생에서 그들이 원하는 것을 얻는 데 있어서 더 좋은 방법을 가르치는 것이다.

인간의 중요한 다섯 가지 욕구가 있는데, ① 소속과 사랑의 욕구, ② 통제력에 대한 욕구, ③ 자유의 욕구, ④ 즐거움의 욕구, ⑤ 생존에 대한 욕구가 있다. 인간은 이런 욕구 충족을 위해 행동한다. 전체 행동을 바꾸기 원한다면 우리가 행동하고 사고하는 것을 바꿀 필요가 있다. 현실치료체계는 패배적인 정체감을 불러일으키는 행동을 변화시키고 성공적인 정체감을 이끄는 행동을 발전시키는 방법을 사람들에게 가르친다. 현실치료적 상담이론은 '행동이 지각을 통제한다'는 통제이론에 기초하고 있다.

1. 상담의 기본개념

1) 상담의 전제와 목표

(1) 상담의 전제

- 현실치료적 상담은 감정과 태도보다는 현재의 행동에 초점을 둔다.
- 현실치료적 상담은 과거에 상담의 초점을 두는 것이 아니라 현재에 역점을 둔다.
- 현실치료적 상담은 가치관을 강조한다.
- 현실치료적 상담은 전이를 강조하지 않으며, 전통적인 전이개념을 중요한 것으로 보지 않는다. 즉 전이의 개념을 부정한다.
- 현실치료적 상담은 무의식적 갈등이나 그 원인들에 관심을 두지 않고 의식적인 면을 강조한다.
- 현실치료적 상담은 처벌을 배제하고, 패배적 정체감을 강화시키므로 상담관계를 악화시킨다. 그리고 스스로 경험할 수 있도록 한다.
- 현실치료적 상담은 자기욕구 선택 시 책임감을 강조하고 타인의 욕구를 방해하지 않는 방법으로 자신의 욕구를 충족할 수 있도록 한다.

(2) 상담의 목표

상담의 목표는 개인적인 자율성(자기 결정)과 성공적인 자아정체감을 갖도록 하며, 자신의 욕구를 충족시키고 자기 삶의 문제를 해결할 수 있는 더 좋은 방법을 찾도록 지원, 고치고 싶은 더 좋은 행동을 찾아내어 개인의 책임하에 개선된 행동으로 바꾸어가는 것이다.

2. 상담의 과정과 역할

1) 상담의 과정

상담자는 내담자에게 자기 자신을 명확히 볼 것, 현실을 직면할 것, 자기 자신의 욕구를 실현할 것 등을 요구하되, 자신과 타인에게 피해를 주지 않고 실행하도록 돕고, 내담자 자신이 주위 환경을 통제하여 장 · 단기간의 인생목표를 세우도록 한다.

2) 상담자의 역할

- 내담자가 변명을 하지 않고 책임감을 갖도록 돕는다.
- 내담자의 심리적인 힘을 기르게 한다.
- 내담자에게 그들이 선택한 것보다 더 나은 행동방법을 선택하도록 조언하는 것이다.

3. 상담의 특징과 기법

1) 상담특징과 한계점

(1) 특 징

현실치료적 상담의 특징은 내담자의 책임감에 대해 중점을 두고 있다는 점이다. 즉, 내담자는 자신의 행동을 평가하고, 변화를 원하는지 결정을 내리는 것은 상담자가 아니라 자기 자신임을 알아야 한다는 것이다.

- 현실치료는 직접적이고 분명한 상담방법이다.
- 현실치료적 상담은 자신을 다른 사람의 부적절한 행동의 희생자라고 여기는 내담자에게 도움이 된다.
- 현실치료적 상담은 상담기간을 줄일 수 있다.

(2) 한계점

- 현실치료는 중요한 문제도 무가치한 극단으로 몰고 가는 경향이 있다.
- 현실치료적 상담의 단순함과 피상적인 면 때문에 일부 상담자들은 현실치료를 반대한다.
- 현실치료는 의식적인 면에 중점을 둔다는 점이 장점이 될 수 있지만 인간 경험의 무의식적인 면을 지나치게 무시하는 극단으로 치닫는 수도 있다.

2) 상담기법

변화를 이끄는 절차(WDEP 체제)는 현실, 현재 행동을 변화시키는 가장 좋은 방법이다. 다음과 같이 네 단계를 거친다.

(1) 바람, 욕구, 지각의 탐색(W : Wants)

상담자는 '당신은 무엇을 원하는가'라고 질문한다. 내담자는 그가 원하는 것, 가지고 있는 것, 얻지 못하고 있는 것을 탐색한다.

(2) 현재 행동에 초점 맞추기(D : Direction and Doing)

상담자는 내담자로 하여금 그의 바람과 욕구를 탐색하게 한 후 그가 원하는 것을 가질 수 있는지의 여부를 결정하는 현재 행동에 초점을 두도록 시도한다. 상담자는 내담자의 감정이나 신체적 증상을 그의 현재 행동과 사고와 관련시킨다. 현재 행동에 중점을 두는 목적은 내담자가 그들의 감정에 대한 책임감을 이해하도록 돕는 데 있다.

(3) 내담자로 하여금 자신의 행동을 평가하도록 하기(E : Evaluation)

내담자가 자신의 행동결과에 직면하도록 하고, 그로 하여금 행동의 질을 판단하도록 한다. 상담자는 내담자의 행동에 대해 판단적이어서는 안되며, 가치판단을 함에 있어 내담자에게 책임을 강요해서는 안 된다. 상담자가 할 수 있는 일은 변화하기 위해 필요한 것을 내담자가 스스로 결정하도록 도와주고 그가 변화를 필요로 하는 이유를 결정하는 데 도움을 주는 것이다.

(4) 계획과 활동(P : Planning)

현실치료의 주요과제는 내담자가 자신의 실패행동을 성공적인 것으로 바꾸는 구체적인 방법을 확립하도록 도와주는 것이다.

일단 내담자가 계획을 세우고 그것을 알리면 상담자는 내담자로 하여금 계획을 평가하고 검토하는 것을 도울 수 있고 필요할 때 지원과 격려를 할 수 있다.

제7절 형태주의적 상담

펄스(Perls)가 1940년대 개발한 형태요법 상담은 형태주의 심리학(Gestalt psychology)[15)]

15) 게슈탈트(Gestalt)라는 말은 형태나 모양을 의미하는 독일어 명사에서 유래했다. 영상 인식의 게슈탈트 이론은 독일의 심리학자 막스 베르트하이머(Max Wertheimer)가 1910년 여름 기차여행을 하는 동안 영감을 얻어서 주장하게 되었다. 그는 기차의 불투명한 벽과 창문 프레임이 부분적으로 자신의 시야를 가리고 있는데도 바깥 경치를 볼 수 있다는 것을 깨달았다. 그는 눈이 단순하게 모든 영상 자극을 받아들이고 뇌는 이러한 감각을 일관된 이미지로 정리한 것으로 결론 내렸다. 게슈탈트 심리학자들은 베르트하이머에 의한 최초 연구를 더욱 심화시켜서 영상 인식은 감각적 요소와 형태를 다양한 그룹으로 조직한 결과라고 결론지었다.

1. 유사성의 법칙(the law of similarity) : 사람은 집중하기 위해서 가장 간단하고 안정적인 형태를 선택한다. 이 법칙이 정사각형, 원, 삼각형 등 가장 기본적인 모양의 중요성을 강조한다. 이것은 뇌가 가능한 한 단순한 자극 형태를 유지해서 뇌가 즉시 인식할 수 있는 간단한 형태가 간단한 의미를 전달하기를 원한다.

에서 강조하는 전체성이나 완성에 대해 똑같은 관심을 가지며, '전체로서의 유기체'를 다루고 '여기 그리고 지금(here and now)'에 초점을 둔다.

형태주의적 상담의 기본목표는 내담자 자신이 행동하고 경험하는 것을 자각하여 자신의 느낌, 생각, 행동에 대해 책임을 지도록 하는 것이다. 따라서 상담자는 상담과정에서 내담자의 자각이 방해를 받고 있는 상황에서 내담자의 책임을 대한 자각을 높이는 데 중점을 두고, 내담자는 자신이 성숙하기 위해서 자신의 길을 스스로 찾아야 하며 개인적인 책임을 스스로 수용해야 한다.

1. 상담의 주요개념

1) 인간관

인간은 스스로 선택할 수 있는 자유의지를 갖고 있고 자기 행동에 대해 책임질 수 있다고 본다. 따라서 과거의 삶에 의해 구속받기보다는 현재의 삶에 책임을 지고 충실한 삶을 살게 해야 한다.

인간은 수동적인 존재가 아니라 능동적 행위자이다. 그러므로 인간의 자각의 과정을 통해 선택을 할 수도 있고 행동에 대한 책임을 질 수 있다. 그리고 인간의 본성은 선하지도 악하지도 않다.

---

2. 근접성의 법칙(the law of proximity) : 두뇌는 멀리 떨어져 있는 두 물체보다는 서로 근접해 있는 물체들을 밀접하게 연관시킨다는 내용이다. 손을 잡고 가까이서 있는 두 친구는 20야드 떨어져 서 있는 세 번째 사람보다 밀접하게 연관되어 있는 것으로 보일 것이다.

3. 연속성의 법칙(the law of comtinuance) : 뇌는 선의 갑작스럽거나 급격한 움직임의 변화를 좋아하지 않는다는 것이다. 다른 말로 하면 뇌는 가능한 한 선의 부드러운 연속을 추구한다는 것이다. 이 선은 그림의 일반적인 선이거나 서너 개의 물체가 모여서 선을 형성하는 것일 수 있다. 연속적인 선에 속한 것으로 보이는 물체는 그 선의 일부가 아닌 다른 물체와는 정신적으로 분리된다.

4. 공동 운명의 법칙(the law of commom fate) : 보는 사람은 같은 방향의 하늘을 지향하는 다섯 개의 화살이나 모아진 다섯 개의 손가락이 모두 동일한 방향을 가리키므로 정신적으로 같이 분류한다.

2) 성격이론

- 성격기능 발휘 : 게슈탈트는 모든 유기체는 전체 혹은 완성을 지향하는 경향이 있는 항구적이고 보편적인 인간기능화의 법칙을 의미한다.
- 현재 지향성 : 현재는 유일한 실재이며 지금-여기를 제외하고는 아무것도 우리에게 존재하지 않는다. 즉 지나간 과거는 나에게 더 이상 존재하지 않으며 미래는 아직 나에게 오지 않았기 때문에 과거에 대한 기억과 미래에 대한 기대는 오직 지금-여기에서만 경험이 가능하다.
- 인간의 성격 : 인간의 성격은 자아, 자아상, 존재의 세 가지로 구성되며 그것들은 개인이 지각한 환경과의 상호작용을 통해 형성된다.

2. 상담의 과정(Levitsky & Perls)

1) '여기-지금'에 대한 자각

상담의 출발점은 실제 현재 행동을 기초로 한다. 상담자는 내담자의 자세, 호흡, 태도, 제스처, 목소리와 표정에 주목한다. 내담자에게 자신의 자세를 경험하고 그 자세의 실존적 의미를 말로 표현하도록 요구한다.

상담의 대부분 '당신은 무엇을 하고 있습니까?', '어떻게 느낍니까?'와 같은 '무엇' 또는 '어떻게'라는 질문의 형태로 이루어진다.

2) 욕구좌절에 대한 내담자의 자각과 상담자의 촉진

감각적 · 신체적 자각의 단계를 거치면 어떤 심리적 욕구좌절에 대한 자각의 단계로 넘어간다. 본격적인 상담과정은 개인이 어떤 심리적 욕구들이 충족되지 못하고 있다고 자각할 때 시작된다. 자각과 수용이야말로 이후 행동 변화의 토대가 되는 중요한 조건이다.

3) 자아통합의 촉진과 실현

- 발견 : 내담자는 자신에 대해 현실적으로 이해하게 되고 이전 상황을 새로운 관점으로 보게 되며, 삶에서 중요한 타인에 대해서도 새로운 관점을 가지게 된다.
- 조절 : 내담자들이 선택권을 가지고 있음을 인식하는 것을 말한다. 각 단계들 사이에 명확한 경계는 없지만 행동의 방법이 다르다. 내담자는 상담실의 지지적 환경 속에서 새로운 행동을 처음으로 연습하고 다음에 더 넓은 세상으로 나간다.
- 동화 : 이 단계는 환경에 영향을 미치는 방법에 대한 학습이다. 내담자는 일상생활 속에서 부딪치는 놀라운 사건들을 다룰 수 있는 능력이 있다는 느낌을 가진다. 그들은 이제 환경을 수동적으로 받아들이기만 하는 것이 아니라 더 많은 것을 할 수 있게 된다.

3. 상담의 방법

1) 지각하기

자기각성을 촉진하기 위하여 신체구조와 그 적응 및 신체부위와 기능의 작용과정을 감각, 느낌, 사고, 감정, 환상 등을 통해서 깨닫도록 한다. 내담자로 하여금 주위 환경과의 접촉을 각성시키기 위해서는 보기, 듣기, 만지기, 맛보기, 냄새맡기 등의 감각작용을 통해 자신의 환경과 어떤 접촉을 하고 있는가를 각성하도록 한다.

2) 반대행동하기

종종 어떤 증상과 행동은 잠재되어 있던 충동돠 반대로 나타난다. 이때 상담자는 내담자에게 자신이 받아들이고 싶지 않기 때문에 지금까지 좀처럼 표현하지 않았거나 한번도 표현해 본 적이 없는 그런 자신의 한 부분이 되어 보라고 요청하게 된다.

3) 책임지기

자신의 감정이나 행동에 대하여 책임을 부여하는 것이다. 사람들은 종종 책임지는 것의 싫음을 위장하기 위하여 교묘한 언어를 사용하는 경우가 있다. 그러므로 내담자로 하여금 그가 어떤 말이든 한 후에 '나에게 책임이 있다'라고 말하게 한다.

4) 빈 의자 기법

이 기법은 내담자로 하여금 갈등상태에 있는 어떤 감정 문제를 해결하게 하는 데 도움이 되는 기법이다. 그러므로 이것은 내담자로 하여금 그가 지니고 있는 감정들을 빈 의자에 투사하게 함으로써 그 감정을 스스로 확실히 체험하고 각성할 수 있도록 하는 것이다. 예를 들어, 자기 아버지에 대한 불만과 원망을 가진 내담자가 있다면 빈 의자를 향해 빈 의자에 아버지가 계신다고 생각하고, 그 감정을 쏟아 보게 할 수 있다. 이때 참여자는 평소 가슴 속에만 넣어 두고 말로 표현할 수 없었던 자기 마음을 쉽게 나타낼 수 있다.

5) 뜨거운 자리

내담자의 자기각성을 촉진시키기 위하여 많이 활용되는 기법 중의 하나로, 내담자로 하여금 자기를 괴롭히는 어떤 구체적 문제를 이야기하게 하고, 그 후 상담자는 그것에 대하여 직접적으로 그리고 공격적으로 맞닥뜨리는 기술이다.

제6장

노인상담기법

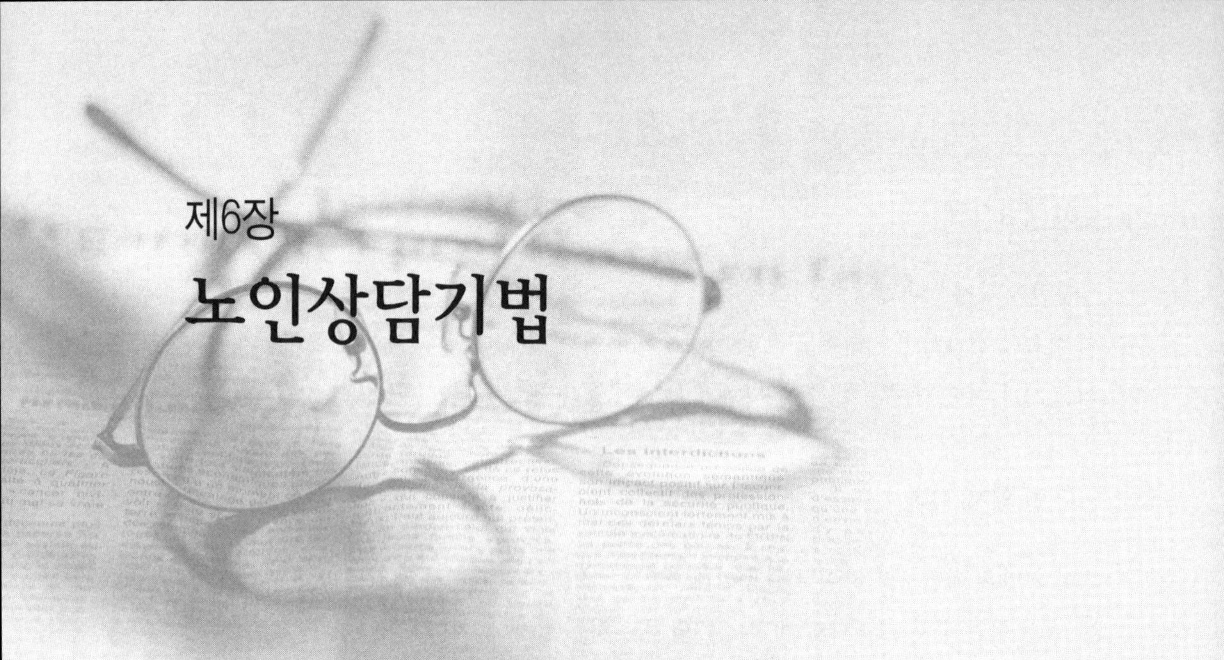

노인상담에 적용해 볼 수 있는 상담기법에는 여러 가지가 있다. 대표적으로 인본주의적 상담기법, 회상기법, 조각기법, 문장완성기법, 심리극기법 등이 있다. 그중 심리극기법을 좀 더 세분화하면 독백하기, 역할 바꾸기, 거울기법, 마술상점, 빈 의자 기법, 이중자아기법 등이 있다.

1. 인본주의적 상담기법

인본주의적 상담기법은 무조건적인 수용, 공감적 이해 그리고 일치성을 들 수 있다. 인본주의 상담관계의 기본조건과 특성은 다음과 같다(박성수, 1992).

1) 무조건적인 수용(acceptance)

수용은 인간의 가치와 존엄에 대한 인식에서 출발한다. 상담자를 찾아오는 사람들 한 명 한명이 어떤 문제를 가지고 있건, 또는 어떤 인간적인 결점을 지니고 있건, 혹은 어떤 죄악과 과오를 범하였건 관계없이 그를 한 인간으로 존재하고 성장하며 발달해야 될 필요가 있는 귀중한 인간으로 존중하는 것에 수용은 뿌리를 두고 있다. 내담자의 존재, 성장, 발달이 지니고 있는 가치를 인정하고 가능한 최선을 다하여 내담자가 새로운 학습을 통해 그러한 가치를 구현해야 하는 심리적인 필요와 현실적인 필요를 충족하기 위한 가능한 조건을 제공하려는 마음의 태세를 가르켜 수용이라고 한다.

내담자를 수용한다는 의미는 다음과 같다. 첫째, 존재 그 자체로 수용하는 것이다. 내담자가 현재 어떤 훌륭한 성취를 하고 있건, 반대로 실패와 과오를 범하고 있건, 그는 살아 있고 지금보다 더 향상되고 발전되어야 할 가치와 필요가 있음을 존중하는 것이다. 둘째, 인간의 제 특성을 수용하는 것이다. 내담자가 가기고 있는 여러 가지 신체적인 특징, 성격적인 특징, 지적 또는 도덕적 특징을 현재 있는 그대로 수용하는 것이다. 셋째, 인간의 구체적인 행동을 수행하는 것이다. 이것은 그 행동의 잘잘못을 떠나서 그러한 행동이 있었음을 과장하거나 왜곡하지 않고 하나의 사실로 받아들이는 것이다.

2) 공감적 이해

공감적 이해는 감정이입적 이해라고 부르기도 한다. 대립되는 개념으로는 객관적인 사실의 의한 이해 또는 이론적인 이해와 같은 것을 들 수 있다. 공감적인 이해는 과학적인 이론만으로 사람을 이해하거나 밖으로 나타난 행위 그 자체를 이해하는 것과는 달리, 인간의 심리적인 세계에서 주관적으로 움직이는 내면세계를 이해하는 것과 관련된다.

이해라고 하는 말은 어떤 이치를 해득하는 것과 같이 주로 지적인 과정에 중심을 둔 개념이다. 물론 상담에서는 객관적이고 과학적인 방법에 의해서 인간행동을 이해하는 것을 중시하나 그것만으로 충분하다고는 생각하지 않는다. 그 이유는 상담의 과정에서 중요한 것은 내담자의 마음 속에서 주관적으로 작용하고 있는 지각, 감정, 동기, 갈등, 목표와 같은 것이기 때문이다.

이러한 주관적인 심리작용을 도외시하면 그 상담은 성공하기 힘들다. 이러한 중요성에 비추어 상담에서는 이해라는 말 대신에 공감 또는 공감적인 이해라는 말을 쓰며 이에 중요한 의미를 부여한다. 공감적인 이해는 내담자의 입장이 되어서 그를 이해하는 것인데, 상담자가 내담자가 지닌 감정, 의견, 가치, 이상, 고민, 갈등을 가지고 그가 처해 있는 여러 상황에 서 보는 것이다. 즉 내담자의 입장이 되어 그가 서 있는 자리에서 보는 것이다.

공감적으로 이해하는 것은 실제적인 측면에 있어서 다음과 같은 사항들이 포함되어 있다. 첫째, 상담자는 내담자가 하는 말의 내용을 표현된 언어의 의미를 넘어서 그 이면에 포함되어 있는 정서, 의도, 동기, 갈등, 고통 등까지도 이해하는 것이다. 둘째, 상담자는 내담자의 비언어적인 표현에 담겨진 의미와 감정을 이해하여야 한다. 인간은 언어보다 비언어적인 수단을 통해서 자신을 좀 더 정확하게 그리고 많이 표현하는 경우가 있다. 셋째, 내담자가 자신의 행동을 통해 추구하는 궁극적인 동기가 어떤 것인가를 이해해야 한다. 내담자는 자신의 어떠한 행동을, 어떠한 이유 때문에, 무엇을 얻기 위해서 하였는지, 그 행동에 포함된 의미를 충분하게 이해하고 있지 못한 경우가 거의 대부분이기 때문이다.

3) 일치성

일치성은 흔히 진지성, 명료성, 순수성 등으로 부르기도 한다. 일치와 대립되는 개념은 허구성, 가식, 경박함, 불일치, 불순함 등이라고 할 수 있다. 상담관계 속에서 이루어지는 모든 의사소통과 활동은 상호 대립되거나 모순되는 결과를 초래하기보다 각각 독립된 것이면서도 하나의 통합을 이룩할 수 있어야 하는 것이다.

일치란 내직인 경험과 그에 대한 인식의 합일을 가르킨다. 한 걸음 더 나아가 내면적인 심리세계의 경험과 그에 대한 인식만이 아니라 그에 관한 표현이 모두 합치되는 것이다. 갓난아기들을 보면 어떠한 신체적 체험이나 심리적인 고통은 그 표현이 일치되는 것을 알 수 있고, 성인의 경우 내면적인 경험과 그 표현이 서로 일치하지 않는 경우가 많다. 내적인 경험과 외적인 경험이 서로 일치되지 않으면 상담은 성공하기 어렵다.

일치는 상담자와 내담자 그리고 상담의 목적 등에도 필요하다. 상담자와 내담자의 일치는 우선 내담자의 상담목표와 동기가 상담자의 그것과 일치되어야 된다. 즉 상담을 통해서 성취하려는 궁극적인 목표나 중간수준의 목표, 또는 구체적이고 실제적인 행동수준의 목표가 일치될 때 상담은 효과적으로 이루어질 것이다. 상담자와 내담자가 상담을 통해서 도달하려는 목표가 일치되지 않거나 대립되는 경우 상담은 중단되거나 실패할 수밖에 없다.

2. 회상기법

회상기법(reminiscing technique)은 개인적으로 의미 있는 과거 경험을 생각하거나 그 경험을 현실의 문제와 연관시키는 것으로 구술방법, 서술방법 혹은 명상법을 사용한다. 이러한 회상기법은 개인상담과 집단상담 모두에서 긍정적인 결과를 보인다. 특히 집단상담에서 중요한 치료기법으로 사용된다. 이 기법의 긍정적인 결과로는 죄의 배상, 내적 갈등의 해결, 가족관계의 화해 등이 있다. 주요 회상기법으로는 다음과 같은 것들이 있다.

1) 자서전의 저술이나 녹음

자서전 방법은 내담자가 자신의 삶을 정리·기술하는 기법이다. 이 방법에서는 자서전에 기술되는 사건, 경험, 사람 들이 중요하다. 또한 여기에 기술되지 않은 (그러나 당연히 있어야 할) 부분들에도 주의를 기울여야 한다.

2) 생애순례여행

노인들은 자신이 태어나고 아동기, 청년기, 성년기를 보낸 곳으로 여행을 떠남으로써 자신의 과거와 만날 수 있다. 생각을 정리하기 위해서 사진을 찍고 기록할 수 있다. 현실적으로 이러한 일이 불가능할 경우 아직도 그곳에서 살고 있는 사람과 접촉하는 것도 좋다. 이것도 용이하지 않다면 자신의 기억을 최대한 활용하도록 한다. 이러한 순례여행을 통하여 노인들은 돌이키고 싶었던 과거와 화해할 기회를 갖게 된다. 어린시절 태어나고 살았던 곳, 좋았거나 끔찍했던 기억이 남아있는 장소, 기억에 남아 있는 사람들, 아직도 나를 기억하고 있는 사람들과의 만남을 통해 노인들은 지난 삶을 되돌아볼 수 있다.

3) 중요 인물들과의 재회

사람들은 초·중·고교 동창, 대학동창 모임이나 가족, 친인척, 종교단체나 활동단체의 모임에서 친구들이나 그들의 인생에서 중요한 사람들을 보면서 자신을 돌아볼 수 있는 기회를 갖는다.

4) 가계족보

가계를 밝히는 일은 개인에게 역사의 연속성을 느끼게 해주고, 얼마나 많은 가족구성원이 사망하였는지를 앎으로써 죽음의 두려움을 완화하는 데 도움이 된다. 이 같은 연구는 노인들이 먼저 사망한 사람들의 묘지를 방문하고, 마을과 종교단체의 기록들을 조사하는 일도 포함한다.

5) 스크랩북, 사진첩, 오래된 편지 및 그 밖의 기억할 만한 중요 기사

사람들이 보관해 온 물건들은 보통 자신의 인생에서 특별하고 즐거운 기억을 담고 있다. 여러 권의 사진첩, 친구에게 받았던 편지, 손자녀의 돌잔치 비디오, 취미로 모았던 우표 등을 보며 노인들은 인생의 중요한 사건들과 사람들을 기억하고 정서적 경험을 회상할 수 있다.

6) 일생의 업적 정리

노인들은 세상에 기여하였다고 여기는 일을 정리함으로써 세상에 의미 있게 참여했다고 느낀다. 일부 노인들은 더 나아가 자신의 일생을 책, 시집, 음악작품 등으로 정리하여 발표하기도 한다.

7) 민족적 정체감에 대한 관심

노인들은 그들이 속한 민족 집단의 한 구성원으로서 자신이 누렸던 특별한 전통과 경험을 집중적으로 회상함으로써 자신이 물려받은 유산의 진가를 인정하고 이를 전수할 수 있다. 노인들은 젊은이들에게 자신이 물려받은 유산을 전수하였다는 것만으로도 민족적인 기여를 했다는 자부심을 갖게 된다.

3. 조각기법

1) 방 법

조각기법(sculpting technique)은 노인을 포함한 가족치료에서 사용된다. 노인 내담자는 조각가가 되어 다른 가족원에게 자세를 취하게 한다. 이때 가족원은 노인 내담자가 의도하는 대로 가족 간의 관계를 조망하는 하나의 형태를 이루며 위치하게 된다. 노인이 자신에게 가깝다고 생각되는 사람은 가깝게 배열하고, 멀다고 생각하는 사람은 멀게 배열할 수 있다. 대체로 노인들은 손자녀들을 가깝게 그리고 며느리나 가족 내 갈등의 주요 대상자는 멀리 배치하는 경향이 있다. 이 과정에서 나타난 가족원의 배치도는 관계망을 눈으로 볼 수 있게 드러내어 노인이 가족과 형성하고 있는 관계망과 감정적 관계의 거리를 가시화한다.

다음으로 상담자는 구성된 가족원의 조각 구성 상태에서 각 조각들에게 자신의 감정을 있는 그대로 표현하도록 한다. 또한, 배치된 가족원도 자신이 있는 자리에서 자신의 느낌을 말하도록 한다. 가족원의 이야기를 모두 들은 후 노인은 자신의 생각을 정리하면서 자신이 원하는 가족구조 형식대로 가족원을 다시 한 번 배치한다. 그런 다음 가족원이 새로운 배치형태에 대해 다시 한 번 느낌을 말한다. 그 후 노인이 제안한 바람직한 변화를 위해서 가족 내에서 어떤 변화가 일어나야 하는가를 함께 의논한다.

2) 효 과

이러한 조각기법은 가족이 실제로 가상의 위치와 자세를 형성해 봄으로써 가족 간의 관계를 경험하는 비언어적 방법을 동원하는 치료방식이다. 따라서 가족 내의 관계가 분명해지며 갈등이 시각화 · 명료화되는 장점이 있다. 가족 내에서 갈등의 주요원인이라 여기는 노인들이 실제 갈등의 주요요인을 다른 가족원으로 지목하는 경우 가족원은 가족 내에 노인의 위치와 상황을 새롭게 느끼면서 한층 나은 가족관계를 형성하기 위해 협력하게 된다.

4. 문장완성기법

문장완성기법(complete a sentence technique)은 개인 · 집단상담에서 전체 노인에 대한 사전 정보를 획득하기 위해 사용한다. 이 기법은 노인들의 가치관, 고민과 해결방식, 여성관, 남성관, 가족관계, 노인 자신도 의식하지 못한 자아상에 대해 간접적인 정보를 제공한다.

1) 방 법

문장완성기법은 우선 내담자 노인이 '내가 만일~', '나는 ~을 원한다'와 같은 미완성 문장을 보고 떠오르는 것들을 이야기해 보며 여러 가지 문장이 나올 수 있음을 알게 한다. 그런 다음 활동지를 나누어주고 미완성의 문장을 읽고 자유롭게 떠오르는 생각을 아무런 제약 없이 쓰도록 한다. 이때 각 문항에 대하여 깊이 생각하기보다는 즉각적으로 떠오르는 생각이 더욱 의미 있을 수 있으므로 너무 신중하게 생각하지 않도록 유도한다.

2) 주의할 사항

- 심사나 시험이 아니므로 모든 항에 대해 응답하며, 솔직하게 답할 수 있도록 지도한다.
- 검사결과는 확정적인 것이 아닌 내담자를 이해하기 위한 참고자료로만 사용하며, 해석된 내용이 선입견으로 작용하지 않게 주의한다.
- 이 자료는 내담자의 단편적 의식을 엿보는 단서로 활용하면서 다른 자료와 함께 종합적으로 판단하여 이해하여야 한다.
- 진행하는 동안 조용한 음악을 틀어주어도 좋다.

5. 심리극기법

1) 심리극이란

심리극은 1912년 정신과 의사인 모레노(J. L. Moreno)에 의해 도입된 집단정신요법 중의 하나다. 이는 연극적 방법을 사용하여 인격의 구조, 대인관계, 갈등 및 정신적 문제들을 탐색하고 집단치료의 의미도 내포하고 있다. 심리극의 목표는 내담자에 대한 통찰과 내담자의 감정적 문제, 정서적 갈등이나 경험을 극화하여 연기하게 함으로써 자신의 느낌을 동작으로 자유롭게 표현하게 한다. 이로써 잘못된 편견이나 오해 등을 풀고 적응력을 회복시켜 치료를 돕는다.

2) 심리극의 효과

내담자에게 현실문제를 직면하게 하는 효과가 있다. 무대 위에서 여러 가지 역할을 내담자에게 연기하도록 함으로써 내적 갈등과 경험을 표현하게 하여 통찰을 얻게 하고, 동시에 새로운 역할을 학습하게 한다. 그리고 연극이 끝나면 모든 가족에게 느낀 소감이나 비판을 하게 하여 치료적인 대화를 계속한다.

3) 심리극의 구성 요소

다른 사람의 도움으로 자신의 정서적 문제를 표현하는 주연(protagonist, 내담자가 담당함), 상담자의 조수로서 주연의 느낌 표현을 돕기 위하여 행동하고 연극화할 수 있는 훈련된 보조인물(보조자아), 그리고 무대감독이 있으며, 연출가인 상담자, 관중, 무대가 있다.

4) 방 법

심리극기법(drama technique)을 위해 상담자는 우선 내담자의 문제에 대해서 질문과 대화를 나누어 워밍업을 한다. 이를 위해 상담자는 의자를 옮기거나 다양한 화젯거리로 집단과 이야기를 나누고, 언제까지 할 것인지, 어떻게 할 것인지에 대해 얘기해 보는 등 적극성을 보여야 한다. 그 후 주연(내담자)을 무대에 불러내어 자발적으로 대사를 결정하도록 하여 자기 스스로 연기하게끔 한다.

내담자가 "그 문제가 나를 괴롭히고 있어요."라고 말함으로써 심리극은 시작된다. 그리고 여러 다른 기법들을 사용하여 내담자의 문제를 탐구해 나간다. 상대자는 보조자아 또는 관중 중에서 자유로이 선택한다. 이렇게 하여 내담자인 주연은 무대 위에서 자신의 현실생활을 재현하고, 그 연기와 상담자의 치료적 지도 및 관중의 충고와 도움을 받아 자신의 장애를 극복하고 현실생활에 대한 자신감과 자발성을 되찾을 수 있게 된다.

드라마가 끝나면 내담자, 보조자아, 관객 모두가 숙고하는 자세로 감정을 가라앉힌다. 내담자의 감정을 함께 공유한 후 가족원이 내담자에 대해 갖고 있는 생활감정에 대해서도 이야기를 나누도록 한다.

5) 주요 기법들

(1) 독 백

말이 없는 노인 혹은 대화 도중에 침묵이 자주 발생하는 경우에 사용하는 기법이다. 단순히 무슨 생각을 하고 있느냐고 물어보는 대신에 방금 스쳐 지나간 생각이나 느낌 같은 것을, 그것이 이야기하기 곤란한 것일지라도 그대로 이야기할 수 있을지를 묻고 내담자 혼자 말해 보게 한다. 이외에도 집을 드나드는 동안 드는 생각, 친구나 또래를 만났을 때나 사람과 이야기하고 있던 도중의 생각, 상담실에 처음 와서 상담자를 만났을 때 느꼈던 점, 또는 과거 이야기 가운데 특별한 반응을 보이지 않았던 사건 당시의 생각들을 독백할 수도 있다.

특히 치료적 독백(solioquy)은 연극에서 대화 도중에 고개를 돌려 자기의 내면의 느낌을 표현하는 기법이다. 예를 들면, "방금 아드님에 대해 이야기하셨는데 그 이야기를 하는 도중에 머리에 스쳐간 생각이나 어떤 느낌 같은 것이 있었는지 궁금합니다. 이야기 도중에라도 얼핏 떠올랐다가 사라지는 다른 생각이나 느낌이 있었다면 이야기해 보세요." 라는 말은 내담자의 감정표현을 고조시키고 촉진하는 데 자주 사용된다.

(2) 역할 바꾸기(role reverse)

상대하던 두 사람이 서로의 역할을 바꾸어 함으로써 상대방의 눈을 통해 자신의 문제와 갈등을 보게 하는 기법이다. 이 기법을 통해 상대의 역할을 이해하고 지신의 생각과 표현의 불일치를 이해하게 된다. 특히 가족에게 자신을 표현하는 데 어려움을 겪는 노인들이 질문에 대한 답변을 스스로 찾도록 돕는 경우 상담자와 역할을 교대하면 효과가 있다.

상담자는 역할 바꾸기 기법을 설명한 후 내담자에게 상담자 역할을 시도하게 한다. 상담자는 다음과 같이 말하므로 이 기법을 시작할 수 있다.

> "저와 자리를 바꿔 앉아 볼까요? 제가 XX 씨가 되고 XX씨는 제가 되는 겁니다. 역할을 바꾸어 보는 것이죠. 해보시겠어요?"(자리를 바꿔 앉은 후, 방금 전 내담자가 했던 질문을 그대로 기억하여 재진술한다.)

이때 비록 상담자 역할을 맡은 내담자가 답변을 못하더라도 실망해서는 안 된다. 자신의 질문에 스스로 답변해 보려는 시도 자체가 자신에 대한 인식을 새롭게 할 수 있는 계기가 될 수도 있기 때문이다. 내담자의 반응을 더욱 유발시키기 위해서는 질문을 과장·확대·변경하여 반복할 수도 있다. 예를 들어, 가족원 모두를 초대하여 내담자의 아들로 하여금 아버지의 역할을 맡겨서 다른 자녀들과 대화를 나누게 한 후, 서로 역할 교대를 하게 함으로써 내담자에 대한 인식을 새롭게 할 수도 있다.

(3) 거울기법

거울기법(mirror technique)은 자존감이 낮거나 대인관계가 어려운 노인, 비협조적인 노인, 우울증상이 있는 노인들에게 유용한 기법이다. 이 기법은 내담자의 모든 행동, 자세, 말투 등을 거울에 비춰 보듯 똑같이 흉내낸다. 이로써 내담자로 하여금 자신을 좀 더 객관적으로 보고 평가할 수 있게 해주며, 자신의 표현방식을 변화시키고자 하는 의도를 불러일으킬 수 있다. 이 기법은 내담자에게 불쾌감을 줄 수도 있기 때문에 가능한 한 내담자의 동의를 얻는 것이 좋다.

(4) 마술상점기법

마술상점(magic shop)기법은 내담자 내부의 긍정적인 자원을 탐색하고 생의 목표와 가치를 명백히 하는 데 도움이 된다. 이 기법은, 이를테면 가족원 모두가 가게 주인의 흉내를 내게 하여 고객을 맞아 필요한 것을 고르게 한다. 그 후 왜 그 물건을 원하는지, 언제부터 바라고 있었는지, 그걸 갖게 되면 정말 만족할 수 있는지 등을 물어본다. 어느 정도 충분한 설명이 있게 되면 이번에는 반대로 그 물건이 꼭 필요한 것인지 혹은 별로 필요 없는 것인데 사려고 한 것은 아닌지를 질문한다.[16] 만족할 만한 대답이 나온 후에는 버리고 싶어 내어 놓은 내용들에 대해 내던지거나 토해 내는 상징적 행위를 하게 한 후 완전히 사라졌다는 느낌을 갖도록 한다. 마지막으로 사고자 하였던 것들을 사려는 사람에게 건네준 뒤에 다시 한 번 앞으로 그걸 가지고 살아가게 될 인생에 대해서 이야기를 나눈다.

이 기법에서 중요한 점은 그동안 자신이 원했던 것이나 버리고 싶었던 것들이 실제로는 그다지 큰 의미가 없었다는 사실을 발견하는 것이다. 도중에 발생한 예상치 못한 행동에 대한 문제나 관련된 심리적 문제는 차후 상담상황으로 연결해 살피도록 한다.

(5) 빈 의자기기법

빈 의자(empty chair)기법은 빈 의자를 이용하여 내담자의 상상력을 자극하거나 역할 연기를 시도한다. 이 기법은 자신에 대한 이해나 내면의 답변을 찾는 데 도움이 되며, 그 대상이 사람이 아닌 의자이기 때문에 한층 자유롭게 상상할 수 있어 내담자의 저항이 약화되는 장점이 있다.

상담자는 빈 의자를 앞에 두고 내담자를 그 상상의 인물과 대화하도록 하고 내담자 스스로 그 인물이 되어 의자에 앉아서 대답하도록 한다. 필요할 경우 의자 대신에 보조자

16) 마술상점기법은 다음과 같이 시작할 수 있다. "이제 우리 같이 장사를 한번 해 볼까요? 마술상점은 어떨까요? 이 상점에서는 여러분이 지금까지 본 적도 들은 적도 없는 그런 신기한 물건들만 팔아요. 예를 들어, 행복, 존경, 이해, 건강, 사랑, 우정, 용서, 믿음, 평화, 신뢰와 같은 여러분이 정말 원하는 것들만 파는 거죠. 아시겠지요? 여기에는 뭐든 다 있습니다. 여러분이 원하는 것은 무엇이든 갖춰 놓았습니다. 많이 이용해 주시기 바랍니다. 얼마를 준비할지 고민하지 마세요. 돈은 받지 않습니다. 대신에 여러분이 제일 싫어하는 것, 제발 없었으면 하는 것들을 돈 대신 받겠습니다. 예를 들어, 질병이라든가 미움, 속상함, 의존심, 슬픔, 불안한 마음, 우울함, 분노와 같은 정말 없어졌으면 좋겠을 그런 것들을 돈 대신 내시고 원하는 것을 사가는 겁니다. 자, 그럼 장사를 시작합니다."

아를 등장시켜 상상의 인물 역할을 맡게 할 수도 있다.[17] 보고 싶은 사람 외에도 제일 먼저 떠오르는 사람, 아내, 자녀, 손자녀, 흠모하는 사람, 돌아가신 분 등 구체적인 인물뿐만 아니라 한 번도 돼 보지 못했던 자기 자신, 이상적인 자기 자신을 형상화하여 대화를 나눌 수도 있다. 또는 비특정인, 예를 들어 울고 있는 아이, 과거에 상처받던 상황의 자신, 슬픔에 잠긴 사람, 앉아서 떨고 있는 사람을 상상하게 한 후 자신을 투사해 볼 수도 있다. 의자 외에 침대, 창가, 탁자, 식탁 등도 같은 이미지로 사용할 수 있다.

(5) 이중자아기법

이중자아기법(double technique)은 내담자의 심리적 경험을 있는 그대로 혹은 최고조로 묘사함으로써 문제를 평가하고 갈등을 분석하며 상호관계를 자극하고 촉진하는 기법이다. 방법으로는 지지, 극화, 확대, 강조, 풍자, 직면, 해석, 과장, 비언어적 소통의 언어화, 반대화 등 다양하다. 이 기법은 내담자가 자신의 깊은 감정을 표현하게 하는 데 효과적이다. 특히 의사소통이 어렵거나 말 없는 노인우울증세가 있는 노인, 양가적인 노인, 고립감을 느끼는 노인이나 단절이 발생하는 상황에 유용하다. 또한 무슨 일이든 반응을 잘 보이지 않는 노인 내담자와 어느 정도 치료적 관계가 형성된 후에 사용할 수 있다.

6. 그 밖의 상담기법

효율적인 상담을 위해서는 여러 가지 기술 혹은 기법이 필요하다. 이러한 기술은 어떤 접근방법을 선택하느냐와 상담자의 개성과 상담장면의 성질에 따라 달라질 수 있다(홍경자, 1986).

17) 빈 의자 기법은 다음과 같이 실행한다. "우리는 이런 저런 상상을 많이 합니다. 저는 이제부터 여러분을 상상의 세계로 안내할까 합니다. 여기 빈 의자가 하나 있습니다. 누군가가 앉아 있습니다. 누구일까요? 여러분이 몹시 보고 싶은 사람, 혹은 정말 보고 싶지 않은 사람이 앉아 있다고 상상해 볼까요? 어떻게 앉아 있나요? 표정은 어떤가요? 시선은 어디를 보고 있죠? 뭐라고 첫 마디를 하겠습니까? 그러면 그 분은 뭐라고 대답하나요? 눈을 감아도 좋습니다. 자, 이제 그분에게 정말 하고 싶었던 이야기를 해보세요."

1) 반 영

반영은 내담자가 표현한 기본적인 태도를 상담자가 다른 참신한 말로 부연해 주는 시도라고 할 수 있다. 상담자는 반영을 통해 내담자의 태도를 거울을 비추어 주듯이 보여줌으로써 자기이해를 도와줄 뿐만 아니라 내담자로 하여금 자기가 이해받고 있다는 인식을 주게 된다.

반영을 할 때에는 내용보다는 말로 표현된 것의 밑바탕에 깔려있는 감정을 파악하여 거울에 비추듯이 그대로 되돌려 주려고 노력해야 한다. 즉 상담자는 내담자의 행동을 유심히 관찰하여 말로써 표현한 것뿐만 아니라 자세, 몸짓, 목소리, 눈빛 등 비언어적 행동에서 나타나는 감정까지도 반영해 주는 것이 필요하다.

2) 수 용

수용이란 '음~음'이나 '예, 계속하시지요', '아, 그렇군요' 등과 같이 고개를 끄덕이며 보내는 짧은 어구로서 상담자가 주의를 집중하고 있다는 것을 나타내는 반응이다. 상담자가 내담자 그대로를 받아들이고 존중하고 있다는 것을 알게 하여 내담자가 어떤 위압감이나 의무감을 느끼지 않고 자연스럽게 대화를 하도록 한다. 수용을 위한 요소는 다음과 같이 네 가지를 들 수 있다.

(1) 상담자가 내담자에게 시선을 주는 주목 행동

내담자에 대한 지속적인 시선은 상담자가 내담자를 수용하고, 주의를 기울이고 있다는 사실을 암시적으로 전달하는 것이다.

(2) 상담자의 안면표현과 고개를 끄덕이는 행동

상담자는 진지한 얼굴표정으로 관심을 나타내야 한다. 만약 상담자가 위장된 관심을 나타내면 눈치가 빠른 내담자는 그것이 위선적이라는 것을 금방 알아차리게 되므로 상담자는 항상 표현 하나하나에 솔직한고 진지해야 한다.

(3) 상담자의 목소리와 억양

내담자는 상담자의 목소리와 억양을 단서로 자기의 이야기를 받아들이고 있는지를 구별할 수 있다. 특히 여기서 주의해야 할 것은 말의 속도인데 너무 빠르거나 너무 느리지 않도록 하여 상담자가 관심을 갖고 도와 주려고 노력하고 있다는 인상을 주도독 해야 한다.

(4) 상담자의 자세와 태도

내담자들은 상담자가 조그마한 행동 단서에도 민감하다는 것을 유념하여 자연스럽지 못한 행동이나 불쾌감을 주는 태도를 취하지 않도록 해야 한다.

3) 명료화

명료화는 내담자의 말 중에서 모호한 점이나 모순된 점이 발견될 때, 이를 명확히 이해하고 넘어가기 위해서 다시 그 점을 상담자가 질문함으로써 내담자로 하여금 그 의미를 명백하게 하는 기술이다. 즉 명료화는 상담자가 내담자의 말을 정확히 이해하기 위해서도 필요하고, 또는 내담자가 스스로의 의사와 감정을 구체화하여 재음미하도록 돕기 위해서도 중요하다. 내담자에게 명료화를 요청할 때는 상담자가 내담자에게 도움을 주기 위하여 질문하고 있다는 느낌을 주도록 유의한다.

4) 직 면

직면이란 내담자가 자기이해를 돕기 위하여 상담자의 눈에 비친 내담자의 행동특성 내지 사고방식의 스타일을 지적해 주어서 내담자가 상담자의 외부에 비친 자기의 모습을 뒤돌아보고 통찰의 순간을 경험케 하는 직접적이고 모험적인 자기대면의 방법이다. 직면화를 시도할 때는 내담자를 평가하거나 비판하는 인상을 주지 않도록 내담자가 보인 객관적인 행동과 인상을 대하여 서술적으로 표현하는 것이 중요하다.

5) 해 석

해석은 내담자로 하여금 자기의 문제를 새로운 각도에서 이해하도록 그의 생활경험과 행동의 의미를 상담자가 설명해 주는 것이다. 그러므로 해석은 내담자의 이해 수준과는 상이한 새로운 참조체제를 제공해 준다는 의미에서 큰 의의가 있겠으나 아주 신중하게 사용되어야 한다. 내담자 쪽에서 자기이해가 이루어지지 않았을 때 성급한 해석을 내리는 경우, 내담자 쪽에서 방어적으로 나올 수 있으므로 해석의 시기에 유념해야 한다.

6) 침묵의 처리

상담의 과정에서 가끔 내담자가 침묵을 지속하는 경우가 있다. 대개의 경우 내담자가 자기 자신을 음미해 보거나 머릿속으로 생각을 간추리는 과정에서 침묵이 발생하므로 침묵은 유익한 필요조건이다. 이때에 상담자는 침묵을 깨뜨리려 하지 말고 인내심을 가지고 어느 정도 기다려 보는 것이 바람직하다. 상담관계가 잘 이루어지지 않거나 상담자에 대한 저항으로서 침묵이 일어난 경우는 대개 내담자가 눈싸움을 하는 듯한 자세나 부정적 표현을 지으며 침묵을 지키는 수가 있다. 이때는 상담자는 무조건 기다릴 것이 아니라 그 침묵과 원인이 되는 내담자의 그때 그 자리에서의 숨은 감정을 언급하고 다루어 나가야 한다.

7) 요 약

요약은 내담자의 생각과 감정을 매 회의 상담이 끝날 무렵 하나로 묶어 정리하는 것이다. 요약은 내담자에게 회의 상담을 자연스럽게 종결하도록 유도할 수 있고 상담 도중에 나타난 문제점, 진행정도 및 다음 단계에 대한 계획을 파악하는 데 도움이 된다. 요약은 상담자가 하든지 내담자에게 시켜보든지 상호 간에 결정해서 실시할 수 있다.

8) 조언과 충고하기

조언은 내담자가 해야 할 것을 추천하거나 제안하는 기술이다. 상담자의 조언과 충고는 자칫하면 내담자의 반발과 저항을 받기 쉽다. 조언은 진정한 의미에서 내담자의 자기 이해, 자기탐색, 자기성장의 기회를 박탈하고 열등한 위치에 놓기 쉽다. 조언을 자주 사용하는 것은 피하는 것이 현명하다. 다만 신속한 의사결정을 요하는 경우나 위기적 상황 및 가족상담의 경우에 조언은 적절히 사용되는 것이 효율적이다.

제3부

노인상담 실제

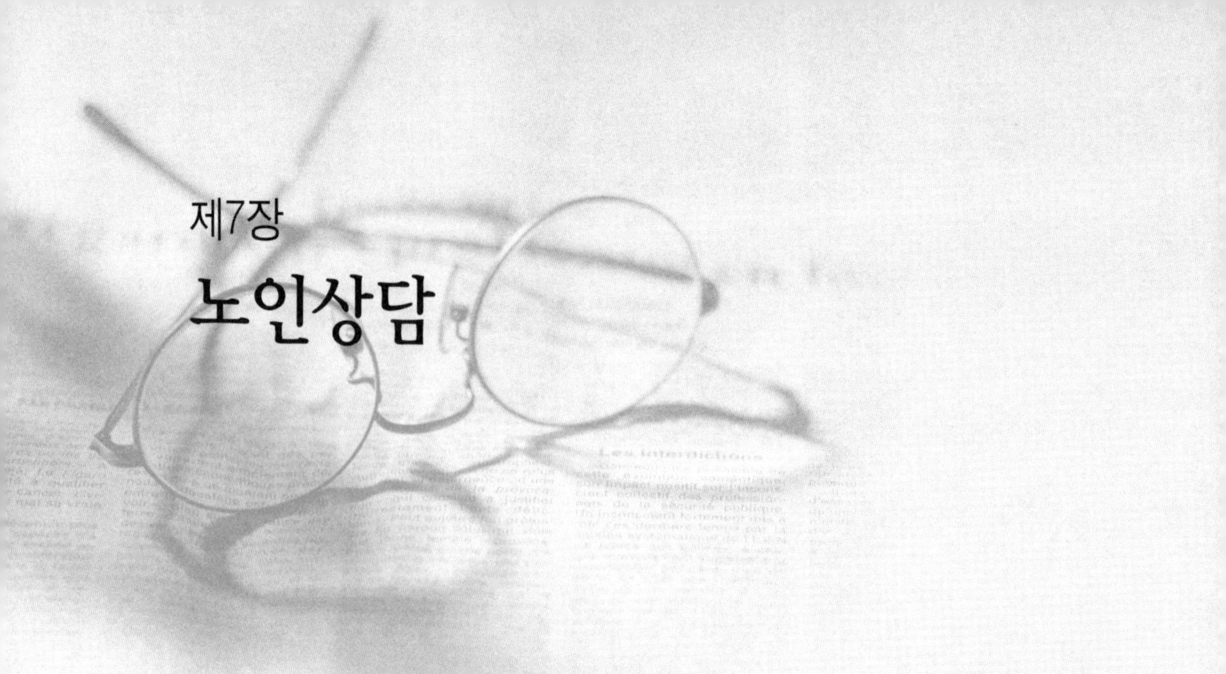

제7장

노인상담

상담(counseling)이란 라틴어의 'consulere'로 표현하며 이 말은 '심사', '숙고', '문의', '조언', '대화' 등의 뜻이 포함되어 있다. 그러나 전문기능으로서의 상담은 단순히 문의나 조언을 주는 일뿐만 아니라 상담자와 내담자 간의 친밀하고 신뢰적인 인간관계에서 긍정적인 결과를 얻도록 도와주는 구체적인 행동을 말한다.

전통적인 시각의 상담은 정신건강학적 접근으로 내담자를 문제를 가진 부적응자 또는 환자로 보고 이들의 비정상적인 문제행동을 정상적으로 회복시키거나 적응시키려는 치료적 모형에 중점을 두었다. 오늘날의 상담은 내담자의 문제해결이나 치료뿐만 아니라 개인의 정상적인 성장발달을 위한 실제적인 도움을 주거나, 혹은 예상되는 문제에 대해 계몽적인 차원에서의 교육상담 등으로 확대되고 있다.

현대사회의 상담대상은 내담자뿐만 아니라 내담자의 생활에 영향을 주는 가정과 가족원, 형식적 또는 비형식적 집단과 조직체, 지역사회 환경까지도 포함하고 있어 다양한 상담기법(예: 가족상담, 집단상담 등)을 요구하는 다학문적(interdisplinary)인 특성을 가지고 있다(현외성 외, 1998).

상담이란 내담자로 하여금 생활해 나가면서 겪게 되는 문제에 더욱 효율적으로 대처하게 하는 것이고, 장차 이와 비슷한 문제에 자 대처하도록 일반적인 능력을 발달시키는 것이다. 또한 전문상담가와 내담자가 1:1의 개인적이고 전문적인 인간관계를 형성함으로써 내담자로 하여금 자신의 문제를 스스로 해결한다든지 환경에 좀 더 유연하게 대처할 수 있는 새로운 행동을 익히는 체계적인 활동이라고 할 수 있다.

노인상담이란 도움을 필요로 하는 노인이 전문적 훈련을 받은 상담자와의 대면관계를 통하여 개인적 · 사회적 · 경제적 및 신체적 문제를 해결하고 감정, 사고, 행동측면의 인간적 성장을 가져와 의미 있는 노후생활을 영위할 수 있도록 원조하는 과정이라고 할 수 있다. 노인상담은 노인이 관계하는 모든 사회관계와의 적절한 연계를 모색하는 것으로 가족과 사회의 변화에 따라 그 필요성이 대두되고 있다.

노인상담이 부각되고 있는 이유는 산업화 · 도시화 · 핵가족화와 같은 사회적 변화는 모든 접촉하는 인간관계에 영향을 주고 있으며, 노인의 경우 급변하는 사회적 변화 속에서 소외와 가치갈등을 경험하고 있고, 세대차이, 욕구좌절감 등을 느끼고 있다. 과거에는 친밀한 접촉을 통해서 문제의 발생이 없었으나, 현대 산업사회에서는 다양하게 문제가 발생하고 있어 이를 해소하기 위한 전문적인 지식이나 기술이 요구되고 있다.

상담은 다음과 같은 역할을 한다.

첫째, 표출되지 못한 욕구를 상담을 통해 표현하게 하여 문제의 근원을 파악할 수 있고, 이러한 상담과정은 고립되고 소외된 노인들에게 1차적 사회관계망 역할을 해준다.

둘째, 노인의 욕구를 사실에 근거하여 정확하게 파악함으로써 노인을 이해할 수 있고, 노인욕구 충족을 위한 가족적 · 사회적 노력을 기울이게 되는데, 이는 상담과정을 통하여 실천될 수 있다.

셋째, 상담을 통하여 문화적 정체감을 느끼는 노인에게 변화하는 사회에 적극적으로 대처할 수 있도록 정보를 제공할 수 있다.

넷째, 문제를 가지고 있는 가족과 노인을 상담함으로써 욕구를 파악할 수 있고, 적절한 대처를 해줌으로써 정서적 지지를 해줄 수 있다.

제1절 노인상담과 기본원리

상담이란, '다른 사람을 돕는 특별한 종류의 인간관계', '한 사람이 특별한 기법들을 사용하여 다른 사람의 개인적 혹은 상호관계적인 문제의 해결을 돕기 위한 관계를 맺는 상방간의 합의(Miller, 1965)'라고 할 수 있다. 다른 학자들의 노인상담에 대한 견해를 살펴보면,

- 도움을 필요로 하는 노인이 전문적으로 훈련을 받은 상담자와의 대면관계를 통해 개인적 · 가족적 · 경제적 · 신체적 문제를 해결하고 감정, 사고, 행동측면의 인간적 성장을 가져와서 성공적인 노후생활을 영위하기 위해 노력하는 과정이다(김태현, 1996).
- 노인상담이란 사회적 약자인 노인들이 심리적 · 육체적 · 정신적 · 사회경제적 어려움에 관하여 다양한 통로를 통해 훈련된 상담자와 감정적 · 내용적 · 이해적 상호작용을 거쳐 기대했던 특정한 관심사에 대한 바람직한 결과를 얻는 모든 과정을 말한다(이호선, 2005).

따라서 일반상담의 정의와 밀러의 정의 등을 종합하여 노인상담을 정의해 보면 내담자가 특별한 기법들을 사용하여 내담자인 노인들을 전인적으로 돕기 위한 관계를 맺는 쌍방 간의 합의라고 할 수 있다.

1. 노인상담의 목표

상담의 목표에 대해서 크럼볼츠(Krumboltz)는 ① 내담자가 요구하는 목표를 파악한다, ② 상담자는 내담자가 목표를 달성할 수 있도록 조력한다, ③ 내담자가 목표의 성취 정도를 평가할 수 있어야 한다고 하였다. 즉 노인상담에서는 노인에게 영향을 주어 행동을 변화시킴으로써 내담자가 좀 더 생산적이고 만족스러운 삶을 살아갈 수 있도록 하려는 것이다.

1) 노인의 삶에 행동의 변화를 가져 올 수 있어야 한다

상담을 통하여 내담자의 행동을 변화시킨다 하더라도 그 행동은 타인과의 관계, 가족 상황, 사회 환경의 적응, 일상생활 습관 등과 같이 어떠한 영역에 관련된 행동 변화가 필요한가를 중심으로 상담의 목표를 진술할 수 있다. 즉 여기에서 말하는 행동이란 건전한 성장과 발달에 방해나 지장을 주고 있는 일체의 행동을 말한다.

2) 노인의 정신건강을 증진시킬 수 있어야 한다

노인들이 문제를 가지고 있다면 이는 정신적 부담이 되며, 또한 부정적 정서 경험들은 건전한 성장과 발달에 해롭기 때문에 적절하고 합리적인 지도를 통하여 해결되어야 정신건강을 유지하고 증진하게 된다. 정신적으로 건강한 노인은 책임감이 있고 독립적이며 인격적으로 성숙하다. 그러므로 정신건강을 촉진한다는 것은 적극적이고 현실적이며 합리적인 성격을 형성하는 것과 일맥상통한다.

3) 노인문제를 해결할 수 있어야 한다

노인상담의 목표는 노인이 가지고 오는 문제가 무엇인지 이를 해결하는 것에 있다고 할 수 있다. 노인은 자신을 문제해결에 상담자가 어떤 도움을 줄 수 있다고 믿기 때문에 상담이란 내담자의 문제해결을 돕는 것을 목표로 한다. 흔히 노인들이 문제라고 말하는 것은 현실적으로 느끼는 심리적 고통을 가리키는 것이다. 그러므로 상담의 목표를 문제해결이라 할 때 문제의 수준을 명백히 해야 한다.

4) 노인 개인의 효율성을 향상시킬 수 있어야 한다

상담의 목표로 효율성을 강조하는 것은 어떤 행동의 능률성을 말하는 것이 아니다. 이는 노인이 상담을 통하여 생산적 사고를 할 수 있고 적극적인 인간관계를 형성하며, 다양한 문제 상황에 효과적으로 대처하는 능력을 습득할 수 있을 뿐만 아니라 문제를 정확히 인지하고 주어진 역할을 일관성 있게 수행하며, 자기 자신을 적절히 통제할 수 있도록 하는 것을 말한다.

5) 노인의 의사결정에 도움을 줄 수 있어야 한다

상담에서는 상담자가 어떤 결정을 내리는 것이 아니라 내담자가 결정을 내려야 한다는 것을 전제하고 있다. 이 경우 노인은 왜 그러한 결정을 하는 것이며, 그러한 결정을 어떻게 수행할 수 있는지를 알아야 한다. 따라서 노인들은 이에 요구되는 정보를 수집 · 평가하고 선택하는 능력을 증진시켜야 하며, 관련된 정서적 태도를 함양해야 한다.

2. 노인상담의 특성

현대사회를 사는 노인이 당면한 다양한 욕구와 문제는 노인기의 성공적인 삶을 영위할 수 없게 하므로 이러한 장애요인을 살펴 제거하는 일련의 과정이 상담되며, 면접상담과 더불어 전화상담과 인터넷 상담이 주요 상담방식으로 부각되고 있다, 이는 노인들이 자신을 노출하지 않고 문제를 해결하고 싶어 하는 마음뿐 아니라 자신보다 젊은 상담자에게 상담을 받는 것에 대한 부끄러움 등이 포함되어 있기 때문이다. 따라서 상담자는 내담자인 노인들의 발달 욕구를 이해하고 환경에 대한 노인의 적응을 돕는 것이 요구된다. 노인이 상담 받는 이유 다음과 같다.

- 개인적인 문제를 해결하기 위해서
- 중요한 결정을 하는 데 도움을 받기 위해서
- 행복하지 않고 어떻게 해야 할지 모르기 때문에
- 어려운 상황을 다루는 법을 배우기 위해
- 위기를 겪는 동안에 도움과 위로, 지지를 받기 위해서
- 공감적으로 지지적인 누군가와 대화를 하기 위해서
- 스스로에 대해 더 잘 이해하고 싶어서

노인상담은 다른 발달단계의 내담자와 차이를 지니고 있다. 이러한 차이는 노인들의 특성이나 노인상담이 지니는 독특한 어려움과 밀접한 관계가 있다.

1) 내담자의 연령이 상담자의 연령보다 대체로 높다

노인상담의 경우 내담자의 연령이 다른 내담자에 비해 상대적으로 높다. 이는 상담자의 연령이 내담자의 연령보다 적을 경우가 많다는 것을 의미한다. 내담자가 상담자보다 현격하게 연장자일 경우, 유교적 문화의 영향을 강하게 받고 있는 특성상 내담자와 상담자 사이에 여러 차원에서 역동과 저항이 일어날 수 있다. 이는 상담을 위한 신뢰관계 형성을 어렵게 만들 수 있다는 것을 의미한다. 우리나라의 문화에서 상담자에 비해 내담자의 연령이 많을 경우 상담자는 내담자에 대해 부담을 느끼거나 신뢰를 갖기 쉽지 않다. 또한 상담자 역시 내담자가 자신을 압도하거나 가르치려할지 모른다는 생각을 갖게 되어 내담자에 대해 개방적인 자세를 보이기 어렵게 된다.

2) 내담자의 저항이 강하다

노인 내담자의 경우, 인생을 살면서 많은 경험을 하였기 때문에 상담자의 상담의도에 강한 저항을 보일 수 있다. 노인들은 경험으로 통해 축적한 지식과 다양한 삶의 변수를 통제하고 조절하는 방법에 대한 개인적인 신념이 강하다. 이러한 특징은 다른 상담과는 달리 노인상담에서 부정적인 영향을 미칠 수 있다. 특히 상담자의 연령이 어릴 경우 내담자는 상담자를 통제하려고 하거나 자신의 경험에서 얻은 결과가 도전받을 때 강하게 저항하기도 한다.

3) 내담자의 경험의 폭이 넓다

노인상담에서의 내담자는 오랜 삶의 경험을 통하여 다양한 지식을 축적하고 있다. 그 중 삶의 변화에 대한 과정과 결과에 대한 경험은 내담자가 상담에 임하는 자세와 상담과정에 큰 영향을 미칠 수 있다. 이 영향력은 상담에 긍정적인 영향을 미칠 수도 있고 부정적인 영향을 미칠 수도 있다. 특히 부정적인 영향을 미치는 경우 내담자는 상담을 중지할 수도 있다. 따라서 노인상담에 임하는 상담자는 상담과정에서 유연함과 더불어 전문성이 더욱 요구된다.

4) 새로운 삶에 대한 의지와 변화욕구가 상대적으로 약하다

노인기에 겪게 되는 신체 노화, 경제적 제약 등은 노인들의 새로운 도전을 방해하는 주요요인으로 작용한다. 일반적으로 노인들은 새로운 삶을 가꾸어 나가려는 의지가 많지 않다. 이는 상담에 있어서도 노인들이 변화를 추구하기보다는 문제를 있는 그대로 가지고 가려는 경향이 있음을 보여준다. 또 노인들은 같은 이야기를 반복하는 경우가 많다. 이는 상담자를 지치게 하고 상담진행을 느리게 만든다. 따라서 노인상담의 상담자는 노인들이 가지는 특성을 상담 전에 충분히 파악하고 내담자가 변화를 기대하고 변할 수 있도록 동기를 부여하여야 한다.

5) 노인은 남은 삶에 의미를 부여하지 않으려 하고, 죽음과 연결지으려는 경향이 있다

노인들에게 죽음은 긴박한 문제이며 죽음에 대해 강한 관심을 보인다. 노인상담에서 내담자는 죽음에 대해 각기 다른 태도와 평가를 보여주므로 상담자는 상담 중인 노인 내담자의 특성을 잘 파악할 수 있게 된다. 하지만 죽음에 대한 노인들의 의식적 · 무의식적 태도나 두려움은 내담자가 지닌 현재의 문제를 해결하거나 개선시키는 데 방해가 될 수 있다.

6) 가족 및 보호자의 지지가 약하다

노인상담은 대체로 노인 내담자 가족의 지원과는 무관하게 이루어지는 경우가 많다. 노인 내담자는 표면적으로 그 이유를 자신의 문제에 가족이 개입하기를 원치 않기 때문이라고 말한다. 하지만 진정한 이유는 다른 가족구성원이 노인 내담자에게 진정한 관심을 갖지 않기 때문인 경우가 대부분이다. 가족 내에서 노인의 소외정도는 가족의 지지와 반비례하는 경향이 있다.

3. 노인상담의 기본원리

상담은 상담관계의 형성에서부터 출발한다. 상담자는 노인상담에서 내담자와 잘 상담할 수 있도록 상담 기본원리에 충실하여 노인상담에 임하여야 한다(George & Cristian, 1995).

1) 개별화의 원리

상담자는 노인의 특성과 개인차를 인정하는 범위 내에서 상담을 전개해야 한다. 특히 상담자의 고정관념이나 주관적 가치판단 기준에 의해 내담자의 이야기를 판단해서는 안 된다.

개별화하기 위한 수단으로는

- 노인문제 유형이나 나이에 따라 면접시간을 조정하여야 한다.
- 노인을 위한 개별환경 등 비밀이 존중된다는 안도감과 신뢰감을 주어야 한다.
- 상담시 약속시간을 준수하여야 한다.
- 상담을 위한 사전준비를 철저히 하여야 한다.

2) 의도적 감정표현의 원리

상담자는 노인에게 자유롭게 의도적인 표현을 할 수 있는 온화한 분위기를 조성해야 한다. 또한 노인에게는 최대한 편안한 자세를 유지시켜 우호적인 분위기를 만들어야 한다. 이러한 의도적인 감정표현의 장애요인으로는

- 상담에서 비현실적인 기대감를 갖게 해서는 안된다.

- 상담과정에서 너무 성급하게 해석을 해서는 안된다.
- 상담과정에서 해결하지 못할 너무 많은 해석을 해서는 안된다.
- 상담과정에서 노인의 감정표현에 대한 비난을 해서는 안된다.

3) 통제된 정서관여의 원리

상담자는 노인의 정서 변화에 민감하게 반응하고, 적절한 대응책을 마련할 태세를 갖추고 적극적으로 관여하는 자세를 갖는다. 즉 노인의 정서 변화, 감정의 고저에 동승해야 한다.

이러한 통제된 정서관여 요인으로는

- 상담과정에서 상담자가 너무 민감하게 반응하지 말아야 한다.
- 상담과정에서 일어나는 문제들에 대해 상담자가 빨리 이해하도록 하여야 한다.
- 상담과정에서 일어나는 노인들의 정서 변화에 민감하게 반응하여야 한다.

4) 수용의 원리

상담자는 노인을 따뜻하게 대하고 수용적이어야 하며, 노인의 인격을 존중한다는 의사를 분명히 해야 한다. 어떤 대화에서도 상대방을 무시하거나 얕잡아 보는 듯한 태도는 좋은 결과를 얻지 못한다.

이러한 수용에서 상담자가 판단하여야 할 것은

- 선한 것(the good)이 아니라 있는 그대로의 것(the real)을 받아들여야 한다.
- 노인의 일탈태도나 행동을 허용한다는 것을 의미하지 않으며, 그것에 대해 좋다 나쁘다 등을 비판하지 않고, 일단 아무런 판단도 하지 않는것이 필요하다.
- 상담자는 윤리와 법, 전문적 가치에 의거하여 바람직한 것과 수용할 수 있는 것에 대한 기준을 가져야 한다.

5) 비판단적 태도의 원리

상담자가 노인의 행동과 태도, 가치관 등을 평가할 때는 객관적이고 중립적인 자세를 유지해야 한다. 특히 '나쁘다', '잘못이다'와 같은 감정적인 판단은 좋지 않다.

상담에서 비판단적 태도의 장애요인 다음과 같은 것이 있다.

- 노인에게 가지는 편견이나 선입견이다.
- 상담과정에서 노인에 대한 성급한 확신이다.
- 상담과정에서 내담자를 다른 노인과 비교 또는 유형화하려는 태도이다.
- 상담자에 대한 적개심을 가지는 노인에게 부정적인 감정을 표현하는 것이다.

6) 자기결정의 원리

상담자는 노인 개인의 가치와 존엄성을 존중하고 내담자 스스로 문제를 해결할 수 있다는 자신감을 심어 주어야 한다. 또한 상담자는 내담자 스스로 의사결정을 할 수 있도록 돕는 조력자이다.

하지만 다음과 같은 한계를 가진다.

- 상담자의 신체적 · 정신적 능력을 넘어서는 자기결정 능력을 기대할 수 없다.
- 도덕적인 제한이 있다.
- 법률적 제한이 있다.
- 사회기관의 규정에 따라야 한다.

7) 비밀보장의 원리

상담자는 노인과의 대화내용을 타인에게 발설해서는 안되며 철저히 비밀을 유지해야 한다. 이 원리는 내담자와 상담자의 신뢰를 형성하는 중요한 요인이 된다.

여기에는 다음과 같은 갈등이 존재한다.

- 내담자의 비밀보장의 권리와 다른 권리 및 의무와의 모순 · 충돌이다.

- 내담자의 비밀을 보호하려면 상담자 자신이 권리가 박탈될 경우가 생길 수 있다. 이 경우에도 양쪽 권리를 비교하여 중대한 쪽을 선택해야 한다.
- 내담자의 비밀을 지키기 위해 기관의 사회적 사명과 권한을 넘는 조치를 강요하는 경우가 있다.
- 사익과 공익, 개인의 권리와 공공복지 간에 충돌이 있을 수 있다. 개인은 사회적인 존재이므로, 자기에게는 불리하더라도 사회공공의 복지를 위해 협력할 의무가 있다.

제2절 노인상담 과정

노인상담을 위해 상담자는 개인적으로 노인에 대한 다면적 측면을 이해해야 하며 그에 필요한 정보와 사전 지식을 준비해야 한다. 동시에 상담자로서의 자신의 태도를 점검하여야 한다. 이를 바탕으로 상담자는 노인상담에서의 상담과정을 차례로 밟아나가게 된다.

1. 내담자 이해단계

1) 노인상담에서 상담자가 기억해야 할 사항은 다음과 같다

- 모든 사람은 감정을 가지고 표현할 권리가 있다.
- 노인들의 감정은 다른 발달시기에 있는 사람들보다 억눌려 있다.
- 노인들은 감정적인 지지를 원한다.
- 노인들의 감정은 그들의 세계 속에서 항상 의미가 있다.
- 노인들의 분노 감정은 자연스러운 것으로 나쁜 것이 아니다.
- 노인들의 반복적인 표현 속에는 강한 감정적 역동이 있다.

2) 상담자가 주의해야 할 사항들

- 내담자의 감정이 타당하다는 것을 부정해서는 안 된다.
- 내담자의 감정과 내담자 자체의 중요성을 잊어서는 안 된다.
- 내담자의 감정이 내담자의 고집일 뿐이라고 여겨서는 안 된다.

3) 내담자 이해에 필요한 것들

(1) 상담자는 내담자 이해를 위해 감정낱말을 정확히 파악해야 한다

노인들이 사용하는 말들은 노인들의 감정상태를 파악하는 데 중요하다. 특히 형용사들이 대체로 감정을 표현하고 있기 때문에 감정에 관한 낱말을 파악하게 되면 내담자의 감정 파악이 용이해진다.

(2) 감정 경험

내담자의 감정을 이해하기 위해 상담자는 좀 더 깊은 수준에서 자신의 감정을 경험할 수 있어야 한다. 또한 내담자가 상담자에게 진술한 내용을 통해 내담자가 어떻게 느끼고 있는지를 살펴야 한다. 이러한 감정 경험은 상담자가 자신의 느낌과 생각의 흐름을 점검하고 기꺼이 내담자의 문제를 받아들이며 내담자와 내담자의 문제에 대한 상담자의 감정을 인식하는 훈련이다. 이런 훈련을 통해 상담자는 내담자의 감정을 이해할 수 있다. 또 내담자의 감정을 지지하고 내담자 스스로 자신의 감정에 초점을 맞출 수 있도록 도울 수 있다. 이 과정을 통해 상담자와 내담자는 감정적 일치감을 경험하면서 라포를 형성하게 된다.

감정경험 시에 필요한 점검사항들은 다음과 같다.

- 내담자의 감정을 경험할 때 저항이 오는 부분이 무엇이었는가?
- 내담자의 감정을 경험할 때 상담자가 부정하고 있는 감정에는 어떤 것이 있는가?
- 내담자의 감정을 경험하면서 상담자 스스로 놀란 자신의 감정에는 어떤 것이 있는가?
- 내담자의 감정을 경험할 때 부절적하거나 혼란스러운 감정을 느낀 때는 언제였는가?

● 내담자의 감정을 경험하면서 상담자는 감정 표현을 어느 정도 하였는가?

2. 라포 형성단계

라포(rapport)는 내담자와 상담자 간의 구체적인 상담적 교환이 이루어지는 감정적 영역이자 치료적 공간이다. 노인상담에서 라포 형성은 적극적 경청, 존중, 내용 요약, 상호 공감이 요구된다.

3. 상담목표 설정단계

상담목표는 내담자의 문제를 구체화하고 바람직한 상담결과들을 얻기 위한 과정으로 구체적이고 실질적인 변화 목표를 담고 있다. 이를 위해 상담자는 다음의 사항을 살펴야 한다.

1) 상담목표 설정 시에 고려할 사항들

● 내담자는 무엇이 언제 바뀌기를 원하는가?
● 상담이 끝난 후 내담자는 어떻게 달라지기를 원하는가?
● 변화하기 위하여 내담자가 현재 어떤 일을 하고 있는가?
● 내담자의 문제를 어떻게 정의할 것인가?
● 내담자의 문제와 어떤 이슈가 관련되어 있는가?
● 어떤 상담목표를 제안할 것인가?

2) 상담목표 설정 시에 주의할 점들

● 한 번에 한 가지 목표에 초점을 맞춘다.

- 상담목표는 구체적이고 측정 가능한 것이어야 한다.
- 상담목표는 실행 가능하고 도달 가능한 것이어야 한다.
- 상담목표는 내담자가 동의 · 승인하여야 한다.

4. 문제 명료화

상담목표를 정한 후에는 내담자가 가지고 있는 문제들을 명확하게 해야 한다. 문제를 명확히 하는 단계에서는 구체적으로 상담에 가져온 내담자의 문제를 재확인하고, 내담자의 문제해결을 방해하는 요인들을 분명하게 해야 한다. 또한 내담자의 감정 역시 고려하는 것이 문제 명료화 단계에서 중요하다.

5. 대안 살피기

대안은 바람직한 변화를 위한 내담자의 선택을 의미하며, 내담자가 자신의 목표를 성취하기 위해서 밟는 단계이다. 이 단계에서는 대안 목록을 작성하고 이를 평가하고 분석한다. 이때 대안목록을 작성하기 위해서는 다음 사항들을 고려하여야 한다.

(1) 상담목표를 재확인한다

- 상담자 내담자 모두가 설정한 상담목표를 이해하고, 그 목표가 지금 상황에 적합하다는 것에 함께 동의하는지 확인한다.
- 내담자가 현재 설정한 목표를 달성하기 위해 그가 생각하고 있는 모든 종류의 대안을 살핀다. 여기에는 실행 가능한 대안, 가능하지 않은 대안 모두가 포함된다.
- 내담자가 생각하는 모든 대안을 적은 후에는 상담자가 생각하고 있는 대안을 제시하고 부족한 부분을 상호보충한다.

이 시점에서 내담자와 감정이나 신념 차이로 인해 그 결과가 다르게 나타난다고 해도 상담자는 내담자의 대안들을 존중하고 끝까지 들어야 한다. 그리고 부정적인 결과에 대해서는 신중하게 검토해야 한다.

6. 결정 지지하기

이 단계는 내담자가 변화를 위한 결정을 내리는 단계이다. 결정을 내리는 일은 내담자에게는 부담스럽고 어려운 일이다. 그러나 일단 내담자가 결정을 내리면 그 선택이 내담자 입장에서는 가장 현명한 선택일 수 있기 때문에 상담자는 그 결정에 만족스럽지 않더라도 내담자의 결정을 존중하여야 한다.

간혹 내담자가 결정을 내리지 않는 경우도 있다. 이때 내담자들은 대개 변화하려 하기보다는 그대로 유지하려 한다. 이러한 경우라도 그대로 존중해 줄 필요가 있다. 특히 노인의 경우 변화에 신중하고 그만큼 변화에 대한 두려움을 가지고 있다는 점을 고려해야 한다.

7. 상담의 종결

상담의 종결은 상담목표가 달성되었을 때 이루어진다. 이러한 종결과정을 위한 제안들은 다음과 같다.

(1) 끝매듭을 잘하라

상담자와 내담자 사이에 끝내지 못한 문제가 있다면 관계가 종결되기 전에 처리해야 한다. 끝내지 못한 문제는 상담자와 내담자 사이에 해결되지 못한 감정으로 연결된다. 즉 내담자는 상담자가 자신을 밀어 낸다고 생각하고 심한 좌절감에 빠질 수도 있다.

(2) 적절한 때를 맞추라

상담관계는 종종 아주 친밀하기 때문에 상담관계를 종결하는 것은 내담자에게 어려운 일이다. 상담자가 상담관계를 끝낼 때에는 내담자의 감정에 대해 민감하게 대처해야 한다. 종결이 다가올 때 상담 시 내담자에게 이야기를 해서 내담자가 겪을지도 모르는 어려움에 대비하여야 한다. 상담자와 내담자가 종결할 것을 서로 결정하게 되면 한 번 더 상담하자고 내담자를 초대하는 것이 좋다.

(3) 작별의 슬픔

상담자와 내담자 모두 상실에 수반하는 분노, 슬픔, 죄책감, 버려진다는 두려움, 새롭게 시작하는 흥분 등과 같은 감정에 대해 살펴야 한다. 그리고 상담자는 내담자가 이러한 감정을 솔직하게 이야기하도록 도와야 한다. 상담자는 내담자가 친구들과 같은 지지체계를 개발하고 한 사람이라도 비밀을 지켜줄 수 있는 친구를 갖는 것을 목표로 몇 번 더 상담하는 것이 좋다.

(4) 필요한 경우의 의뢰

상담자가 내담자와 필요한 만큼 상담목표를 성취하였지만 내담자가 그 이상의 상담 서비스를 원하는 경우 상담자는 내담자에게 더 도움이 될 만한 곳이나 사람에게 의뢰하여야 한다. 또는 상담자가 다루기에 부적절하다고 느끼는 내담자의 경우, 더 적절한 치료를 받을 수 있도록 다른 상담자나 감독자에게 의뢰하는 것이 좋다.

(5) 미완성된 종결

때로 내담자들이 마지막 상담을 하러 오지 않는 경우가 있다. 상담자 혼자서 상실감을 겪게 된다.

(6) 초 대

상담이 성공적으로 끝나게 되면 내담자는 앞으로 발생할지도 모르는 새로운 문제들에 대처할 수 있는 자신감과 확신을 갖게 된다. 때로는 내담자가 상담자나 상담기관과 지지관계를 계속 유지하고자 하는 경우가 있는데 이럴 경우 상담자나 상담기관에 전화해도 된다고 허용하는 것도 좋은 방법이 된다.

(7) 사후 관리

상담자가 내담자와 상담종결 후 얼마 지나고 나서 내담자가 어떻게 지내고 있는지 연락하는 것은 사려 깊은 행동이다.

8. 도움을 받아야 할 때

상담자가 내담자에게 줄 수 있는 도움을 넘어서는 경우가 있다. 따라서 다음의 경우 감독이나 전문의에게 의뢰하는 것이 좋다.

- 정신과적 질환으로 입원했던 경력이 있는 사람
- 망상장애가 있는 사람
- 환각증상을 보이는 사람
- 중독증상을 보이는 사람
- 자살 가능성이 높은 사람
- 먹지 않고 자지 않을 정도로 우울감이나 위축감을 느끼는 사람
- 육체적 · 정신적으로 폭력에 노출되어 있는 사람
- 성적으로 학대당하는 사람
- 살인 의도를 표시하는 사람

제8장
노인의 신체질환과 상담

상담에서 신체적 질환이 있는 노인들을 대할 때, 노인이 질병을 얻게 되면 젊은 사람들보다 더 오랜 질병 생활을 해야만 하고 또한 일상생활에 지장을 받으므로 누군가의 도움 없이는 생활이 어려운 점을 감안하여 부양을 책임져야 하는 가족들의 부양 부담감이나 사회적 지원체계에 초점이 맞추어져 있었다. 그러나 정작 질병을 가지고 있는 노인의 정신건강에 대해서는 소홀히 다룬 것이 사실이다. 사실 노인에게 올 수 있는 신체적인 질병이 따로 정해져 있는 것은 아니다. 그러나 같은 질병에 걸렸을 경우 젊은 사람은 신체적인 의료혜택만 받으면 완쾌되지만 노인의 경우는 그 질병에 걸림으로 해서 자아존중감이 극도로 낮아지고 무능력감을 느끼며 우울증 등 심리적인 부분에까지 영향을 미치게 된다. 이것이 발전하게 되면 노인자살 등에 이르는 경우도 있다. 실제 노인자살의 첫 번째 이유로 질병을 꼽을 수 있다. 따라서 노인이 신체적 질병에 걸렸을 때에는 외과적인 치료뿐만 아니라 정신건강을 위한 심리적 상담을 같이 병행해야 한다.

한국인의 '건강수명'은 남성 67.4세, 여성 69.6세인데 반해 국민의 평균수명은 남성 75.74세, 여성 82.36세로 평균 11년 동안 병이나 장애로 고통을 받다 사망함을 의미한다. 이렇듯 노인에게 있어서 신체적인 질환은 몇몇에게만 해당하는 문제가 아니라 대부분의 노인들이 겪고 있고, 또 겪을 수 있는 문제이다. 따라서 노인상담을 할 때 신체적 질환에 대한 부분은 간과할 수 없는 문제이다.

노인이 자살(또는 자살시도)하는 이유 중 단연 1위로 질병이 꼽힐 정도로 큰 문제가 되고 있다. 자살을 기도한 65세 이상 노인 3명 중 1명꼴로 건강문제 때문에 스스로 자살을 시도했고, 실제 시도자 중 31.8% 가 자살로 사망할 정도로 성공률이 높다. 게다가 다른 연령대가 3.7%(20대)~18.6%(50대) 10만 명 당 자살사망률은 65세 미만의 경우 1996년 11.7명에서 2006년 16.8명으로 증가한 데 반해, 65세 이상 노인의 경우 1996년 28.6명에서 2006년 72.1명으로 급격히 증가하는 것으로 보아 노인자살 문제는 굉장히 심각한 문제이고 근본적인 해결책으로써 신체장애 영역에서 노인상담은 반드시 수행되어야 한다.

따라서 상담은 부양자와 노인성 질환자 가족 모두에게로 확대되어야만 한다. 또한 독거노인과 같은 경우, 가족과 연락이 두절되거나 없는 경우가 많으므로 단 몇 번의 자원봉사자들의 방문은 너무나 부족하기 때문에 독거노인들은 홀로 사망하고 수일 후에 발견되기도 한다. 그러므로 가족과 동거 여부에 따라 상담의 내용과 목적을 재조정해야 한다.

노인기의 신체 변화는 앞 장에서 살펴본 바 있다. 이러한 신체 변화에 대한 이해를 바탕으로 노인상담의 실제 영역에서 노인기 신체질환에 따른 상담에서의 유의할 점을 살펴본다.

제1절 노인 만성질환 유병률과 사망원인

노인들의 평균수명이 늘어나고 만성질환 유병률도 노인이 다른 연령층보다 높다. 2004년도에 한국보건사회연구원이 실시한 조사를 보면, 조사대상 노인의 90.9%가 한 가지 이상의 만성질환을 앓고 있다. 더구나 65~69세의 노인의 89.7%, 70~74세 노인의 92.1%, 그리고 75세 이상 노인의 91.3%가 만성질환을 앓고 있으며, 2개 이상의 만성질병을 가지고 있는 비율은 연령이 많을수록 증가하는 것으로 나타났다.

또한 노인여성(95.0%)이 노인남성(84.4%)에 비하여 만성질환 유병률이 높았으며, 고령의 노인여성일수록 유병률이 증가하였다. 노인들이 흔히 경험하는 만성질환으로는 관절염(43.1%), 고혈압(40.8%), 요통 · 좌골통(30.6%), 신경통(22.1%), 골다공증(18.9%),

백내장(18.1%) 순이었으며, 관절염과 고혈압질환의 유병률이 높았다.

표 8-1 노인의 만성질환 유병률 실태

(단위 : %)

질병명	전 체	남 자	여 자	2004년 유병률
악성 신생물	2.7	3.3	2.3	0.9
관절염	43.1	21.8	56.6	43.1
요통 · 좌골통	30.6	18.6	38.1	30.6
디스크	12.6	8.0	15.4	12.6
신경통	22.1	14.9	26.5	22.1
골다공증	18.9	3.5	28.6	18.9
소화성 궤양	16.5	12.0	19.3	16.5
만성 간염 · 간경변	1.9	1.9	1.9	1.6
당뇨병	13.8	12.3	14.8	13.8
갑상선질환	1.7	0.4	2.5	-
고혈압	40.8	34.4	44.8	40.8
저혈압	4.5	2.1	5.9	-
중풍 · 뇌혈관질환	6.0	6.8	5.5	4.4
협심증 · 심근경색증	6.9	5.6	7.8	5.1
폐결핵 · 결핵	1.0	1.8	0.4	-
만성기관지염	7.0	9.4	6.7	6.3
천 식	6.4	7.0	6.0	5.1
백내장	18.1	11.3	22.4	18.1
녹내장	1.8	1.1	2.2	-
만성중이염	0.9	0.9	1.0	1.0
만성신장질환	1.6	1.5	1.7	1.0
빈 혈	15.9	8.3	20.7	15.9
피부병	6.6	7.3	0.2	-
골절 휴유증	12.1	9.6	13.8	5.4

출처 : 정경희 외, 「2004년 전국 노인생활실태 및 복지욕구조사」, 2005.

제2절 급성질환 상담

노인들은 노화를 경험하면서 다양한 신체질환에 노출되어 있다. 신체 변화에 따른 약화, 부족, 변형, 악화 등 신체에 부정적인 영향을 미치는 요소들로 노인기에는 급성질환이 발생하기 쉽다. 사고나 다양한 질병으로 인한 갑작스런 상황에 노인들은 심리적으로 위기감을 경험하며 불안, 초조, 안달감, 신경질적 반응, 몰려드는 슬픔, 두려움과 같은 정서적인 과민반응을 나타내기 쉽다. 예상치 못한 상황 변화와 통증에 대처하는 데 어려움을 느끼거나 가족원의 도움을 받기 어려운 상황일 경우, 노인들은 질환으로 인한 신체적인 고통과 더불어 심리적인 고통을 경험하게 된다(이호선, 2005).

1. 급성질환을 가진 노인의 심리

1) 당혹감

갑작스런 신체질환이 생긴 경우 노인들은 놀라고 당황한다. 평소에 건강을 자신했던 노인들의 경우는 더욱 심하다. 노인들이 닥친 상황에 대해 놀라고 당혹스러워할 때 상담자는 그러한 상황이 누구에게나 일어날 수 있음을 인지시켜 주어야 한다. 그리고 당혹감에 공감해 주고 놀란 마음을 이해하고 위로해 주어야 한다.

2) 분 노

예상치 못한 질병에 대해 노인들은 처음엔 당혹스러워 하지만 곧 병 때문에 꼼짝 못하게 된다. 그리고 지금까지 자신이 돌보던 가족에게 돌봄을 받아야 한다는 생각 때문에 강한 분노를 일으킨다. 이때 분노는 화, 억울함의 표현, 오랜 침묵, 비참한 표정, 대성통곡 등 다양한 형태로 나타날 수 있다.

3) 원 망

급성질환으로 다양한 검사와 치료를 받으면서 노인들은 여러 가지 어려움과 통증에 대해 고통의 원인이 어디에 있는지, 그것이 누구의 탓인지를 찾는다. 또한 노인 자신의 외부에 있는 여러 원인을 살펴 그중 특정 대상에게 책임을 돌린다. 특히, 급성질환이 만성질환이나 후유증으로 장애를 유발하여 장기간 고통과 괴로움을 겪게 될 경우 원망과 분노는 더욱 강해진다.

4) 불 안

갑작스럽게 질병이 찾아오면 노인들은 불안감을 느낀다. 이를테면, 이것으로 죽음에 이르지 않을 것인지, 장애를 유발하지는 않을지, 가족에게 짐이 되지 않을지, 병이 확실히 나을 수 있을지, 더욱 큰 병이 있는 것은 아닌지 등 다양한 불안의 내용들이 노인 내담자의 정서를 지배하게 된다.

5) 정서적 퇴행

노인들은 자신들이 당한 갑작스런 어려움에 맞서 지지받고 싶어 하고, 누군가에게 자신의 상황을 알려 하소연하고자 한다. 이런 경우 한두 사람에게 집중적으로 자신의 상황을 설명하거나 여러 사람에게 당면한 어려움과 고통을 호소한다. 다시 말해, 정서적으로 퇴행을 경험하면서 관심을 받고 싶어 하고 누군가에게 매달리고 싶어 한다.

6) 무기력감과 죄책감

급성질환으로 입원치료를 하거나 내원을 하고 나서 비교적 중증의 진단을 받았을 경우 노인들은 무기력감과 죄책감에 시달린다. 질병을 경험하게 되면서 더 이상 자신은 아무것도 할 수 없고 도움을 받아야 하는 존재라는 무기력감이 강하게 작용하게 되어 강한 우울감을 유발하기도 한다. 한편, 자녀들에게 경제적으로나 정신적으로 부담을 줄 것이라는 죄책감에 사로잡히기도 한다.

7) 늙었다는 느낌

노인들은 입원을 요하는 질병이 생기는 경우 자신이 늙었다는 생각을 하기 쉽다. 이것은 늙으면 아프다는 신념을 강하게 작용하기 때문이다. 실제 급성질환을 겪은 후 여러 장애를 호소하거나 인생관을 바꾸는 경향이 나타나기도 한다.

2. 급성질환 노인상담

1) 상황을 침착하게 받아들일 수 있도록 돕는다

예상치 못한 급성질환을 경험하는 노인들은 흥분하거나 절망하고, 경우에 따라서는 현재의 상황을 인정하려 하지 않을 수 있다. 이때 상담자는 내담자의 정서적 측면을 충분히 고려하여 내담자가 상황을 있는 그대로 받아들일 수 있도록 도와야 한다. 또한 내담자의 당혹감, 분노, 믿을 수 없다는 감정 등을 충분히 수용하며 내담자가 그러한 감정을 표현할 수 있도록 도와야 한다. 이와 함께 현재의 상황을 차분히 설명하고 향후 있을 진료와 치료의 과정들이 안전하며, 내담자의 좀 더 나은 삶을 위한 과정이라는 것을 알려 심리적인 안정을 갖도록 도와야 한다.

2) 회복할 수 있다는 희망을 불어넣어 준다

노인들은 늙어가면서 걸리게 되는 질병에 대해서는 더욱 민감하게 반응한다. 이는 늙어서 걸리는 병은 회복이 어렵다는 잘못된 신념 때문이다. 상담자는 내담자가 안정감과 질병에 대한 긍정적인 태도를 갖도록 도와 질병에서 회복할 수 있다는 희망을 갖도록 원조해야 한다. 건강염려증이 있는 노인들의 경우는 이러한 희망의 메시지가 한층 중요하다. 이들은 자신들이 예상했던 대로 질병에 걸렸으며, 더 이상 회복이 어려울 것이라고 생각한다. 이때 상담자는 내담자가 가지고 있는 잘못된 정보를 수정해 주고 회복에 대한 강한 희망을 불어넣어 줄 필요가 있다.

3) 질병 관리 전반을 통해 합리적인 결정을 내리도록 돕는다

급성질환으로 수술을 하게 되거나 입원조치가 필요한 때 노인들은 수술에 대한 공포, 입원에 대한 불안 등을 갖는다. 또한 치료 상황에서도 어떤 결정을 어떻게 내려야 할지 몰라 난감해한다. 이때 상담자는 질병에 대한 정보를 충분히 제공하고, 내담자가 한층 좋은 쪽으로 결정을 내릴 수 있도록 도움을 주어야 한다. 또한 내담자가 결정을 내렸을 때에는 충분히 지지해 주어야 한다.

4) 정보를 수집하여 전달한다

노인들은 질병에 대한 정보가 부족하거나 왜곡된 정보를 가지고 있을 수 있다. 어떤 경우 잘못된 정보를 가지고 있는 내담자가 그 정보에 의지해 질병을 악화시키거나 꼭 해야 하는 수술을 거부하기도 한다. 그러므로 상담자는 내담자에게 충분한 정보를 수집하여 전달해 주며, 내담자가 적절하고 충분한 정보를 가지고 좀 더 현명한 결정과 자기관리를 할 수 있도록 도움을 주어야 한다.

5) 지지와 위로를 제공한다

급성질환으로 노인들은 새로운 상황에 놀라고 당황한다. 노인들은 예상치 못한 질병으로 인해 변화된 환경에 적응해야 하고, 알 수 없는 질병의 예후에 대한 두려움, 부담되는 병원비나 돌보아야 할 것들에 대한 죄책감, 자녀에 대한 미안함 등 다양한 감정을 동시에 갖게 된다. 이때 상담자는 내담자의 이야기를 충분히 들어주고 위로하며 지지해야 한다.

제3절 만성질환 상담

심장질환, 뇌혈관성질환, 폐질환, 동맥경화증, 관절염, 당뇨, 암 등 만성질환을 앓는 노인들은 지속적이고 고질적인 고통으로 점점 견디기 어려워하거나 병을 극복하고자 하는 의욕을 상실한다. 또 언제까지 이렇게 살 것인가 하는 의문을 갖기도 한다. 이러한 만성질환은 초기에는 가족의 관심도 크고 본인 스스로도 고통을 이기고자 하는 의욕도 강하다. 그러나 병의 회복 조짐이 보이지 않고 기간이 점차 연장되면서 가족은 정서적·경제적·사회적인 면에서 탈진하거나 내담자에게 무관심하게 된다. 만성질환이 지속되면서 노인들은 가족에 대한 미안함, 분노, 억울함, 무감각 등을 경험한다(이호선, 2005).

1. 만성질환 노인들의 심리

노인들은 질환이 점차 만성적인 특징을 나타내게 되면서 노인 자신의 태도나 가족의 반응은 달라진다. 만성질환자들은 삶의 목적이나 자존감을 서서히 잃어가기 때문에 상담자는 이러한 변화를 신중히 살펴야 한다.

1) 무기력감

노인들은 오랜 기간 병으로 어려움을 겪으면서 다른 사람의 보호와 돌봄을 받게 된다. 더불어 모든 상황이 자신의 의지와는 무관하게 이루어진다고 생각한다. 따라서 자신은 무능한 존재가 되었고, 이제는 자신이 할 수 있는 일이 아무것도 없다는 무기력감에 빠진다. 이러한 무기력감은 우울증으로 연결되기 쉽다.

2) 통제력 상실감

무기력감과 더불어 오는 만성질환 노인의 심리적 특성은 통제력을 상실하는 것이다. 다시 말해 감정통제력, 환경에 대한 통제력, 가족과의 관계에 있어서 통제력을 상실하였다고 느끼는 것이다. 또한 자신은 삶의 주변에 머물며 앞으로도 계속적으로 타인의 보호와 통제 속에서 살아야 한다고 생각한다. 이러한 상실감은 무기력감과 더불어 모든 관계의 철회를 가져오기 때문에 상담자는 내담자의 통제력 상실감에 민감하게 반응해야 한다.

3) 자존감 저하

만성질환 노인들은 대개 가족이나 보호자의 도움을 받는 경우가 많다. 따라서 이런 만성질환을 앓고 있는 노인들은 신체를 돌보는 일이나 경제적인 측면에서 다른 사람의 도움 없이는 스스로 존재할 수 없다고 느낀다. 특히 가족이나 보호자가 대소변을 받아야 하는 경우 노인들은 강한 수치감을 느낀다.

4) 우울감

무기력, 통제력 상실, 자존감의 저하 등은 우울감에 영향을 미친다. 만성질환 노인의 우울증상은 오랜 침묵과 무반응을 보이며, 생기가 없고 웃음이 없다. 또한 식사를 거부하거나 불면에 시달리고 두통과 이유 없는 신체통증을 호소하는 경우도 있다. 상담자는 내담자가 보이는 신체적 · 심리적 특성들을 세심하게 살펴 내담자가 우울증상을 보이는가를 살펴야 한다.

5) 분 노

노인들은 언제나 다른 사람의 도움을 받아야 한다는 것, 스스로 주변 상황을 통제할 수 없다는 것 등으로 인해 분노의 감정에 휩싸인다. 오랜 고통과 가족의 무관심 등으로 노인의 감정적 상태가 고조되기도 한다. 만성질환 노인이 분노를 외부로 표현하기보다는 완전히 자신의 세계로 들어가 다른 사람과의 접촉을 피하는 경우 우울증상이 나타난다. 상담자는 내담자의 분노 및 그와 연관된 반응들을 살펴 이에 적절히 대처해야 한다.

6) 무효용감

무효용감은 '난 쓸모없는 인간이 되었어', '나 같은 건 죽어야 해', '아이들 보기가 부끄럽다' 등의 말을 통해 나타난다. 만성질환 노인들이 느끼는 무효용감은 우울증과 연결되어 있다. 상담자는 내담자가 자기비난을 중지하고 자기효용감을 높여 삶의 즐거움을 느낄 수 있도록 내담자의 자존감이 향상되도록 도와야 한다.

2. 만성질환 노인상담

만성질환은 그 경과가 호조를 띠기도 하고 악화되기도 한다. 만성질환의 경우 서서히 악화되는 경향이 있기 때문에 노인들은 병의 악화를 경험하면서 성격과 정서, 적응 면에서 변화을 경험한다. 만성질환 노인들은 병의 증상 변화에 따라 감정과 그 표현이 수시로 변한다. 또한 오랜 고통과 장애로 인해 마치 어린아이처럼 퇴행을 보여 자기만을 살피고 봐 달라고 조르기도 한다. 그러나 가족은 만성질환 노인을 살피는 과정에서 지치고 경제적인 어려움에 봉착하며, 진전을 보이지 않는 질병에 대해 점차 관심을 멀리하게 된다.

1) 만성질환 노인 상담 시 유의할 점

이러한 상황에 직면할 때 상담자는 다음의 사항을 살펴야 한다.

- 질환이 어떤 과정으로 악화되었는가?
- 질환이 악화되었을 때는 어떻게 극복하였는가?
- 지금 필요한 것은 무엇인가?
- 질환에 따른 환경변화에 어떻게 적응하고 있는가?
- 가족관계에 있어 변화된 점이나 어려운 점은 없는가?

상담자는 만성질환 노인 내담자의 이야기를 진지하고 충분히 공감하는 자세로 경청해야 한다. 내담자는 어린아이처럼 매달리거나 상담자를 모른 체하거나, 거친 말투, 지시적인 태도, 폭발적인 감정 노출, 자포자기 하는 모습을 보일 수 있다. 이런 경우 상담자는 노인의 행동 이면에 있는 관계의 욕구를 파악하고 침묵, 무시, 매달림, 분노 이면의 정서가 무엇인지 파악해야 한다.

2) 만성질환 노인가족의 상담

만성질환 노인가족과의 상담에서는 다음의 사항을 살펴야 한다.

- 현재 가장 큰 고통은 무엇인가?

- 가족관계에 변화가 있는가?
- 분노나 죄책감이 있는가?
- 환자에 대한 관심이 저하되거나 환자를 방치하지는 않는가?
- 우울 증세를 경험하고 있거나 경험한 적이 있는가?
- 건강관리를 하고 있는가?
- 가족 간에 대화가 원활히 이루어지고 있는가?

만성질환 노인을 돌보는 가족은 오랜 병간호로 지치고 거의 탈진 상태에 이르러 회피 반응을 보이거나 분노 감정을 느끼고, 경제적인 부담에 힘겨워하다가 환자에 대해 무관심해질 수 있다. 가정에서 만성질환 노인을 돌보는 경우 보호자들과의 상담은 더욱 중요하다.

3) 혼수상태 노인환자 상담

혼수상태란 삶에서 죽음으로 넘어가는 상태를 일컫는다. 상담자는 혼수상태에 있는 환자의 상태가 얼마나 심한가, 가족과 상담자가 보살펴 주는 것을 환자가 얼마나 알고 있는가 하는 상태에 따라 그 방법을 달리해야 한다. 혼수상태 환자의 반응은 주로 눈의 반응을 통해 확인할 수 있다. 상담자가 혼수상태에 있는 내담자를 상담할 때 지녀야 태도는 다음과 같다.

- 환자의 상태에 대한 언급은 삼간다.
- 반응이 없는 경우라도 평소처럼 말을 건넨다.
- 부드러운 말투와 따뜻한 접촉을 한다.
- 적극적으로 격려한다.
- 장기 상담을 계획한다.

제4절 노인성질환의 종류와 증상

노인병이란 인체가 노화되기 때문에 일어나는 병으로, 결국은 죽음에 이르게 하는 병이라고 하겠다. 노인병은 영어의 Geriatric disease에 합당한 우리말인데, 일본 사람들이 노인병이란 단어가 어감이 좋지 않다고 하여 '성인병'이라는 말을 만들었으나 사실은 노인병이라고 부르는 것이 더 본래의 취지에 부합되는 것이다.

인체는 여러 가지 기관들(organ)의 집합체이다. 사람이 생존하기 위해서 필요한 대표적인 일곱 가지 기관계와 각 기관계에 생길 수 있는 노인병들은 다음과 같다.

- 순환기(심장, 혈관) : 협심증, 심근경색증, 뇌졸중, 중풍, 고혈압 등
- 호흡기(폐, 기관지) : 천식, 폐부전증, 폐암 등
- 소화기(위, 소장, 대장, 간, 쓸개, 이자 등) : 변비, 실금, 간경화, 간암, 위암, 대장암 등
- 내분비(호르몬-뇌하수체, 갑상선, 부신, 췌장(이자), 난소, 고환) : 호르몬의 기능저하, 당뇨병, 성기능 저하
- 비뇨기(신장, 방광, 요로) : 신부전증, 요실금, 신장암, 방광암
- 근골격계(근육, 뼈) : 골다공증, 골절, 근육위축, 요통, 견비통
- 신경계(뇌, 척추신경, 말초신경, 눈, 귀) : 치매, 뇌종양, 척추간판탈출(디스크), 안면마비, 편마비, 파킨슨병, 보행 장애, 시력장애, 청력장애

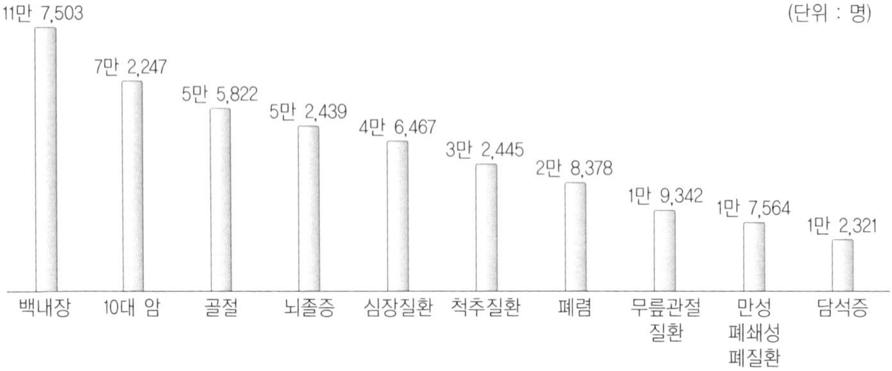

그림 8-1 65세 이상 노인이 입원하게 되는 주요 질환 10위

*2008년 건강보험공단과 건강보험심사평가원 자료를 종합해서 고혈압, 당뇨, 치질, 설사 및 위장염은 순위에서 제외

대표적인 질병의 정의와 증상 그리고 치료방법에 대해 살펴보면 다음과 같다(박명화 외, 2008).

1. 백내장

백내장은 노인에게 나타나는 가장 일반적인 장애로 50~59세 노인에서 65%, 80세 이상 노인에서는 100%가 발생한다. 백내장은 수정체 내 단백질 섬유의 변화에 의해 본래 투명한 수정체가 흐려지는 것으로 빛의 통과와 초점 조절에 문제가 생긴다. 백내장이 태어날 때부터 있으면 선천성 실명을 할 수 있다. 그러나 보통 어린이나 청소년에게서는 드물고 75세 이상의 노인 대부분은 약간의 백내장이 있지만 수정체의 바깥쪽 가장자리에만 생겨 별다른 시력 감퇴는 일어나지 않는다.

백내장은 보통 양쪽 눈에 다 생기지만 일반적으로 한쪽 눈이 더 심하다. 수정체의 중앙이나 전체에 백내장이 생기면 시력을 잃을 수 있지만, 이 경우에도 빛과 그림자는 인식한다.

증상은 백내장은 보통 수개월에서 수년에 걸쳐 생긴다. 대부분의 경우 통증은 없고 시력 이상의 증상만 보인다.

- 시야가 흐리거나 왜곡된다.
- 밝은 빛이 별 모양으로 흩어져 보인다.
- 색이 달라져 보인다. 사물이 붉거나 노랗게 보인다.
- 원시에서는 가까운 것이 일시적으로 잘 보인다.
- 심한 경우 동공이 흐리게 보일 수 있다.

치료방법은 세극등과 검안경 검사로 검사한다. 시력에 심한 이상이 있을 때는 수술로 백내장을 제거하고 인공수정체를 넣는다. 시력 감퇴를 일으키는 다른 원인이 없으면 수술 후 시력은 상당히 회복된다. 그러나 수술 후에도 안경은 써야 한다.

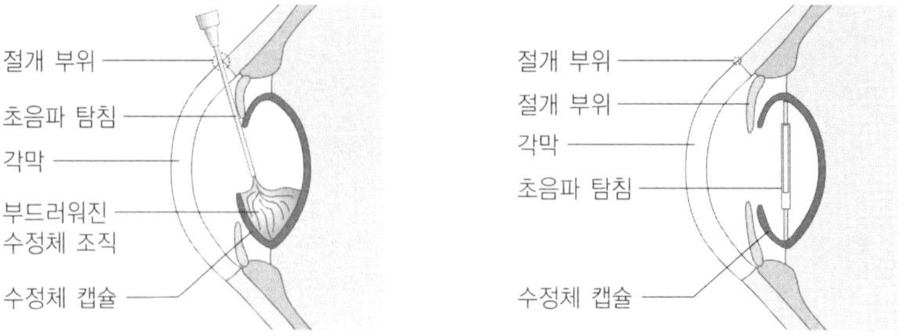

그림 8-2 백내장

2. 노인성 난청

노인성 난청은 수년에 거쳐 진행되면서 다른 음역의 음까지도 감지가 어려워져 연령이 50세가 넘게 되면 고음역의 작은 소리를 잘 듣지 못하고 음악소리나 주변에 소음이 있으면 대화가 어려운 사람들이 많아진다. 이는 자연스런 노화의 과정이다. 노인성 난청의 빈도는 50~60세에서 5명 중 1명, 60~70세에서 3명 중 1명, 70세 이상에서 절반 정도의 빈도로 나타난다. 남자에서 더 흔하며 가족적인 경향을 보일 수 있다.

원인은 내이의 와우에 있는 청각수용기의 실질적인 단위수용체는 유모세포이다. 이 유모세포는 나이가 들어감에 따라 변화하며 숫자가 줄어드는 현상을 보이는데, 바로 이와 같은 현상 때문에 노인성 난청이 생기는 것이다(박명화 외, 2008). 증상은 수년에 걸쳐 서서히 나타난다.

- 난청은 고주파에서 시작되어 점차 저주파로 진행한다.
- 난청으로 인해 대화에 어려움을 느끼는데, 주변에 소음이 있을 때는 더 심해진다.
- 갈수록 소리가 명확하게 들리지 않는다.

양쪽 귀에 모두 나타나지만 난청의 정도는 동일하지 않다. 난청의 정도나 진행 양상은 개인차를 보인다. 심한 난청으로 고립감을 느끼거나 우울증에 빠지는 경우도 있다.

치료는 이경으로 외이나 고막의 이상을 관찰한 후 청력 검사를 해서 난청의 종류와 정도를 정확히 파악한다. 근본적인 치료방법은 없지만 보청기를 사용하면 큰 도움이 된다.

그림 8-3 노인성 난청

보청기는 개인별로 주파수대에 따라 조절해야 하는데, 몇 차례 조절과정을 거치는 경우도 있다.

3. 퇴행성관절염

퇴행성관절염이란 관절을 이루고 있는 연골(물렁뼈)이 손상되고 닳아 없어지면서 생기는 관절의 염증으로 연골이 없어지게 되면 관절에 통증과 관절의 변형되서 생기는 질병이다. 주로 인체의 체중부하가 많은 관절, 즉 보행이나 운동 시 몸무게를 지탱해야 하는 관절로서 고관절, 무릎관절, 발목관절, 척추관절 등에 많이 생긴다.

퇴행성관절염은 어느 정도 나이를 먹으면 누구에게나 발병할 수 있는 질환이다. 원인은 나이가 들면서 자연스럽게 노화가 일어나듯이 연골과 그 주변의 뼈도 서서히 퇴행하여 발생하게 된다. 그러나 나이가 많은 사람이라도 퇴행의 정도가 적은 사람이 있다.

퇴행성관절염은 주로 50세 이후에 많이 발생하는 질환이지만 반드시 노인에게만 발생하는 질환은 아니다. 관절에 심한 외상을 입은 다음 적절히 치료를 받고 충분하게 휴식을 취하지 않으면 관절의 연골이 손상된다. 관절의 선천성 이상, 외상, 기형, 류마티스 관절염, 통풍 후에 이차적으로 발생할 수 있다. 그리고 비만인 사람은 정상 체중의 사람보다 퇴행성관절염에 잘 걸리고 진행속도도 빠르다. 현재 비만이 아니더라도 20대나 30대 때 비만이었던 사람들은 나이가 들어 퇴행성관절염이 발생할 확률이 높다. 그 외에 유전적으로 가족 중에 퇴행성관절염이 있는 사람은 그렇지 않은 사람보다 발생할 확률이 높다(박명화 외, 2008).

증상은 초기에 나타나는 증상은 가벼운 통증과 관절운동이 부자연스러워지는 것이다. 처음에는 계단을 오르내릴 때 무릎이 시큰거리고 아프고, 언덕길을 내려가는 것이 어려워진다. 좀 더 진행하게 되면 걷지 않고 가만히 있을 때도 무릎이 아프게 되고, 바닥에 오랜 시간 앉아 있다가 일어날 때 관절을 잘 움직일 수 없게 된다. 특히 날씨가 춥거나 습한 날에는 증상이 악화되는 경우가 많다. 무릎 안쪽의 연골이 닳아 관절이 좁아지면서 다리가 O형으로 휘게 된다. 운동할 때 점점 더 피로하다고 느끼게 되고, 관절이 부어올라 커져 보이며 관절주위를 눌러보면 아픈 곳이 생긴다.

퇴행성관절염의 통증은 주로 몸을 많이 움직이고 난 오후나 저녁시간에 심해지는 경우가 많다. 하지만 아침에 일어났을 때 관절이 뻣뻣해진다. 하지만 류머티즘 관절염과 달리 관절을 몇 차례 움직여 주면 바로 풀어지는 것이 보인다. 손가락에도 이상이 생기게 되는데, 무릎과는 달리 통증이 처음에는 없다. 그러나 드물게 염증성 변화가 심한 경우에는 손가락 마디가 붉어지면서 열이 날 수도 있고 움직일 때 심한 통증이 느껴지기도 합니다. 주로 손가락 맨 끝마디에 변형이 일어나게 된다.

연골이 모두 닳게 되면 관절 안에서 뼈와 뼈가 직접 맞닿게 되고, 충격을 흡수하는 쿠션이 없어지기 때문에 뼈에 손상이 가게 된다. 직접적으로 뼈가 손상이 되지 않더라도 관절이 아프다고 움직이지 않고 가만히 있게 되면 관절 주변이 근육이 퇴행하게 되어 점점 더 움직일 수 없게 된다.

치료는 퇴행성관절염의 정도와 시기에 맞는 방법은 선택한다.[18] 예방은 예방적인 측면에서는 평소에 체중부하 관절에 반복적인 무리한 작업이나 운동을 피하고, 비만을 예방 또는 교정하도록 하되, 퇴행성관절염의 증상이 발견되면 지체하지 않고 전문의의 진단

18) · 물리치료 및 보조기 착용
· 약물치료 : 소염, 진통 효과
· 운동치료 : 관절을 보호하면서 근력을 강화시키는 운동요법
· 관절 내 연골주사 : 연골재생을 돕는 주사로 소위 뼈주사와는 전혀 다른 성분임
· 관절경 수술 : 관절내시경을 이용하여 마모된 연골과 비후된 관절활막액막을 제거하여 통증과 염증을 가라앉힘
· 인공관절 수술 : 관절마모가 심하여 다른 치료에 반응이 없고 보행이 힘든 경우에 시행

과 도움을 받는 것이 병을 더 악화시키지 않는 방법[19]이다.

노인 위협하는 '4대 피부질환'
피부과의사회 "조기에 적극적으로 치료해야"

노년인구 증가에 따른 노인층 피부질환에 대한 관심도 높아지고 있다. 노인의 피부질환은 피부노화에 의해 진피층이 얇아지고 면역반응이 저하되며, 보습기능이 떨어져 피부가 건조해지고 약물에 의한 부작용이 쉽게 나타나는 것을 말한다.

노화된 피부는 회복이 늦고 세균 감염 등 2차 질환의 위험성이 높아 조기 치료가 매우 중요하다. 하지만 대한피부과학회 통계에 의하면 노인층의 45%는 한 가지 이상의 피부질환을 겪고 있음에도 이들 중 절반이 넘는 59%는 증상을 가볍게 대수롭지 않게 여기거나 진료비 부담 등을 이유로 치료를 제대로 하고 있지 않다.

이에 대한피부과의사회에서는 내달 2일 '노인의 날'을 맞아 노인에게 발병률이 높은 4대 피부질환을 발표, 증상을 쉽게 이해하고 적극적인 치료가 필요함에 대해 강조하고 나섰다.

대상포진… "2차 감염 주의해야"

대상포진은 대표적인 노인성 질환이다. 수포가 군집돼 나타나고 극심한 통증이 동반되는 피부질환이다. 미국에선 매년 100만 명 이상이 감염된다고 보고되며, 실제 한국도 증가 추세에 접어들었다. 대상포진은 수두를 일으키는 바이러스와 관련이 깊다. 즉, 10대 전후에 수두를 앓았던 사람 10명 중 2명꼴로 수두가 잠복하는데, 이들이 50, 60대가 돼 면역력이

19) · 퇴행성관절염을 예방하려면 평소에 체중부하가 많은 관절(고관절, 무릎관절, 발목관절, 척추관절)에 너무 반복적인 무리한 작업이나 운동을 피한다.
· 비만인 경우 체중에 의한 부하가 많이 지므로 자신에게 적당한 체중을 유지한다.
· 뛰거나 등산, 계단을 많이 오르내리는 것은 관절에 무리가 될 수 있으므로 수영이 좋다.
· 일을 할 때는 서지 말고 되도록 앉아서 한다.
· 무릎을 꿇거나 쪼그려 앉지 말고, 푹신한 낮은 소파보다는 딱딱하고 높은 의자에 앉는 것이 좋다.
· 의자에서 일어설 때는 무릎의 힘만으로 일어서지 말고, 엉덩이를 의자의 끝부분으로 옮긴 후 팔걸이를 손으로 지탱하면서 일어서는 습관을 기른다.

떨어지면 바이러스가 활동성으로 변화해 대상포진으로 발전하게 된다.

증상은 주로 가슴, 얼굴, 허리 순으로 나타나며 드물지만 팔과 다리에도 생길 수 있다. 여기서 눈여겨 볼 것은 대상포진은 주로 한쪽에만 생긴다는 특성이 있다. 증상이 시작되면 초기엔 열이 나고 오한이 오는 등 감기 증세가 동반되고, 속이 메스껍고 설사를 하는 경우도 있다. 보통 3~4주 동안엔 수포가 생겼다가 딱지로 바뀌면서 피부병변은 사라지지만 60세 이상의 노인 연령에서는 통증이 수개월간 지속되기도 한다. 특히 당뇨병이나 신장이식 등으로 면역기능이 저하된 사람은 여러 해 동안 통증이 계속될 수 있다.

대상포진은 초기 통증이 심하고 전염성이 있으며, 수두처럼 움푹 패인 흉터를 남길 수 있으니 조기 치료가 중요하다. 치료는 항바이러스제를 복용하거나 정맥주사로 바이러스 확산, 2차 세균감염 등을 막는 방법이 있다.

검버섯… "가족력 있다면 특히 주의"

검버섯은 피부노화에 의해 시작된다. 둥근 형태의 흑갈색 사마귀처럼 살짝 올라온 반점이 얼굴이나, 목, 손등 등 햇빛에 노출되는 부위에 나타나고, 일부에서는 자외선 노출과 관련이 없는 부위에도 발생할 수 있다. 더러 흉측한 색깔 때문에 피부암으로 의심하기도 하지만 암이 아닌 양성종양이니 안심해도 된다. 다만 검버섯과 비슷하게 생긴 흑색종은 피부암의 한 종류이기 때문에 이상한 반점이 생기면 진료를 받아보는 것이 바람직하다.

검버섯은 가족력이 강하다. 부모 둘 중에 한 명만 검버섯이 있어도 자녀에게 유전된다. 건강과는 무관하나 단기간 갑자기 그 수가 늘어날 땐 내부 장기의 암이 동반된 것일 수도 있기 때문에 다른 질환을 의심해봐야 한다. 노인층인 경우 이미 생긴 검버섯은 △전용레이저 △냉동요법 △피부박피술 등으로 치료할 수 있다. 딱지가 떨어진 후 가장 주의해야 할 것은 '자외선 차단'이다. 외출을 할 때에는 반드시 자외선 차단제를 발라주는 것이 좋다.

두드러기… "6주 이상 되면 특별 관리해야"

두드러기는 아주 흔한 피부질환으로 대부분은 정확한 원인을 밝히기 어렵다. 몸의 여기저기에 벌레 물린 것처럼 부어오르고 가려움을 유발해 대개 30분에서 2시간 정도 지속되다 사라진다. 음식이나, 약물, 접촉, 진동, 찬 공기나 물, 열, 운동 등 다양한 것들이 발병 원인으로 추정된다.

일반적으로 두드러기를 일으키는 가장 흔한 음식으로는 초콜릿, 조개류, 땅콩, 토마토, 딸기, 돼지고기, 치즈, 마늘, 달걀, 우유 등이 있다. 이외에도 사람에 따라 알레르기 반응을 일으키는 식품첨가제에 의해 두드러기가 발생할 수 있다. 또 항생제인 페니실린과 설파제 등은 두드러기를 일으키는 가장 흔한 약물로 알려져 있다.

두드러기가 생겼을 땐 얼음팩으로 찜질하거나 찬물에 붕대를 적셔 감는 방법이 있다. 페놀이나 멘톨이 포함된 칼라민로션을 바르는 것도 도움이 된다. 단, 찬물 두드러기가 있는 사람은 얼음찜질은 금물이다.

하지만 증상이 6주 이상 지속될 때는 만성두드러기로 진단된다. 만성두드러기의 원인을 찾기는 매우 어려워 일상생활, 환경, 음식물 등을 조사하고 각종 검사가 필요한 경우도 있다. 치료는 두드러기를 일으키는 히스타민의 작용을 막기 위해 항히스타민제를 처방하는 것이 원칙이다. 하지만 치료가 잘 되지 않으면 부신피질 호르몬제를 사용하기도 한다.

이유없는 가려움증… "암의 신호인지 의심해야"

소양증이란 가려움증을 말한다. 흔한 질환이지만 심해지면 밤잠을 설칠 정도로 고통스럽다. 신체 부위 중 눈꺼풀 주위, 콧구멍, 귓구멍, 항문, 성기 및 그 주변 부위가 가려움증에 가장 민감하다. 주로 저녁시간 잠자리에 들었을 때 증상이 가장 심해진다. 노인들의 경우 대부분 피부건조에 의해 나타난다. 70세 이상 노인의 약 50% 이상에서 발생하는 동계소양증은 겨울철 건조한 날씨 탓에 생긴다. 목욕을 너무 자주 하거나 비누를 많이 쓰면서 장시간 목욕하는 것이 증상을 악화시킨다. 요즘처럼 건조한 가을 날씨도 영향을 미친다.

이 밖에도 노인층의 경우 전신질환이 원인일 수 있다. 당뇨병은 피부 표면의 지방과 각질층의 수분 함유 능력이 감소해 피부 건조와 함께 소양증이 나타날 수 있다. 갑상선 기능항진은 피부 혈류량의 증가로 피부표면 온도를 증가시켜서 소양증을 일으키고, 기능저하증 역시 피부를 건조하게 해 질환을 유발한다. 특별한 원인 없이도 전신 소양증이 나타날 수 있는데, 이땐 악성 종양을 의심할 수 있다.

가렵다고 무조건 긁는 일은 피해야 한다. 긁으면 가려움증이 다소 해결되지만 이는 일시적일 뿐 오히려 각질이 두꺼워지고 염증이 생길 수도 있다. 소양증은 신체의 온도 변화에 영향을 많이 받으므로 얇고 가벼운 옷과 이불을 사용하는 것이 좋다. 양모와 같은 자극적인 직물은 좋지 않다. 카페인이 많은 커피, 홍차, 술, 콜라 등도 피해야 한다. 목욕 후에는 가려움증을 완화시켜주는 칼라민로션이나 멘톨이 1% 정도 함유된 저자극의 멘톨로션을 바르는 것이 좋다. 증상이 심한 경우 피부과에서는 부신피질 호르몬제를 전신에 바르는 치료를 한다.

출처 : 매일경제 2009년 9월 22일자

4. 뇌졸중

뇌졸중은 뇌혈관의 병변과 혈액의 이상에 의하여 일어나는 급성 신경장애로 갑자기 의식장애, 언어장애, 운동마비가 발생하여 24시간 이상 지속되는 상태를 지칭하며 일반적으로 중풍으로 알려져 있다. 이런 뇌졸중은 크게 뇌혈관이 막히는 허혈성 뇌졸중(뇌경색)과 뇌혈관이 터지는 출혈성 뇌졸중(뇌출혈)으로 구분할 수 있다.

증상은 반신불수, 감각이상 및 감각소실, 두통 및 구토, 어지럼증, 언어장애, 안면신경마비, 발음장애, 시야결손, 복시, 잦은 사래들림, 혼수상태 치매 등 뇌혈관 병변에 따라 증상도 다양하다(박명화 외, 2008).

이상의 임상증상들이 갑자기 나타났을 때는 뇌졸중이 발생하였음을 시사하지만, 24시간 이내에 소실되는 경우가 많다. 이런 환자에서는 혈관의 안벽이 상당히 좁아져 있기 때문에 치료하지 않으면 실제로 약 40%에서 뇌졸중이 발생한다는 것을 반드시 기억해 두어야 한다.

뇌졸중의 원인[20]은 여러 가지 경우가 있다. 여기에 대한 예방은 위험인자의 조절[21], 약물치료[22] 그리고 생활요법[23]이 있다.

---

20) · 고혈압, 당뇨병, 심서
· 뇌졸중의 과거력
· 고지혈증
· 흡연, 알코올, 비만과 식이습관
· 뇌출혈의 다른 위험인자들

21) · 혈압조절 가장 중요. 최고 혈압뿐만 아니라 최저 혈압에도 주의를 기울여야 한다.
· 고혈압에도 심전도나 안전검사의 이상, 요단백이 양성이면 더욱 위험하다.
· 심장병, 당뇨병, 고지혈증 치료
· 뇌졸중의 과거력이 있으면 예방에 철저
· 금연. 특히 하루 10개피 이상의 흡연은 위험
· 폭음 금지
· 비만 치료

22) · 항혈소판제제 : 동맥경화증에 의한 뇌졸중의 경우에는 일차적으로 혈관의 안벽이 파괴되면서 혈소판이 응집하게 되고 이차적으로 적혈구 등이 엉켜붙어 막히게 되므로 항혈소판제제를 사용하면 예방할 수 있다.
· 항응고제 : 심장 판막증이나 심방세동이 있는 환자의 심장 내에 피가 응고되는 것을 막아 뇌졸중을 예방한다.

23) · 겨울철 추운 곳에서 오랜 시간을 있거나 갑자기 추운 곳으로 나오는 것을 피한다. 특히 고혈압이나 비만한 고령자는 화장실, 목욕탕 등 급격한 기온 변화나 혈압 변화를 가져오는 곳에서 특별히 주의를 해야 한다.

5. 폐 렴

폐렴이 폐포에 수분이 축척되어 생긴 폐조직의 염증이다. 폐렴의 원인은 세균 감염이지만 바이러스, 원충, 곰팡이 같은 것도 폐렴을 일으킬 수 있다. 드물게는 화학물질이나 구토물 같은 물질들을 흡입함으로써 염증이 생길 수 있다. 또 급성 호흡부전증후군이라는 심각한 질환에 이를 수도 있다.

예전에는 많은 젊은이들이 폐렴으로 목숨을 잃었지만 최근에는 효과적인 항생제가 개발되어 대다수 환자들이 완치되고 있다. 하지만 노인들이나 다른 질환이 있는 사람들은 폐렴이 치명적인 영향을 끼칠 수 있다. 아직도 인구 10만 명당 6명이 폐렴으로 사망한다. 특히 폐렴 원인균들의 항생제 내성이 점점 더 강해지고 있어 일부 폐렴은 옛날보다 더 치료하기 어려워졌다. 이런 이유로 폐렴은 병원에서 걸리는 치명적인 감염 중에서 가장 흔한 원인이 되고 있다.

신생아, 노인, 중증 질환자, 당뇨병 같은 만성질환이 있는 환자들은 폐렴에 걸릴 확률이 매우 높다. 폐렴에 잘 걸릴 수 있는 경우로는 후천성 면역결핍증후군(HIV 감염과 AIDS)처럼 심각한 질환에 의해 면역력이 떨어진 환자들이 있다. 면역억제제나 항암 화학요법을 받는 환자들도 면역 기능이 손상될 수 있다. 흡연, 알코올 중독, 영양 부족도 폐렴에 걸릴 위험성을 높인다.

원인은 성인들이 폐렴에 걸리는 가장 흔한 원인은 세균 감염인데, 세균 중에서도 폐렴구균이 가장 많다. 어떤 종류의 폐렴은 감기 같은 상부 호흡기 감염의 후유증으로 발생한다. 건강한 성인에게 폐렴을 일으키는 다른 원인으로는 헤모필루스나 마이코플라즈마 같은 세균이 있다. 레지오넬라라고 불리는 세균은 레지오넬라병을 일으키는데, 이 질환은 에어콘을 통해 퍼질 수 있다. 레지오넬라병은 간이나 신장에도 질병을 일으킬 수 있다.

이는 추우면 혈관이 수축하여 혈압을 높여 혈관이 터지기 쉽기 때문이다.

· 과로를 피하고 일상생활에서 스트레스를 잘 해소한다.

· 충분한 수면을 취한다.

· 규칙적인 운동과 배변습관을 기른다.

· 염분의 과다 섭취에 주의한다. 고혈압을 예방하기 위해서 1일 10g 이내가 적당하다.

· 단순당분을 섭취하지 않는다.

황색포도상구균 폐렴은 병원에 입원해 있는 환자들이 많이 걸리는데, 특히 어린이나 노인들이 취약하다. 이 폐렴은 독감의 심각한 합병증으로 발생할 수도 있다. 병원에서 걸릴 수 있는 다른 종류의 폐렴으로는 클렙시엘라나 녹농균에 의한 감염이 있다. 바이러스도 폐렴을 일으킬 수 있는데 독감이나 수두가 원인이 될 수 있다.

또한 면역력이 떨어진 사람들에겐 곰팡이나 원충이 폐렴의 원인이 될 수 있다. 건강한 성인들은 이런 원인균에 감염되는 일이 거의 없으며 감염되더라도 가볍게 지나간다. 흡인성 폐렴이라 불리는 드문 종류의 폐렴은 구토물을 흡입했을 때 발생한다. 흡인성 폐렴은 술을 많이 마시거나 약물중독이 있을 때, 그리고 두부 손상으로 인해 의식이 없기 때문에 기침 반사를 할 수 없는 환자들에게 가장 흔하게 발생한다.

증상은 세균성 폐렴은 진행이 빠르기 때문에 증상이 몇 시간 내로 심각해진다. 세균성 폐렴 증상은 다음과 같다.[24)]

- 기침을 할 때 피가 섞여 나오거나 녹슨 쇠 빛의 가래가 나온다.
- 숨을 들이마실 때 흉통이 심해진다.
- 지속적으로 숨이 가쁘다.
- 고열, 섬망, 의식 혼미 증상이 나타난다.

치료는 다른 질환이 없으면서 폐렴 증상 또한 경미한 상태라면 집에서도 치료 가능하다. 진통제가 열과 통증을 줄여주는 데 도움이 될 수 있다. 세균이 폐렴의 원인이라면 항생제로, 또 곰팡이에 의한 폐렴이라면 항진균제로 치료한다.

가벼운 바이러스성 폐렴은 보통 치료를 받지 않아도 된다. 하지만 심한 폐렴환자나 신생아, 어린이, 노인, 면역력이 떨어진 환자들은 입원치료가 필요하다. 약물치료는 기본적으로 집에서 치료받는 환자들과 같다. 수두를 일으키는 대상포진 바이러스처럼 심한 바이러스성 폐렴환자들은 아시클로버를 경구나 정맥으로 투여받아야 한다.

---

24) · 세균 이외의 다른 병균에 의한 폐렴은 서서히 시작되는 비특이적인 증상을 유발한다. 며칠 동안 온몸의 상태가 전반적으로 좋지 않고 열이 나면서 식욕을 잃을 수 있다. 경우에 따라서는 기침이 나거나 숨이 가쁜 증상만 나타나기도 한다.

· 신생아, 어린이, 노인의 경우에는 폐렴 증상이 명확하지 않을 수 있다. 신생아들은 처음엔 구토만 하다가 점점 열이 오르면서 경련을 일으킬 수 있다. 노인들은 호흡기계 증상이 없을 수도 있으며 단지 의식만 혼미해지기도 한다.

환자의 혈중 산소농도가 낮거나 호흡이 곤란하다면 안면 마스크를 통해 산소를 공급받아야 한다. 드물게는 중환자실에서 인공호흡기 치료를 받기도 한다. 병원에 있는 동안에는 기도에 있는 객담이 묽어져 기침과 함께 배출되도록 흉부 물리치료를 정기적으로 받아야 한다.

신체장애 상담 실제

1. 상담영역 설정

□ 앞에서 언급한 질병에 대한 이해는 상담을 좀 더 수월히 진행하도록 도울 수 있다.

□ 법률적 부분(주로 복지 서비스의 수혜 여부 판단을 위해)은 재정적 원조를 통한 심리적 안정을 도모할 수 있다.

① 노인복지법

② 노인장기요양보호법

2. 내담자 이해하기

□ 부양자 : 노인의 가족

□ 독거 노인성질환자

□ 가족과 동거하는 노인성질환자

3. 구체적 사례에의 적용

실제 사례에 있어서 가상 내담자와 가상 상담 내용을 설정해 본다.

¤ 부양자 상담

할머니의 아들과 남편은 당뇨로 인한 합병증으로 사망.
뇌졸증(중풍)으로 인한 전신 마비로 누워있는 할머니를 며느리와 손자, 손녀가 수발함.
그 당시 손자는 고등학교 1학년생, 손녀는 중학교에 재학중인 상태였음.
전신 마비 상태인 할머니를 수발하기 위해 유일한 남자인 손자는 어머니를 도와 대소변 수발을 도왔지만 몇 달이 채 안되 손자가 수발을 거부함.
며느리와 아들 간에 갈등이 유발되었지만 사실 손자는 할머니라 하더라도 여성의 성기가 노출되자 손자로써 수치심을 느꼈던 것.

¤ 가상 내담자

고등학교 재학중인 남학생

¤ 가상상담 내용

· 노인장기요양보험 수혜 여부를 진단하고 혜택을 받도록 돕는다.
· 장기요양보험의 혜택을 설명한다.
· 며느리의 사회적 복귀가 허용되고 경제적 · 심리적인 여유를 얻는다.
· 손자는 할머니에 대한 성적 죄책감에서 해방될 수 있고 학업에 집중할 수 있다.

장기요양급여의 종류

급여의 종류		서비스 내용
시설 급여	노인요양시설	치매 · 중풍 등 노인성질환 등으로 심신에 상당한 장애가 발생하여 도움을 필요로 하는 자를 입소시켜 급식 · 요양과 그 밖에 일상생활에 필요한 편의를 제공하는 장기요양급여
	노인요양 공동생활가정	치매 · 중풍 등 노인성질환 등으로 심신에 상당한 장애가 발생하여 도움을 필요로 하는 자에게 가정과 같은 주거 여건과 급식 · 요양과 그 밖에 일상생활에 필요한 편의를 제공하는 장기요양급여
재가 급여	방문요양	요양보호사가 수급자의 집을 방문해서 목욕, 배설, 화장실 이용, 옷 갈아입기, 머리감기, 취사, 생필품 구매, 청소, 주변정돈 등을 도와주는 급여
	방문목욕	목욕설비를 갖춘 차량을 이용, 수급자의 가정을 방문하여 목욕 서비스를 제공하는 급여
	방문보호	방문간호사는 의사, 한의사 또는 치과의사의 지시에 따라 가정 등을 방문하여 간호, 진료의 보조, 요양에 관한 상담 또는 구강위생을 제공하는 급여 ※ 방문간호를 이용하고자 하는 수급자는 사전에 의료기관에서 방문간호지시서를 발급받고, 이를 방문간호 급여이용 시 기관에 제출
	주야간보호	수급자를 하루 중 일정한 시간 동안 장기요양기관에 보호하여 목욕, 식사, 기본간호, 치매관리, 응급서비스 등 심신기능의 유지 향상 위한 교육, 훈련 등을 제공하는 급여
	단기보호	부득이한 사유로 일시적으로 가족의 보호를 받을 수 없는 수급자에게 일정 기간 동안 단기보호시설에 보호하여 목욕, 식사, 기본간호, 치매관리, 응급서비스 훈련 등을 제공하는 급여 향상을 위한 교육 · 신체활동지원과 심신기능의 유지
	기타 재가급여	수급자의 일상생활 · 신체활동 지원에 필요한 용구를 제공하거나 가정을 방문하여 재활에 관한 지원 등을 제공하는 급여
특별 현금 급여	가족요양비	1. 도서 · 벽지 등 방문요양기관이 현저히 부족한 지역에 거주하거나 2. 천재지변이나 그 밖에 이와 유사한 사유로 인하여 장기요양기관에서 장기요양급여를 이용하기 어려운 자 3. 신체 · 정신 또는 성격 등 대통령령으로 정하는 사유로 인하여 → 가족 등으로부터 장기요양을 받아야 하는 수급자에게 현금으로 지급 ※ 가족요양비를 받는 수급자는 재가급여 중 복지용구급여에 한하여 같이 받을 수 있으며, 다른 급여는 받을 수 없음

4. 노인성질환자 상담

가족과의 동거 여부에 따라 달라질 수 있다.

¤ 가상 내담자

당뇨병 환자

혈당 범위

	공복혈당	식후 2시간
정 상	10 미만	140 미만
공복혈당 장애	10~15	140 미만
내당능장애	126 미만	140~199
당뇨병	126 이상	200 이상

*공복혈당장애와 내당능장애는 당뇨병으로 진행될 가능성이 높아지므로 정기적인 혈당검사가 필요하다.

위의 표에서 알 수 있듯이 상담사의 진단 영역이 아닌 전문가의 영역이므로 당뇨병 진단을 받은 환자에게 다음과 같은 상담을 진행할 수 있다.

¤ 상담내용

당뇨병의 유형

	제1형 당뇨병(〈5%)	제2형 당뇨병(95%)
발병 연령	젊은 연령(30대 이전)	40세 이상 중년기 이후
발병 양상	갑자기 발병	서서히 진행
원 인	자기면역기전, 바이러스 감염 등에 의한 췌장의 파괴	유전적 경향이 강하여 비만, 노화 스트레스 등에 의해 선행
비만과의 연관성	없음	있음
췌장의 인슐린 분비	완전 결핍	감소되었거나 비교적 정상
사용약물	인슐린	경구 혈당강하제, 인슐린

· 5%라 하더라도 젊은 층도 걸릴 수 있고, 인슐린 분비 또한 지속적인 관리를 통해 1형보다 다소 쉽게 나아질 수 있다. 이 점을 충분히 납득시킴으로써 당뇨에 걸렸다는 것은 곧 늙어서 무능력해졌다는 부정적인 사고의 변화를 기대할 수 있다.

당뇨병 환자의 경우 엄격한 식이요법과 운동요법이 요구되므로 스트레스를 받을 수 있으므로 적당한 회유를 통해 약간의 안정감을 줄 수 있다. 수십 년간 커피를 마셔온 환자의 경우 일방적으로 마시지 못하게 하기보다는 설탕이 함유되지 않은 블랙커피를 마시도록 권장하거나 단 음식을 먹은 후 그에 따른 운동을 적극 권유, 능동적으로 병행할 수 있도록 회유한다.

· 노인장기요양보험 : 부양자 상담뿐만 아니라 노인 스스로에게도 심리적 안정감을 줄 수 있다. 노인장기요양보험은 질환자가 느낄 수 있는 가족에 대한 죄책감 및 수치감을 경감시키고, 경제적으로 어려움을 겪는 노인들이 더욱 나은 의료서비스를 받을 수 있도록 한다.

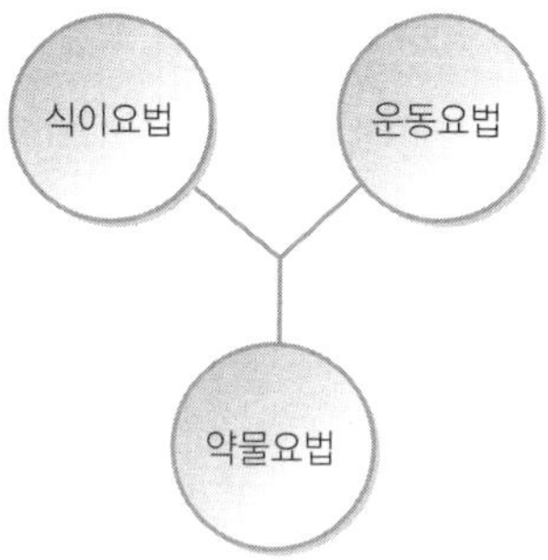

상담요법

제9장

노인치매와 상담

치매라는 용어는 희랍어 'demens'에서 유래하였는데, 원래의 뜻은 'mad'이다. 알츠하이머는 일명 '노인의 에이즈'로 불리며 환자 자신의 생존능력과 인격을 파괴할 뿐만 아니라 가족원의 삶에도 정신적 고통과 사회·경제적 부담이 되고 있다.

치매는 알츠하이머, 혈관성 장애, 두부 외상으로 인한 치매, 파킨스 병으로 인한 치매 등과 같이 잘 알려진 것을 포함하여 그 종류만도 100여 종에 이른다. 알츠하이머(Alzheimer's Disease: AD)나 알츠하이머 유형의 노인성 치매(Senile Dementia of Alzheimer's Type)는 뇌의 손상으로 인해 점진적으로 기억, 생각, 행동에 손상을 일으키는 진행성 질환이다. 혈관성 치매는 뇌 속에 있는 크고 작은 혈관이 좁아지거나 막혀서 뇌기능에 장애가 오는 경우로 뇌의 내부에 있는 기저핵에 혈액을 공급해 주는 중대뇌 동맥의 하나인 세동맥이 막히면서 국소경색이 다발적으로 일어나 치매를 일으킨다(김춘미, 2005).

제1절 치매노인 상담

1. 재해 반응

재해 반응이란 무의미한 사건으로 보이는 것에 대해 정서적으로 치매노인 자신뿐만 아니라 주위 사람들에게 난폭한 반응을 보이는 것이다. 외형적인 반응은 울고, 분통을 터뜨리고, 욕설하고, 광적으로 안절부절못하고 어떤 경우에는 때리거나 물고 침 뱉고 주먹으로 치고 꼬집는 등의 신체적 폭력을 쓰기도 한다.

이러한 재해 반응은 흔히 자신의 능력을 벗어난 일을 하도록 요구될 때의 좌절감에서 비롯되며, 자신이 쓸모없다는 느낌과 절망감을 강조하는 경험이 될 수 있다.

치매노인들이 보이는 난폭한 행동 양상에는 네 가지 특성이 있다.

- 난폭한 행동이 자주 일어나지 않는다.
- 보통 빨리 끝난다.
- 일단 초기의 분노 에너지가 소모되면 치매노인도 간병인만큼이나 끝내고 싶어하고, 보통은 싸우지 않고 포기하게 된다.
- 마지막으로 난폭한 단계는 질병의 초기에 나타나서 수개월 내에 사라지는 질병의 경과 중 짧은 부분이다. 즉 가족이 이런 매우 불쾌한 짧은 막간을 견뎌낸다면 치매노인이 훨씬 더 수동적이고 다루기 쉽게 된다.

이러한 공격적인 반응을 보이는 치매노인을 상담하기 위한 방법을 제시하면 다음과 같다.

(1) 자신을 보호하고 방어한다

치매환자의 주먹과 발차기의 사정거리에서 떨어져 있다. 그 다음 베개 등의 방벽을 들어 올린다. 치매노인이 난동을 부리는 동안에 그들을 설득하거나 간청하지 말고, 미친 듯한 행동에 대해서도 말하려고 시도하지 않는다. 스스로 방어적인 자세를 취한다. 가능하면 베개나 방패로 치매노인을 구석으로 후퇴시킨다. 힘이 센 알츠하이머병 환자라 할지라도 보통 난폭함이 분출되자마자 유순해지고, 신체적 공격성은 몇 분 후면 멈추게 된다.

(2) 조용한 환경을 유지한다

치매노인을 교묘하게 조종하는 동안엔 침묵을 지키고, 현재의 환경을 가능한 한 조용하게 유지하도록 한다. 고함치거나 꾸짖는 것은 초조감을 높일 뿐이다. 만약 말을 해야 한다면, 낮고 특색 없는 단조로운 목소리로 말하라. 불안을 전달하려고 시도하지 말고, 조용히 머무는 것이 바람직하다. 알츠하이머 환자는 모방적이다. 따라서 상대방이 조용하다면, 치매노인들도 조용해질 것이다.

(3) 치매노인을 안심시키면서 대화한다

일단 치매노인이 구석으로 후퇴해서 진정이 되면 대화를 시작할 수 있다. 조용히 안심시킨다. 즉 "나는 여기 있어요. 어디에도 가지 않아요. 내가 함께 머물 것이니 걱정하지 마세요. 더 이상 당황할 필요가 없어요. 나는 당신이 걱정하고 있다는 것을 알지만, 이제 당신은 그럴 필요가 없어요. 모두 괜찮아요. 긴장을 풀고, 마음을 편하게 가지세요. 잠시 마음을 가라앉히고 그 다음 맛있는 커피 한 잔과 한 조각의 케이크를 같이 먹어요."라고 말해 준다.

비록 치매노인이 상황을 분명히 이해할 수 없을지라도, 그들은 부드러운 음성의 톤을 인식하고 더 이상 위협적인 행동을 취하지 않을 것이다.

(4) 치매노인에 대한 요구사항을 단순하게 한다

모든 과제를 단순한 단계로 쪼갬으로써 치매노인에게 무리한 요구를 하지 않는다. 즉, 치매노인이 옷 입는 것을 도울 때 침대 위에서 모든 옷을 한 번에 입히지 마라. 한 번에 한 벌씩 입도록 한다. 짜여진 모든 목표를 달성할 수 있으며, 그들의 능력을 벗어나는 잡다한 일이 주어지지 않는다는 것을 확인하라.

(5) 난폭한 치매노인을 산만하게 만든다

난폭한 행동을 보일 때 그들의 시야에 예상치 못한 물건을 보여주며 그들의 관심을 사로잡을 수 있는 것에 대해 말한다. 텔레비전을 키거나 빠르고 행복한 음악을 틀어라. 아니면 치매노인과 산책을 나간다.

(6) 신체적 부드러움을 시도한다

흔히 난폭한 치매노인은 어루만지고, 사랑스럽게 만질 때 진정이 된다. 흔들의자에 화난 치매노인을 앉혀 흔들어 주면 흔히 진정효과가 있다.

(7) 모든 신체 언어를 비위협적으로 유지한다

온화한 표현을 유지하고, 불안해하지 말며, 당신의 옆구리에 손을 내리고, 갑자기 움직이지 마라.

(8) 치매노인의 난폭행동을 무시한다.

때때로 재해 반응을 다루는 가장 좋은 방법은 단순히 그것을 무시하는 것이다.

특히 그것이 끊임없는 관심에 대한 욕구에 기초한 것으로 보일 때는 더욱 그렇다. 치매노인이 잠깐 동안 목청껏 고함치게 내버려두거나, 또는 그들로 하여금 그들이 좋아하는 만큼 실컷 언어적으로 호되게 꾸짖도록 놔둔다.

(9) 불필요한 신체적 구속을 피한다

환자가 끊임없이 난폭한 발작을 하지 않는 한 신체적 구속을 사용하지 않는다. 만약 구속이 분명히 요구될 경우, 뻗어 칠 수 있는 신체의 일부만 구속하라. 만일 구속한 후에는 공격적인 행동이 사라질 때까지 접촉을 줄인다.

(10) 전문가의 도움을 요청한다

만약 어떠한 방법으로도 치매노인의 난폭행동이 진정되지 않는다면 도움을 얻어야 한다. 가능하면 경찰서에는 가지 않는다. 지방 병원이나 응급구조대에 전화하고 구급차를 보내 달라고 부탁한다. 응급구조대는 난폭한 병든 노인 환자를 다루는 장비가 더 잘 갖춰졌고, 훨씬 더 많은 경험을 갖고 있다.

2. 망상과 환각 다루기

망상은 현실을 기초로 하지 않고, 객관적인 근거와 직면할 때조차도 고집스럽게 유지되는 고정된 사고로서 예를 들면 자기 아들을 형사라고 우기는 경우이다.

반대로, 환각은 거짓된 감각의 지각이다. 예를 들면 커튼 속에서 뱀을 보았다고 하거나 혹은 오래 전에 죽은 남편을 보고 그와 대화를 나누는 경우이다. 망상과 환각은 모두 치매의 말기 단계에서 보이는 특징이며, 모든 치매노인들에게서 발생하는 것은 아니지만, 망상과 환각이 나타나게 되면 간병인과 치매노인 모두에게 실망스럽고 지남력을 잃게 한다.

이러한 망상 및 환각증상을 다루기 위한 방법은 다음과 같다.

(1) 치매노인과 논쟁하지 않는다

망상을 보일 때 논쟁하지 말고 그들의 어리석음에 대해서 말하려고 시도하지 않는다. 그것은 효과가 없으며 오히려 증상을 악화시킨다.

(2) 치매노인에게 거짓으로 동의하지 않는다

망상 또는 환각에 동의하거나, 그것으로 장난처럼 대하지 않도록 한다. 만약 치매노인이 환상 속의 현실로 끌어들이려고 시도하면, 자신의 입장을 잘 지키면서 그것을 부정하거나 긍정하지 않는다. 그러면서 그 주제를 완전히 바꿔서 치매노인의 의식을 현재 환경으로 되돌리려고 시도한다. 음식을 제공하면서 분산시키거나 산책, 음악듣기 또는 친구에게 전화하도록 유도하면서 기분을 전환하도록 한다.

(3) 망상 또는 환각증상을 무시한다

많은 경우에 망상은 환자의 병의 통합적인 부분이며, 전반적으로 무해하다. 만약 이럴 경우에는, 때때로 그것을 완전히 무시하는 것이 가장 좋다. 논쟁하지 않는다. 망상환자의 마음을 바꾸거나 올바르게 만들려고 노력하는 것은 분명히 의미가 없다. 간호목표는 치매노인이 편안하고 행복하도록 만들어 주는 것이며, 우리는 교육하거나 그들을 재활시킬 수 없다.

(4) 치매노인이 현실감을 갖도록 도와준다

만약 치매노인이 자주 환각을 보이면 의식을 구체적이고 물리적인 세계에 되돌려 보냄으로써 도와준다. 치매노인의 관심을 방에 있는 물건에 집중시킨다. 즉, 벽의 색깔, 마루의 나무, 선반의 책 묶음 등을 말하게 한다. 또는 치매노인을 만지고 쓰다듬어 주거나 어깨, 목, 그리고 가슴을 약하게 때리고 침으로써 현실로 되돌아오게 한다.

(5) 지지적인 태도로 치매노인을 대한다

부드럽고 지지적인 말로 치매노인을 도와주기 위해 함께 있다고 말한다. 직접적이고 지시적이어야 한다. 치매노인을 활발하게 움직이게 하고, 만약 좀더 적합하다면 의자에 앉게 하고 긴장을 풀게 한다. 신선한 공기를 위해 창문을 열거나. 치매노인을 욕실에 데려가서 얼굴을 씻긴다(물은 환각증상이 있는 환자에서 강한 접지 효과를 지닐 수 있다).

(6) 전문가의 도움을 받는다

환각상태가 자연적인 방법으로 교정될 수 없는 경우에는 항정신병제 치료를 선택해 볼 수 있다. 이러한 약물은 낮은 용량에서도 환각에 매우 효과가 있는 경향이 있다.

3. 편집증

편집증은 치매노인에게 자주 발생하는 것으로, 예를 들면 다른 사람이 자신의 물건을 가져갔다고 하거나 남이 자신을 해치려 한다고 믿는 경우이다. 이러한 증상은 기억력 상실, 불안감, 자아존중 등을 방어하려고 하는 시도에 의해 나타난다.

판단력과 자아가 모두 빨리 침식되고 있는 알츠하이머병 환자는 자신의 곤경에 대해서 남을 탓하는 경향이 있다. 특히 치매의 초기 단계에서 그들이 한때는 당연하게 생각했던 능력의 상실을 처리하도록 강요될 때는 더욱 그렇다.

편집증을 보이는 치매노인을 간호하는 방법은 다음과 같다.

(1) 치매노인과 논쟁하지 말고, 비난당한다 하더라도 방어하지 않는다

그와 같은 반응은 치매노인으로 하여금 더욱더 불신하게 만들기 때문이다. 그리고 치매노인에게 "편집증을 보이고 있다."라고 말하지 않는다. 이것은 치매노인을 당황케 하며, 그리고 재해 반응을 유발시키기까지 한다.

(2) 순전히 논리학적인 수준에서 문제를 처리한다

만약 안경이 다른 곳에 놓여 있다면 안경을 도둑맞았다고 할 때를 대비해서 근처에 여분의 안경을 장만해 둔다. 만약 돈이 포함된 경우에는, 편집증 환자가 자기의 귀중품을 안전한 상자에 보존하도록 확실히 한다. 만약 치매노인 대신 재정적 의무를 수행하고 있다면, 모든 거래의 자세한 기록을 잘 보관하고 질문을 받으면 그것을 제시한다.

(3) 치매노인을 여러 집단의 사람들로부터 멀리한다

편집증은 군중 속에서 증가되는 경향이 있다.

(4) 치매노인의 편집증을 이해한다

단순히 치매노인을 동정하고 감정을 발산하게 함으로써 편집증은 때때로 누그러들기도 한다.

(5) 활동을 할 때 충분한 설명을 한다

망상증 환자와 어떤 활동에 참여하고자 할 때마다 미리 충분히 설명함으로써 놀라게 하지 않는다.

(6) 치매노인이 의심을 하면서 비난하는 경우 가볍게 무시하고 간략히 설명하며, 화제를 바꾸거나 잃어버린 물건을 찾으려고 한다.

(7) 전문가의 도움을 받는다

항정신병제재와 약물학적 치료는 치매노인의 의심이 극도에 달할 때 필요할 수 있다.

만약 치매노인의 편집증이 다룰 수 없을 정도가 된다면 의사에게 자문을 의뢰한다.

4. 수다와 반복적인 행동

치매 후기 단계에 치매노인들은 부조리하게 지껄이거나 같은 단어나 행동을 연속적으로 여러 번 반복한다. 예를 들면, 손을 앞뒤로 계속해서 움직이거나 끊임없이 머리칼을 쓸어 넘기기도 한다. 혹은 수백 번 앉았다 일어서거나, '카카카카카'나 '브르르르'와 같은 의미 없는 음절을 하루에 수천 번 발음한다.

이와 같이 반복적인 행동을 다루는 방법은 다음과 같다.

(1) 치매노인의 주의를 환기시킨다

어떤 경우에는 반복적인 활동이 해가 되지 않으며 고치려고 시도할 가치가 없다. 조용히 꾸준하게 반복하는 모래 뿌리기, 때리기, 문지르기보다 좀더 많이 불편한 것은 언어적 반복이다. 때때로 간병인이 크게 손뼉을 치거나 주의를 돌리는 소음을 내거나 치매노인에게 조용히 하라고 말함으로써 이러한 장황한 이야기로부터 치매노인의 주의를 돌린다.

(2) 반복행동을 억지로 교정하려고 하지 않는다

치매노인의 주의를 환기시킴으로써 잠시 중단했다 하더라도 단 수분 내에 반복적인 행동이 다시 시작할 수 있다. 때때로 할 수 있는 유일한 일은 방을 떠나서 나중에 그 행동이 멈출 때 돌아오는 것이다.

5. 안절부절 하기와 방황하기(배회)

치매노인들은 때때로 매우 과민해져서 안절부절 하거나 강박적인 행동을 보이기도 하고, 방황을 하기도 한다.

방황과 고도의 초조감은 어느 때든지 나타날 수 있으나, 많은 치매노인의 경우를 볼 때 특히 저녁시간에 빈도가 잦다. 이를 '일몰증후군'이라고 하는데, 낮에는 유순하지만 저녁 8~9시만 되면 갑자기 침대 밖으로 뛰쳐나오거나 옷을 벗고 방을 왔다갔다 하며, 문을 덜거덕거리거나 바닥을 뒹굴고 침대 위로 뛰어오르면서 나머지 밤을 보낸다. 어떤 환자들은 몇 시간 동안 음담패설을 내뱉거나 단일한 반복적인 구절을 외친다. 혹은 일부 환자들은 벽을 때리거나 문지르기도 하며, 밤새도록 밖을 헤매면서 돌아다니기도 한다.

안절부절 하거나 방황하는 행동을 조절하기 위한 방법은 다음과 같다.

(1) 치매노인을 활기찬 활동으로 바쁘게 유지시킨다

집 청소, 예술과 공예, 산책, 목욕 등 건설적인 일거리를 준다. 환경의 변화를 위해 밖에 나가거나 또는 쇼핑센터나 시장에 가는 것은 강장제가 되어 주며 수면의 질을 증진시킨다. 습관적으로 팔과 손을 심하게 흔드는 운동에 몰두하는 사람을 위해서 고무공 쥐어짜기, 털 달린 인형 때리기, 콩주머니 흔들기 및 팽이 돌리기는 안절부절못하는 에너지에 대한 훌륭한 출구가 된다.

(2) 방황하는 치매노인의 신체적 욕구를 처리한다

특히 표현을 적절히 못하는 치매노인의 초조감은 때때로 배고픔, 대소변을 싼 침구, 춥거나 더운 방, 또는 위통이나 요통 같은 실제적인 병 때문일 수도 있다(관절염과 소화장애는 밤에 악화되는 경향이 있다). 잠들기 전에 화장실에 데려가고 먹이고 만성적인 동통에 대해 적절한 약을 먹인 후 편안하게 해준다.

(3) 환경을 방해하는 광경이나 소음이 없게 유지한다

소음은 치매노인으로 하여금 그들이 포위되었다고 생각하게 만들 수 있다. 침대 옆에 매달려 있거나 부주의하게 내던져진 옷가지는 착각과 환각의 자료가 될 수 있다.

(4) 치매노인으로 하여금 그들이 혼자가 아니며 다른 가족원이 가까이 있음을 알게 한다

치매노인의 원초적인 공포 중 하나는 버림받은 느낌이다.

(5) 치매노인이 과로하지 않도록 한다

피로는 운동 부족만큼이나 빨리 안절부절 못하게 만든다. 휴식과 자극 사이의 행복한 중용이 유지되도록 한다.

(6) 치매노인의 문제행동을 감소시키기 위한 단순한 암시를 사용한다

취침시간에 치매노인의 어깨를 쓰다듬거나 사랑스럽게 신체적 접촉을 하면서 저녁이 되었다고 말하거나 어둡다고 말한다. 그리고 자러 갈 시간이라는 것을 암시한다. 즉 모든 사람들은 자러갈 것이고 집에 있는 다른 사람들이 곁에 있을 것이라고 말한다. 혼자가 아니라는 것을 연속해서 여러 번 반복한다.

(7) 문제행동의 원인이 될 수 있는 단서를 파악한다

초조한 치매노인의 행동은 초조감 뒤에 원인을 밝힐 수 있는 비언어적 단서가 풍부하다. 따라서 환자의 방황행위가 환자의 예전 생활과 관계있는 것인지 파악하여 욕구를 충족시켜 준다. 즉 점심시간 후에 특히 초조감을 보이는 치매노인이 있다면 식후에 낮잠을 자도록 하면 문제행동이 줄어들 수 있다.

(8) 치매노인이 문제행동을 보일 때 논쟁을 피하는 대신에 정서적 욕구를 지지한다

치매노인이 방황하려는 경우 팔을 잡고 신체적 접촉을 한다. 조용히 말하면서 방으로 돌아가도록 부드럽게 인도한다. 이런 식으로 하면 환자는 안전하고 보호받는다는 느낌을 갖게 된다. 대화할 때는 항상 꾸준히 눈을 맞추면서 앞쪽에서 치매노인과 말한다.

(9) 오락활동을 실시한다

방황은 때때로 권태스럽거나, 특히 방에서 꼼짝못하거나 가정의 격리된 곳에 폐쇄되어 있는 경우에 흔하다. 그런 경우 타인과 더 많은 오락활동을 필요로 한다.

(10) 신분증을 부착하도록 해야 한다

만일 실종하는 경우 안전을 위해서 곧바로 찾을 수 있도록 연락할 수 있는 연락처를 적어둔다.

6. 자해하기

치매노인은 종종 혼란한 에너지를 자신에게 적대적으로 향한다. 그들은 자신의 입술이 회색의 잇몸으로 변할 때까지 입을 만지작거린다. 그들은 벽에 자신의 머리를 치고 머리카락을 뽑는다. 피부 문지르기나 손톱과 손가락 깨물기도 흔하게 보인다.

자해를 조절하기 위한 방법은 다음과 같다.

- 치매노인을 주목하고, 몰두하고 있는 자해의 양상을 관찰한다.
- 단순히 손을 바쁘게 유지하는 것도 방법이 될 수 있다. 치매노인에게 그림을 그리게 하거나 재료를 접거나 동전을 쌓아올리게 하라. 운동량을 증가시키면서 여분의 에너지를 모두 태워 없애도록 한다.
- 날카롭거나 독성의 물질은 손이 닿지 않는 곳에 둔다.
- 치매노인의 불안 수준을 감소시킨다.
- 스트레스를 감소시키기 위한 다양한 방법을 적용한다.

7. 물건 숨기고 쌓아두기

숨기기와 쌓아두기는 악의적으로 생기는 것이 아니며, 단순히 잊어버린 것에 불과하다.

치매노인이 자신 혹은 가족의 소유물을 쌓아두거나 숨길 때, 그와 같은 행동은 흔히 정신적 생존을 위한 애처로운 시도를 의미한다. 이들은 이미 너무나도 많은 것들을 빼앗겼다-기억, 지식, 협동, 사회생활. 남은 것은 모두 유형의 소유물이며, 이러한 마지막 남은 물건은 어떤 희생을 치르더라도 꼭 지켜야만 한다. 이러한 관점에서 볼 때, 쌓아두기는 이해할 수 있는 매우 슬픈 사건이다.

치매노인이 이러한 행동을 보일 때 관리하는 방법은 다음과 같다.

(1) 귀중품은 안전한 장소에 잘 보관한다

모든 귀중품, 돈, 보석 등을 가져와서 안전한 장소에 그것을 보관한다. 안전하면서 튼튼한 상자가 가장 좋다. 쌓아두는 자에겐, 다이아몬드 반지나 고무밴드나 마찬가지의 가치를 지닌다. 그리고 잽싸게 모두 다 화장실에 흘러내려 버린다. 집 안의 손댈 수 있는 장소의 모든 문을 잠그고, 중요한 물건은 치매노인이 보통 가지 않는 장소에 두는 습관을 가져라.

(2) 은닉장소를 파악한다

대부분 치매노인은 똑같은 장소에 물건들을 숨기는 경향이 있다. 따라서 이들이 흔히 습관적으로 사용하는 은닉장소가 어디인지 찾아내고, 한 물건이 사라지자마자 그곳들을 조사한다.

8. 부적절한 성적 행위

부적절한 성행위는 드물게 나타나는 증상이나. 전형적인 성적 붕괴는 자위행위, 사람들 앞에서 옷 벗기, 그리고 성기 노출을 포함한다.

부적절한 성적 행위 다루기 위한 방법은 다음과 같다.

(1) 치매노인은 보통 성 그 자체에는 관심이 없음을 인식한다

비록 치매노인이 알몸 벗기나 자기노출을 한다 할지라도, 이러한 행동이 반드시 성적 충동에 의해서 유발된다는 것을 의미하지는 않는다. 즉 옷이 너무 꼭 끼기 때문에 옷을 벗거나, 혹은 사타구니가 간지러워서 방문객 앞에서 자신의 성기를 만지거나 목욕탕에 가고 싶기 때문에 바지를 벗는 행위를 할 수도 있음을 이해한다.

(2) 때때로 행동 교정이 도움이 된다

만약 치매노인이 자신의 속옷을 벗으려 하거나 자신의 성기를 만지려고 하면, "손 치우세요!"와 같은 중요한 말을 반복해서 사용하면 실수를 방지할 수 있다.

(3) 노출증을 감소시키기 위해 벌과 보상을 적절히 사용한다

치매노인이 성적으로 부적절한 행동을 수행할 때, 간병인은 그들이 그 활동을 즉각 멈추기 않으면, 그들이 좋아하는 것-감자 조각, 박제한 동물, 텔레비전, 담배, 맥주, 정원 산책 등-을 가져간다고 경고한다.

(4) 이상스러운 성행위가 약의 효과 때문에 초래될 수도 있음을 이해한다

특히 과거에 노출증의 기왕력(既往歷)이 없는 치매노인이 우울한 기분 때문에 암시적인 태도로 행동하기 시작할 경우에 그렇다. 따라서 환자가 새로운 약을 먹고 있는지 조사한 후에 의사와 상의한다.

9. 이식과 거식

치매상태가 꽤 심해진 치매노인이라도 '먹는 것'에 대한 행동은 할 수 있다. 그러나 자기 자신이 식사를 균형있게 규칙적으로 할 수는 없다. 노인에게 필요한 하루 열량은 1,500~1,600kcal이지만 활동성이 많은 노인도 있으므로 열량 섭취와 소비의 균형이 맞도록 배려한다. 치아가 없어도 위가 튼튼한 사람이라면 주식은 부드러운 밥으로 하며, 반찬도 가족과 같은 것으로 만들되 좀 더 잘게 썬다든가 으깨서 먹도록 도와준다. 만약 식사하기 위하여 식탁에 앉을 수 없다면 음식과 영양가가 있는 가벼운 식사, 즉 김밥과 샌드위치 등을 손가락을 사용하여 먹도록 도와준다. 식사 준비에 있어서 특히 주의해야 할 점은 식사 섭취량의 저하로 생기는 영양장애와 과식으로 생기는 비만이다.

(1) 식사 거부

식사를 하고자 하지 않을 때에는 몸이 어디 아픈 경우나 걱정거리가 있어 안절부절못하는 경우, 음식이라는 것을 이해하지 못하는 경우, 먹는 방법을 모르는 경우, 혹은 식사를 권하는 태도가 불쾌한 경우, 급격한 환경 변화가 온 경우를 생각해 볼 수 있다. 원인이 없는 거식 상태는 없다. 그러므로 원인을 밝혀내는 것이 급선무이다. 또한 식사할 때에는 너무 옆에서 거들어 주지 않도록 하는 것이 좋다.

(2) 과 식

금방 식사를 하고 나서도 먹지 않았다고 재촉하는 노인에게는 "식사를 만들어 드릴께요."라고 말하며 함께 장을 보러 나간다든지, 감자를 함께 깎는 것을 해보는 것도 좋다. 또한 기분을 다른 곳으로 돌릴 수 있도록 산책이나 놀이 혹은 가벼운 일 등을 함께 하도록 한다. 아무리 시도해 보아도 먹을 것을 찾을 때에는 간식 등 가벼운 것을 주도록 해본다. 먹는 것으로 싸우기 싫어서 노인이 원하는 대로 주다보면 신체에 별로 좋지 않다. 경우에 따라서는 부엌 달력에 식사를 하고 난 다음 "서로 잊어버리지 않도록 써 놓자."고 말하고 노인과 함께 '아침식사를 했다', '점심을 했다'라고 기입하도록 한다. 노인이 밥을 먹지 않았다고 하면 "'밥 먹었다'라고 써 있지요."라고 말하면 납득하게 된다.

(3) 이식(음식이 아닌 것을 먹을 때)

위험한 물건을 눈에 띄지 않도록 하고, 치아가 없는 노인은 조용히 손가락을 집어넣어 이물질을 제거 및 치아가 있는 경우는 좋아하는 다른 음식과 바꾼다.

10. 수면장애

치매상태가 되면 수면양상이 밤낮으로 꾸벅꾸벅 조는 상태이므로 말을 걸어 자극을 주지 않으면 잠만 자는 사람이 있고, 낮에 자고 밤이 되면 활동을 시작하는 노인도 있다. 따라서 우선 수면의 상태를 관찰하는 것이 중요하다. 노인에게 알맞는 1일 스케줄을 만들어 규칙적인 생활이 되도록 배려한다. 이 하루의 일과에는 휴식시간을 포함하며, 가능하다면 옥외에서의 운동을 포함시킨다. 휴식과 운동의 균형을 잃으면 치매노인은 하루 종일 의자에 앉아있거나 방 안에서 졸게 되어 야간에는 불면증을 나타낸다. 따라서 산책과 같은 옥외활동은 신선한 공기를 접하면서 운동하게 되므로 불면증을 없애는 좋은 방법이다.

흡연·배우자 없는 노인, 치매 위험 더 높다

복지부, '2008년 치매 유병률 조사' 결과 발표… 2027년 치매노인 100만 명 돌파 예상

흡연하고 배우자가 없는 노인일수록 치매 위험이 더 높은 것으로 조사됐다. 또 급속한 고령화로 치매노인의 수도 빠르게 증가해 현재 42만 명 수준인 치매노인 수가 2027년에는 100만 명을 넘을 전망이다.

보건복지가족부는 13일 이같은 내용을 포함하는 '2008년 치매 유병률 조사' 결과를 발표했다. 조사결과에 따르면 '08년 65세 이상 노인 중 치매환자는 8.4%로 42만 명에 이르고, 치매의 위험이 높은 경도인지장애는 65세 이상 노인 중 1/4에 이르는 것으로 추정됐다.

치매 위험은 고령자일수록, 남성보다는 여성이, 고학력자보다는 저학력자인 경우에 더 높았으며 특히 배우자가 없는 경우(2.4배), 흡연자인 경우(1.5배), 우울증이 있는 경우(3배) 치매 위험이 더 높은 것으로 나타났다. 65세 이상 노인의 경우 5세가 높아질수록 치매 유병률은 약 2배씩 증가했다.

유형별로는 전체 치매 중 알츠하이머가 71%로 가장 많았고, 혈관성치매가 24%로 뒤를 이었다.

중증도별로는 치매노인 중 최경도와 경도 치매환자가 약 70%를 차지해 조기발견과 조기치료를 통한 치매의 중증화 방지가 시급함을 보여줬다.

한편 복지부는 이번 조사결과를 바탕으로 국민들이 치매를 효과적으로 예방하고 관리할 수 있도록 '치매 예방 · 관리 요령 10'을 마련해 함께 발표했다.

치매 예방 · 관리 요령 10

1. 손을 바쁘게 움직이자 = 손과 입은 가장 효율적으로 뇌를 자극할 수 있는 장치다. 손놀림을 많이 하고, 음식을 꼭꼭 많이 씹자.
2. 머리를 써라 = 활발한 두뇌활동은 치매 발병과 진행을 늦추고, 증상을 호전시킨다. 두뇌가 활발히 움직이도록 기억하고 배우는 습관을 가지자.
3. 담배는 당신의 뇌도 태운다 = 흡연은 만병의 근원으로 뇌건강에 해롭다. 담배를 피우면 치매에 걸릴 위험이 안 피우는 경우에 비해 상당히 높다.
4. 과도한 음주는 당신의 뇌를 삼킨다 = 과도한 음주는 뇌세포를 파괴시켜 기억력을 감퇴시키고, 치매의 원인인 고혈압, 당뇨병 등의 발생 위험을 높인다.
5. 건강한 식습관이 건강한 뇌를 만든다 = 짜고 매운 음식은 치매의 원인이 되는 고혈압, 당뇨병 등의 발생 위험을 높인다. 현대인들의 입맛은 짜고 매운 음식에 길들여져 있으므로 조금 싱겁게 먹는 습관을 가지자. 신선한 채소와 과일, 특히 호두, 잣 등 견과류는 뇌기능에 좋으므로 이러한 식품을 적당히 섭취하자.
6. 몸을 움직여야 뇌도 건강하다 = 적절한 운동은 신체적 · 정신적 건강에 좋다. 적절한 운동은 치매의 원인이 되는 고혈압, 당뇨병, 고지혈증 등을 예방하고 증상을 호전시킨다. 일주일에 2회 이상, 30분이 넘게 땀이 날 정도로 운동을 하자.
7. 사람들과 만나고 어울리자 = 우울증이 있으면 치매에 걸릴 위험이 매우 높아진다. 봉사활동이나 취미활동 등에 적극적으로 참여하고, 혼자 있지 말고 사람들과 어울려 우울증과 외로움을 피하자.
8. 치매가 의심되면 보건소에 가자 = 60세 이상 노인은 보건소에서 무료로 치매조기검진을 받을 수 있다. 치매가 의심되면 가까운 보건소에 가서 상담을 받자. 치매조기검진사업은 올해 192개 보건소에서 실시되며 내년부터는 전국 보건소에서 실시될 예정이다. 전국의 보건소에서는 치매상담센터를 설치하여 치매노인 등에 대해 상담과 필요한 각종 지원을 하고 있다.

9. 치매에 걸리면 가능한 빨리 치료를 시작하자 = 치매 초기에는 치료 가능성이 높고, 중증으로 가는 것을 방지할 수 있다. 따라서 치매는 가능한 빨리 발견해 치료하는 것이 중요하다.
10. 치매 치료 · 관리는 꾸준히 하자 = 치매치료의 효과가 금방 눈에 안 보인다 할지라도 치료 · 관리를 안하고 방치하면 뇌가 망가져 돌이킬 수 없다. 꾸준히 관리하자.

출처 : 국민일보 2009년 4월 13일자

제2절 치매노인 활동프로그램

1. 미술 프로그램

(1) 테두리법

테두리법은 도화지를 제시하면서 테두리를 그어 건네주는 방법이다. 빈 도화지나 작업에 대한 공포를 줄일 수 있어 자아가 허약한 노인에게 사용하면 좋다.

(2) 그림 완성하기

그림을 그리는 데 저항이 있거나 의욕이 없는 치매노인에게 표현을 자극하고 촉진하기 위해 출발그림 용지를 사용한다. 예를 들면 이 방법은 치료사가 종이에 잡지에서 오린 얼굴이나 사람의 눈만을 붙여주어 그림을 완성하게 하는 방법이다.

(3) 자유화와 주제화의 제시

자유화는 제재나 방법을 스스로 결정하여 그리게 하는 것이며, 과제를 주는 과제화법은 인물, 가족, 친구, 집, 나무, 산, 동물, 길 등의 과제를 미리 주고 내담자가 상상화를 그리게 한다. 이상 행동에 대한 내면의 욕구와 그 욕구를 저지하는 압력을 잘 알 수 있다.

(4) 자신 표현하기

자신을 표현토록 하기 위해서 '인물화'를 그리게 한다. 그리고 서로 토의하며, 피드백을 하여 타인과의 비교를 통해 통찰한다.

자신의 표현할 수 있는 방법으로는 손도장과 발도장 찍기, 조소활동, 동그라미기법, 씨앗으로 얼굴 만들기, 가면 만들기, 자기 신체 본뜨기(실물 크기), 인체퍼즐 게임, 거울보고 자기 그리기, 손 본뜨기 등을 할 수 있다.

(5) 협동화 및 그림대화하기

가족이나 소집단들이 한 장의 종이에 함께 그림을 그리게 한다. 비언어적 방법과 언어적인 방법 모두를 경험케 한다. 협동심, 커뮤니케이션 기능, 자발성, EQ, 사회성, 집단이해, 인간관계 등을 높일 수 있어 매우 좋은 방법이다.

(6) 손과 신체 본뜨기

자기의 손을 도화지에 놓고 본을 떠서 각 손가락에 자기가 하고 싶은 말을 적어 표현케 한다. 신체 본뜨기는 큰 종이를 벽에 붙여 놓고 치매노인의 신체와 같은 크기로 본을 떠 준 후에 스스로 장식하게 한다. 이러한 활동으로 긍정적인 신체 이미지나 자기존중감을 갖게 할 수 있다.

2. 운동 프로그램

- 흥미를 끌 수 있을 만큼 재미있어야 한다. 이때 치매노인의 발병 전 직업이나 취미를 파악하는 것이 필수적이다.
- 과제가 지나치게 쉽거나 형식적이면 치매노인의 동기유발에 부정적인 영향을 미칠 수 있다.
- 실수를 최소화할 수 있는 과제로 치료프로그램을 구성한다. 치매노인의 특성 중 하나가 실수에 민감해지며, 심리적으로 압박감을 갖게 되어 실수를 계속 범할 수 있

기 때문이다.

- 단순한 자극보다는 단어나 이야기 및 시각자극을 병행하도록 한다. 주의집중력이 저하된 치매환자를 위한 운동은 단순하면서 리드미컬하게 반복되는 동작으로 구성되어야 한다. 이러한 방법은 최소의 주의집중력을 요구하기 때문에 치료시간을 극대화할 수 있다. 여기에는 산보, 실내자전거, 에어로빅 및 조깅이 포함된다.
- 치료목표와 과정을 명확하게 설정한다. 예를 들어, 주 3회 30분씩 유산소 운동 혹은 운동장을 30분 안에 두 바퀴 돌기와 같이 구체적으로 명시해야 한다.
- 치료프로그램 선정시 가급적 치매노인의 의사를 반영하여 운동에 대한 동기를 부여한다.
- 막대그래프 등과 같은 시각적 수단을 사용하여 좋아진 사실을 치매노인에게 객관적으로 보여주도록 한다.
- 모든 반응에 격려와 보상이 따르도록 하고, 실수한 경우 질책하지 않도록 한다.
- 혼자서 하는 것보다 그룹운동이 효과적일 경우가 많다.
- 운동 시 분위기에 맞는 음악을 곁들이면 더 효과적이다.
- 비슷한 능력의 노인과 짝을 짓거나 자원봉사자와 같이 하는 운동프로그램을 제공한다. 과도한 운동은 통증 상해 혹은 불안감을 일으킬 수 있으므로 항상 적절한 운동량을 정해 준다.
- 가급적 운동기구는 새로 구입하지 않도록 하며, 지역사회에서나 가정에서 쉽게 접근할 수 있는 기존의 시설을 최대한 활용한다.

3. 원예 프로그램

1) 원예 프로그램 시행 시 주의사항

치매노인의 수준에 맞추어서 한다. 치매노인에게 설명을 할 때에는 가까운 거리에서 한다. 그리고 치매노인에게 설명을 할 때에는 간단 명료하게 한다. 또 사진이나 그림을 이용하여 활동 목록을 만들어서 기억력을 자극하도록 한다.

- 치매노인이 스스로 할 수 있도록 하게 작업은 단순하며 반복되게 한다.
- 준비물(기구, 도구, 독성이 있는 식물)이 치매노인에게 위험하지 않는 것으로 선택한다.

주의해야 할 물품은 다음과 같다.

- 진흙, 세라믹 · 유리용기는 깨질 수 있으며 무기가 될 수 있다.
- 밧줄, 노끈, 꼰 실, 리본, 전선, 구두 끈 → 자기 또는 다른 사람을 목 조르거나 목을 맬 수 있다.
- 비닐봉지는 질식 위험이 있다.
- 날카로운 가위, 집게, 칼, 막대기, 말뚝 → 자신이나 남을 자르거나 찌르고 상해를 입힐 수 있다.
- 선인장, 장미 그리고 다른 가시식물은 자해 또는 상처를 입힐 수 있다.

식물의 선택에서 감각을 자극 줄 수 있으며 빠른 성장 속도를 가진 것을 선택한다. 또한 과거의 기억을 되살릴 수 있는 식물을 이용한다.

2) 원예 프로그램의 예

(1) 테라리움 만들기

투명한 플라스틱이나 유리용기에 흙과 식물로 채우고 축소된 풍경을 조성하면, 그것이 테라리움이다. 테라리움은 치매노인의 방을 멋있게 꾸며주고, 치매노인에게 바라볼 수 있는 신선한 대상을 더해 주어 대화꺼리를 제공해 준다. 또한 이는 지속적인 습도유지와 내부온도를 조정하는 주요 역할을 한다.

(2) 실내 채소재배

미나리, 옥파, 나물 종류, 방울토마토 등을 키우게 한다. 특히 나물의 경우는 어릴 적 집 안에서 키웠던 것을 연상시킬 수 있으며 주기적인 활동을 요구하므로 치매노인에게 좋은 프로그램이 될 수 있다. 화단을 가꾸는 것도 좋다.

(3) 허브의 재배

1년 내내 밝은 부엌의 창가에서 다양하고 신선한 향료식물을 키울 수 있다. 보기에 좋은 만큼 향료식물은 냄새가 좋으며, 방이 깨끗하고 밝게 느껴지도록 만든다. 그리고 치매노인에게 흥미를 제공하고 감각기관들을 자극한다.

(4) 꽃을 이용한 장식품 만들기

꽃을 이용한 장식에는 꽃꽂이나 건조화 등 다양하게 있다. 통상의 꽃을 이용한 장식품은 수공예처럼 사용할 수 있다.

(5) 수경재배

히아신스 등의 구근꽃, 무순, 발아한 어린 싹을 이용하는 채소, 토마토 등 흙이 없어도 재배 가능하다.

4. 오락 프로그램

(1) 연상게임

봉지 혹은 상자 안에 여러 물건을 넣은 상태에서 힌트를 주고 지정한 물건을 찾도록 한다. 인지기능이 많이 저하되어 있으므로 힌트를 줄 때는 간단한 쉬운 단어를 사용하되 과거를 회상할 수 있는 물건을 사용하는 것이 좋으며, 게임과정에서 가능한 대화를 유도한다.

(2) 팩맨게임

마루바닥에 네모 그림을 그려놓고 팀별로 한명씩 나와서 스틱을 이용해서 골판지로 만든 동글넓적한 공을 밀어놓게 한다. 네모 안에 성공적으로 공을 넣으면 아낌없는 칭찬을 해주고, 실패한 경우에는 격려해 준다.

(3) 종이 꽂꽂이

폐품 중 음료수캔을 이용하여 일렬로 혹은 사각형 모양을 만든다. 캔 위를 색종이를 이용하여 예쁘게 커버를 만든 후에 미리 만들어 놓은 여러 색깔의 종이 꽃을 캔 구멍을 찾으면서 꽂도록 한다. 시간을 정해놓고 팀별로 많이 꽂도록 격려하면서 게임을 진행한다.

(4) 이티(E.T)게임

색종이로 종이 바퀴를 만들어 나무젓가락을 이용하여 옆사람에게 전달하는 게임이다. 전달하는 과정에서 땅에 떨어진 것은 무효이므로 노인들이 잘 협조하면서 전달하게 한다. 바퀴 한 개당 점수를 주므로 가능한 여러 바퀴로 연결해 놓은 긴 바퀴를 찾아서 전달하게 한다. 청백팀으로 나누어 게임을 진행하면 노인들에게 흥미를 가지게 하는 데 도움이 된다.

(5) 종이접기

종이의 색깔, 종이 재질, 난이도 등을 고려해서 노인들의 흥미와 성취감을 느낄 수 있도록 다양한 작품을 만들게 한다.

(6) 콩 고르기

치매노인들은 시력이 감퇴되고, 손가락 동작의 민감성이 떨어져 있으므로 콩은 크기가 큰 것으로 준비하며, 콩의 색이 잘 대비되도록 몇 가지를 준비하여 눈에 쉽게 구별이 되도록 한다.

(7) 종이볼 뒤로 던지기

치매노인들을 둥글게 앉도록 한 상태에서 뒤에 놓여 있는 종이박스 혹은 상자에 종이볼이나 소프트볼을 집어넣도록 한다. 상자에 집어넣으면 호명해 주고 박수를 쳐준다. 게임을 진행할 때는 분위기를 고취할 수 있는 음악을 함께 틀어 놓는다.

제3절 치매선별검사 방법

1. 치매선별검사

치매선별검사에서 가장 좋은 방법은 치매협회(www.silverweb.or.kr) 온라인 탑메뉴에서 서울대학교병원이 개발한 치매선별검사(SIRQD: Seoul Informant Report Questionnaire for Dementia)를 통해 검사를 하는 방법이 있다. 온라인 상에서 해당 항목에 입력한 후 치매여부를 즉시 알 수 있다. 주요 검사내용은 아래의 〈표 9-1〉과 같다.

표 9-1 서울대학교병원 치매 설문지

번호	문항	점수
1	며칠 전에 나누었던 대화 내용을 기억하는 것은 어떻습니까?	0 1 2 9
2	최근에 했던 약속을 기억하는 것은 어떻습니까?	0 1 2 9
3	최근에 주변에서 일어났던 일을 기억하는 것은 어떻습니까?	0 1 2 9
4	가스불이나 전깃불을 켜놓고 끄는 것을 잊어버리는 것은 어떻습니까?	0 1 2 9
5	새로 마련한 가전제품이나 기구의 사용법을 익히는 능력은 어떻습니까?	0 1 2 9
6	자신의 개인위생을 관리하거나(세수, 목욕 등) 외모를 가꾸는 정도는 어떻습니까?	0 1 2 9
7	중요한 제삿날이나 기념일(배우자의 생일, 결혼기념일, 종교행사일 등)을 기억하는 것은 어떻습니까?	0 1 2 9
8	거스름돈을 계산하거나 돈을 정확히 세서 지불하는 것은 어떻습니까?	0 1 2 9
9	이야기 도중에 머뭇거리거나 말문이 막히는 것은 어떻습니까?	0 1 2 9
10	이야기 도중에 물건의 이름을 정확히 대는 정도는 어떻습니까?	0 1 2 9
11	가까운 사람(자식, 손자, 친한 친구 등)의 이름을 기억하는 것은 어떻습니까?	0 1 2 9
12	가까운 사람에 관한 사항, 즉 사는 곳이나 직업 등을 기억하는 것은 어떻습니까?	0 1 2 9
13	자신의 주소나 전화번호를 기억하는 것은 어떻습니까?	0 1 2 9
14	전화, 가스레인지, 텔레비전 등 집 안에서 늘 사용하던 기구를 다루는 능력은 어떻습니까?	0 1 2 9
15	어떤 옷을 입고 나갈지, 저녁식사에 무엇을 준비할지 등 일상적인 상황에서 결정을 내리는 능력은 어떻습니까?	0 1 2 9

참고 : 0 = 10년 전과 별 차이 없다, 1 = 10년 전에 비해 조금 나빠졌다, 2 = 10년 전에 비해 많이 나빠졌다,
9 = 내용이 대상노인에게 전혀 해당되지 않아 알 수 없다

2. 치매진단을 위한 인지기능검사

인지기능을 확인하기 위하여 MMSE(Mini-Mental Status Examination)도구가 가장 많이 사용된다. 이 도구는 5분 내지 10분의 짧은 시간에 시행되는 것으로 시간, 장소, 집중, 기억, 계산, 언어, 해석능력에 대한 인지기능을 알아내는 방법을 표준화 한 것이다(표 9–2).

표 9–2 MMSE

번호:		성명: 남 · 여 생년월일: 년 월 일	평가점수
연령:	표준 점수	검사일: 년 월 일	
지남력	5점	시간(년, 월, 일/ 계절 / 시간)	( )점
	5점	장소(도, 시, /병원명 / 과명 / 위치)	( )점
기억력	3점	"귤, 전차, 27"의 기명	( )점
주	5점	"100에서 7개씩 계속해서 뺄셈을 하세요?"	( )점
의	3점	"귤, 전차, 27"의 상기(5분 후)	( )점
와	2점	"연필"과 "시계" 명명	( )점
계	1점	"티끌도 모이면 태산이 된다"의 복창	( )점
산	3점	3단계 구두명령: "큰 쪽의 종이를 들고 그것을 반으로 접어서 바닥 위에 놓아주세요"	( )점
상			
기	1점	글자명령 "눈을 감아주세요"	( )점
언	1점	글을 쓴다	( )점
어	1점	도형의 묘사(5각형 겹쳐 그리기)	( )점
계	30점		총( )점

1) 테스트 방법

- 시간과 장소에 대한 테스트로 "오늘이 몇 년/몇 월/몇 일인지 말해 주세요.", "지금이 무슨 계절이죠?", "지금 몇시입니까?"와 같이 질문한다(5점).
- 기억력 테스트는 천천히 "귤, 전차, 27"이라고 들려주고 나서 바로 그대로 반복하게 해서 정확히 말할 수 있으면 3점, 그 단어를 외우고 있도록 한 뒤 5분이 경과한 후에 "아까 말한 단어 3개를 생각해서 말해 주세요."라고 질문을 한다. 정확하게 3개를

모두 기억하면 다시 3점을 준다.

- 기다리는 5분 동안 주의와 계산의 항목에서 "100에서 7개씩 계속해서 뺄셈을 하세요." 등의 문제를 풀게 한다.
- 명명의 테스트는 "연필"과 "시계"를 실제로 보여주고 그 이름을 말하게 한다. 둘 다 말할 수 있으면 2점을 준다.
- 복창은 "티끌도 모이면 태산이 된다"를 천천히 말해 주고 따라하게 한다(1점).
- 3단계 구두명령은 크고 작은 종이들을 책상 위에 늘어놓고 천천히 지시를 한다. 올바르게 반응하면 3점이다.
- 글자명령은 종이에 "눈을 감아주세요"라고 적힌 종이를 보여주고 그대로 따라서 동작을 할 수 있으면 1점이다. 글을 쓴다는 "지금 무엇을 하고 있는지 글로 써 주세요."라고 지시해서 올바른 문장이 되었으면 1점이다. 문맹자는 무조건 1점을 부여한다.
- 도형의 묘사는 5각형의 상관도가 그려진 보기를 보여주면서 그것을 보면서 똑같이 그리도록 한다. 5각형이 되지 않는 그림이나 2개의 5각형이 겹치지 않게 그리는 것이 아주 보편적으로 나타나는 환자들의 반응이다

2) 결과의 해석

결과의 해석은 다음의 세 가지로 구분할 수 있다.

- 정상 : 24점 이상
- 경증치매 : 23~16점
- 중증치매 : 15점 이하

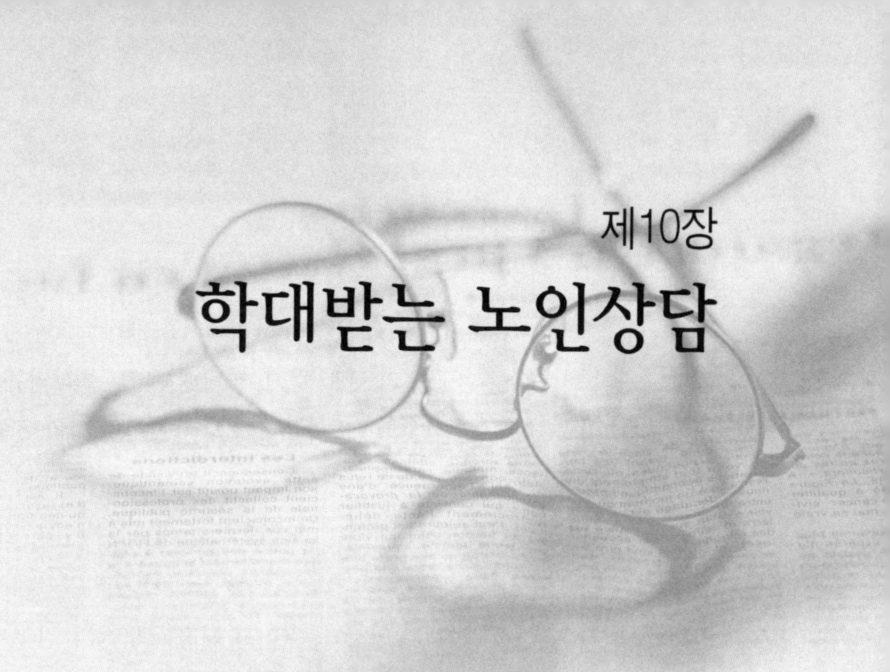

제10장

학대받는 노인상담

고령화 사회로 진입한 오늘날 우리 사회에 있어서 노인부양과 관련된 제반문제가 주목을 받고 있다. 이러한 문제들 가운데 노인학대에 대한 관심은 학계에서 먼저 관심을 가지고 연구를 시작했다. 효의 전통을 간직하고 있는 우리 사회에서 노인학대에 대해 "설마 자기 부모를……"라는 말로 관심을 두지 않았으나 실제 우리 사회에서 일어나는 노인학대 문제는 더 이상 방관할 수 없는 현상에 이르렀다. 우리의 현재의 모습은 학대받는 노인이 어떤 도움을 받지도 아무 말도 하지 못하고 인생의 마지막을 '학대'라는 어두움 속에 갇혀 지내도록 하고 있다.

노인학대 경험에 대한 보건복지부(2006)에서 피해노인 성별에 따른 연령분포를 살펴보면, 남성노인 총 734명 중 70~74세가 199명으로 27.1%를 차지하여 가장 많았고, 75~79세 18.3%(134명), 65~69세 18.1%(133명), 80~84세 13.4%(98명) 순으로 나타나 65~84세의 남성노인들의 학대 피해가 높은 것으로 나타난다. 여성노인은 총 1,540명 중 70~74세가 337명으로 전체의 21.9%를 차지하여 가장 높게 나타났고, 75~79세 20.6%(318명), 80~84세 18.4%(283명), 85~89세 12.2%(188명) 순으로 나타나 남성노인과 달리 70대부터 80대 후반에 해당하는 여성노인의 학대 피해가 높은 것으로 나타났다

제1절 노인학대

노인학대에 대한 인식이 아직까지 우리 사회에서는 제대로 되어 있지 않다. 또한 노인학대에 관한 학문적인 연구가 외국에서는 1970년대부터 우리나라는 1990년대부터 시작되어 왔으나 아직까지 노인학대의 개념규정에 대한 합의가 되어 있지 않다. 이는 노인학대가 각 사회의 문화와 가치관을 반영하는 특성 때문이라는 것이다.

다양한 노인학대 의미규정들 가운데 노인학대의 개념을 방임을 포함한 진보된 의미에서 규정한 것에 따라 정의해 보면 "노인학대란 노인과 동일가구에서 생활하고 있는 노인의 가족구성원인 배우자, 성인자녀, 그리고 기타 부양자나 친척에 의해 행해지는 신체적 · 정서적 · 재정적 착취 및 방임과 노인자신에 의한 방임을 말한다"(김미혜, 2001).

1. 노인학대 현황

노인학대는 각 유형별로 단일하게 발생하기도 하지만, 여러 유형의 학대가 동시에 가해지는 중복학대가 많다. 보건복지부(2006) 신고접수 총2,274건 중 988건인 43.4%는 단일학대 유형이다. 단일학대 유형의 경우, 언어 · 정서적 학대가 50.7%(501건)로 가장 높게 나타났고, 방임 33.7%(333건), 재정적 학대 6.6%(65건)를 차지하여 그 뒤를 이었다. 언어 · 정서적 학대와 방임이 단일학대 유형으로 가장 많은 이유는 언어 · 정서적 학대와 방임이 모든 학대가 시작되는 출발점이기 때문에 혹은 학대인줄 모르고, 스스로 모셔 돌보고 있다고 정당화하면서 이루어지는 학대이기 때문이다. 특히 방임의 경우는 '내가 모시고 있으니 괜찮다', '내가 보호하지 않느냐'라는 식의 태도로 정당화하는 데 문제가 있다. 중복학대는 언어 · 정서적 학대가 1,557건으로 42.3%를 차지하여 가장 높게 나타났고, 방임 22.2%(816건), 신체적 학대20.9%(768건), 재정적 학대11.3%(415건), 자기방임 1.7%(61건), 유기 1.2%(43건), 성적 학대 0.4%(15건) 순으로 그 뒤를 이었다. 2006년 한 해 동안 나타난 중복학대 유형에서 가장 많이 발생한 유형은 언어 · 정서적 학대+신체적 학대의 형태와 언어 · 정서적 학대+방임의 형태이다. 이와 같이 거의 대부분의 중복학대 유형은 언어 · 정서적 학대가 포함되는 걸로 나타났다. 이것으로 알 수 있는 것은 신체적 학대는 재정적 학대는 단일로 발생하는 것보다 다른 학대와 같이 발생하는 중복 학대인 경우가 많다.

2. 우리의 현실

우리나라에는 아직까지 노인학대에 대응하여 노인을 보호할 수 있는 독립된 법이 제정되어 있지 않다. 노인학대에 대한 법적인 대응은 1997년 11월에 제정된 〈가정폭력방지법〉이 유일하다. 그러나 이 법은 아내 폭력에 초점을 맞추고 있으므로 노인에게 가하는 신체적인 학대에 적용하기에는 적절하지 못하다. 가해자가 자녀인 까닭으로 부모가 자식을 신고하지 못하며 또 피해사실을 입증한 증거자료를 남기는 것은 더더욱 불가능한 것이다. 또한 학대받는 노인들이 학대상황을 피해 일시적으로 쉴 수 있는 쉼터도 마련되어 있지 않는 상황이므로 학대받는 노인들은 무방비 상태로 학대상황에 방치되어 있는 것이 현실이다.

"학대받는 노인 는다" … 서울서 신고 28%↑

피해자 4명 중 3명은 여성, 가해자 44.9%는 아들

지난해 서울 시내에서 자녀 등에게 학대를 받은 노인이 크게 늘어난 것으로 나타났다.

서울시는 작년 시 노인보호전문기관에 접수된 노인학대 신고건수가 669건으로 전년 521건에 비해 28.4% 늘어났다고 14일 밝혔다.

전국적으로는 2008년 5,254건에서 작년 6,160건으로, 17.2% 증가했다.

학대를 받은 노인 중 여성이 74.3%로, 남성의 3배에 달했다.

연령별로는 70대가 44.3%로 가장 많았고, 이어 80대 37.6%, 60대 17.5%, 90대 6.1% 등으로 집계됐다.

학대를 한 사람은 친족이 95.3%로 대다수였으며, 아들(44.9%), 딸(16.3%), 배우자(12.5%), 며느리(9.9%), 손자녀(4.5%) 등 순이었다.

이 중 아들은 50%를 넘었던 전년보다 소폭 감소했으나, 딸의 경우 점차 늘어나고 있다고 서울시는 설명했다.

유형별로는 '언어 및 정서적 학대'가 37.2%로 가장 많았으며, '신체적 학대'(25.3%), '방임'(18.5%) 등이 뒤를 이었다.

신고지역별로는 노원구, 관악구, 강남구, 강서구, 광진구 등 순으로 많았다.

서울시는 15일 '세계 노인학대 인식의 날'을 맞아 중구 명동 중앙광장 일대에서 '어르신이 웃는 세상! 우리 모두 웃는 세상!' 행사를 연다.

올해 5회째인 이번 행사는 서울시 관계자와 자원봉사자 등 100여명이 참가하며, 거리 가두행진과 노인학대 사진전, 상담전화 인지도 조사, 효도 서약서 작성, 사랑의 엽서 쓰기 등 이벤트가 열린다.

출처 : 연합뉴스 2010년 6월 14일자

제2절 노인학대 상담

1. 노인학대 상담과정

1) 사정 단계

사정 단계에서는 학대에 관한 필요한 정보를 수집하고, 노인이 당면한 상황 및 문제에 대한 전체적인 윤곽을 잡고 문제를 해결하기 위한 계획을 수립하게 된다. 이 단계에서 중요하게 고려할 사항은 노인 내담자의 문제를 정확하게 규명하여 해결해야 될 문제를 정의하라는 것이다. 문제를 제대로 규명하지 못하면 제안된 해결책이 부정확하거나 부적절할 수 있기 때문이다. 사정과정에서 노인의 장 · 단점을 파악하여 노인의 강점을 강화하여 노인 내담자스스로 자신감을 갖도록 격려하는 것이 좋다.

이 결과 노인 내담자는 상담사와 긍정적인 관계를 형성하게 되고, 문제해결을 위한 협력적인 관계가 형성되게 된다. 다양한 노인의 문제를 사정하여 개별적 문제 사이의 연관관계를 조사하여 이들이 미치는 영향의 정도를 파악하도록 한다. 상담사와 노인 내담자 사이에 효과적인 상담을 통하여 공동으로 해결해야 할 목적과 목표를 설정해야 한다. 이를 통하여 노인 내담자는 지지와 격려를 받음으로써 자신의 문제라는 사실을 파악하고 문제해결을 위한 자신의 잠재능력을 표출시켜 발휘하게 된다.

2) 개입 단계

개입 단계는 계획한 활동을 실제 행동으로 옮기는 단계이다. 이 단계에서는 노인의 환경, 가족구조 및 체계의 특성, 가족원의 특성 등을 고려하여 적절한 기법을 선택 · 적용하면서 노인 및 가족이 처한 상호작용의 유형을 변화시킬 수 있는 구체적인 활동이 이루어진다.

개입방법을 선택하는 데 있어서 유용한 지침을 다음과 같이 정리할 수 있다. 노인 내담자의 능력보다 주위 가족의 기대치가 높도록 한다. 적절한 압력은 노인 내담자로 하여금 긍정적 긴장을 유발하여 자발적인 노력을 가능케 하기 때문이다. 목표에 도달하기 위해 조급해하기보다는 상황의 변화에 맞게 단계별로 개입해야 한다. 개입방법을 선택할 경우 노인 내담자의 가치관과 의식을 존중하여 개입방법을 선택해야 한다. 노인 내담자의 상황에 따라 방어기제를 다룬다. 체계적 관점에서 노인 내담자와 그 가족에게 개입한다.

3) 종결 단계

효과적인 상담종결을 위해서는 종결이 갑작스러운 활동중지가 아니라 하나의 과정 혹은 단계라는 전제에서 시작되어야 한다. 종결은 치료의 끝을 알리는 행위 이상의 것이다. 그것은 치료과정에 있어서 필수적인 부분이고 적절하게 이해되고 다루어진다면 노인 내담자의 변화를 야기하는 중요한 요인이 될 수 있다. 따라서 효과적인 상담종결을 위해서 다음과 같은 사항들이 다루어져야 한다. 노인 내담자의 준비도를 평가하고, 상담을 통해 얻은 학습을 강화시킨다. 남아있는 정서적 문제를 해결하고, 상담사와 노인 내담자 간의 관계를 적절하게 끝맺는다. 학습의 전이를 극대화하고 노인 내담자의 자기신뢰 및 상담이 끝난 후에도 변화를 유지할 수 있는 자신감을 증가시킨다.

이것을 세부적으로 살펴보면 다음과 같은 순서로 진행될 수 있을 것이다.

- 인사
- 관심집중(주목)
- 경청(호소내용, 욕구 파악, 정서상태 파악, 수용, 공감 등)
- 상담목표 설정(물질적 서비스, 정서적 지지, 문제해결 기술제공 등)
- 문제해결방법 논의
  - 내담자의 과거 시도해 본 방법
  - 지금, 여기서 생각하고 있는 대안
  - 대안을 시도할 때 예상되는 장애물 등 질문
- 종결(내담자가 수행할 구체적인 실천사항 독려, 정서적 지지 등)

2. 노인학대 유형

노인학대의 유형으로는 때리거나 흉기를 사용하거나 감금을 하거나 화상을 입히는 등의 신체적인 손상을 가하는 신체적 학대, 욕설, 비난, 폭언, 협박 등의 언어적 · 비언어적인 행동으로 노인에게 심리적인 고통을 주는 심리 · 정서적 학대(언어적), 노인의 재산을 부당하게 착취하거나 생활비, 용돈을 주지 않는 재정적 학대(경제적), 보호가 필요한 노인에게 의식주 및 의료 제공을 기피하는 방임 등을 들 수 있다(김미혜 · 이선이, 1998).

표 10-1 노인학대 유형

학대 유형	주요 내용
신체적 학대	· 노인을 강제로 지하실이나 방에 가둔다 · 노인을 강제로 의자나 침대에 묶어둔다. · 부식제, 산 등의 화공약품을 사용하여 노인에게 의도적으로 화상을 입힌다. · 담뱃불로 노인을 지진다. · 노인을 발로 차거나 주먹을 때린다. · 의사의 처방을 받은 약품을 주지 않거나 노인의 행동을 통제하기 위해 의사의 처방을 받지 않은 약물을 강제로 복용시킨다. · 노인을 밀어서 넘어뜨린다. · 부양자가 노인의 머리채를 잡아당기거나 움켜잡아 뽑는다. · 스스로 식사 준비를 할 수 없는 노인을 2~3일 이상 혼자 집에 방치한다.
심리적 학대	· 부양자가 부양 부담으로 인한 스트레스를 노인에게 노골적으로 표현한다. · 노인에게 모욕적인 말을 하여 노인의 감정을 상하게 하거나 수치심을 느끼도록 한다. · 가족모임이나 의사결정 과정에서 고의로 노인을 소외시킨다. · 위협적이고 무례한 태도를 취하여 노인으로 하여금 불안한 마음을 갖게 한다. · 거동이 불편한 노인에게 청소나 빨래 등 노인이 실행하기 어려운 일을 강요한다. · 노인의 친구나 친지 등이 방문하는 것을 싫어한다. · 노인에게 욕설을 하거나 고함을 지른다. · 노인을 양로원 등의 시설로 보내겠다고 위협한다. · 노인이 가족을 타이르거나 의견을 말하면 간섭이라고 불평하거나 화를 낸다.
경제적 착취	· 노인이 작성하였던 유언장을 노인의 동의 없이 수정하거나 새로운 수혜자를 지명한다. · 노인의 유언장을 허위로 작성한다. · 노인의 허락없이 부양자가 마음대로 노인의 부동산 소유권 이전 등과 같은 재산권을 행사한다. · 연금이나 임대료 등 노인의 소득을 가족이나 친지가 가로챈다. · 노인에게서 빌린 노인의 물건을 돌려 주지 않는다. · 보석 등 값 나가는 노인의 물건을 훔친다.
방 임	· 병원에서 치료를 받아야 할 상황인데도 노인을 병원에 모셔가지 않는다. · 주변 환경을 정비하지 않고 불결하게 방치하거나 노인이 사고를 당할 수 있는 위험한 상황에 처하게 된다. · 목욕이나 배변 시 도움이 필요한 노인에게 도움을 주지 않는다. · 경제적인 능력이 있는데도 불구하고 돋보기, 보청기, 틀니 등 생활에 필수적인 보장구를 제대로 마련해 주지 않는다. · 부양자나 가족이 노인에게 무관심하거나 냉담하게 대한다. · 치매 등으로 인하여 인지기능을 상실한 노인에게 주의를 기울이지 않아 노인을 배회하게 한다.

표 10-1 (계속)

학대 유형	주요 내용
자기방임	· 노인 스스로 외부와의 접촉을 기피하여 고립을 자초한다. · 노인이 의사의 처방에 의한 약을 정해진 시간에 복용하지 않거나 복용을 거부한다. · 노인이 자신의 개인위생에 관심을 기울이지 않는다. · 노인 스스로 식사 횟수를 제한하거나 식사량을 줄여서 영양실조나 탈수상태에 빠진다. · 노인이 정상적인 노화과정으로 인한 자신의 신체기능의 저하를 비관하다. · 노인이 자신의 처지를 비관하여 자살을 시도한다. · 노인이 죽고 싶다는 말을 자주 하는 등 삶에 대한 체념적인 태도를 갖는다.

출처 : 김미혜 · 이선희, 1988.

제3절 노인학대 상담 사례

1. 상담 사례

1) 사례 개요

- 내 담 자 : 김용섭(가명, 남, 만 69세)
- 주된문제 : 자녀로부터 신체적, 심리 · 정서적 학대를 당함
- 가 족 력 :

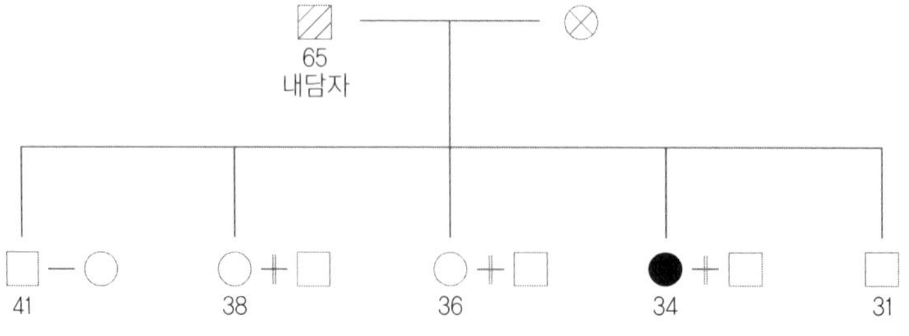

가계도(family diagram) – ● : 가해자

내담자는 슬하에 2남 3녀를 두었다. 배우자는 약 3년 전에 사망하였고 본 상담센터의 일시쉼터에 입소하기 전까지 약 15평 정도의 내담자 소유의 연립주택에서 이혼한 두 딸, 막내아들 그리고 손자와 함께 살고 있었다.

큰아들은 결혼하여 지방에 거주하고 있으며 큰아들 내외는 결혼 초부터 부모님과 따로 살았기 때문에 홀로되신 아버지와 함께 살 생각이 전혀 없는 상태이다. 며느리는 시어머니로부터 시아버지가 젊은 시절 집안을 돌보지 않았던 사실과 그로 인해 시어머니가 겪었던 정신적인 고통과 경제적인 어려움에 대해 과도할 정도로 들어왔기 때문에 같은 여자로서 동지애적인 공감을 하게 되어서 시아버지에 대해 부정적인 생각이 강하며 함께 살 생각이 전혀 없다.

큰딸은 결혼에 실패하여 현재 혼자 서울 근교에 살고 있으며 식당에서 일을 하며 살아가고 있다. 둘째딸과 셋째딸 역시 이혼을 하고 친정에 와서 생활을 하고 있다. 둘째딸에게는 아들이 하나 있으며, 학습지 선생을 하고 있다. 가해자인 셋째딸 역시 직장에 다니고 있기는 하나 정확히 어떤 일을 하는지는 모른다. 막내아들은 일정한 직업이 없으며 돈이 생기면 경마장에 가서 경마를 한다.

2) K 상담센터 상담 의뢰경위

내담자의 거주지역 근처 교회에서 목회를 하시는 전도사님이 노인정 놀이터에 계시는 내담자와 우연히 상담을 하는 과정에서 자녀로부터 학대를 받고 있으며 식사도 제대로 하지 못하고 이로 건강상태도 나빠지게 되었다는 사실을 알게 되었다. 그리고 갈비뼈가 부러져 있던 내담자를 병원에 입원시켜 치료를 받게 하였다. 이 과정에서 전도사님이 본 상담센터에 일차로 상담을 하였고 이후 내담자의 주소지 사회복지전문요원이 본 상담센터로 의뢰해 임시쉼터에 입소하게 되었다.

3) 문제 상황

내담자는 건강상태(위염과 장이 나쁨)와 본인의 성격적인 문제로 인해 거의 활동을 하지 않고 집에 있으면 주로 누워서 지낸다. 둘째딸은 직장에 다니기 때문에 아침 일찍 나가 저녁 늦게 들어오며 막내아들은 일정한 직업은 없으나 집에 거의 있지 않고 돈이 생기면 경마장에서 경마를 하거나 도박을 하며 아버지에 대해서 전혀 관심이 없다.

자랄 때부터 성격이 유별났던 셋째딸은 이혼 후 친정에 와서 살면서 내담자가 어머니에게 잘못했던 일들과 현재의 생활태도가 마음에 들지 않는다는 이유로 내담자를 집에 있지 못하게 하고 밖으로 쫓아냈으며 식사를 할 때는 반찬을 먹지 못하게 하였다.

내담자가 집에서 나가지 않으면 막대기 같은 것으로 때리고 강제로 밀어내어 집 밖으로 쫓아냈다. 식사도 제대로 챙겨주지 않아 내담자는 집 근처 노인정에서 점심 때 끓여주는 라면 한 끼로 하루 식사를 대신한 적이 많다. 내담자는 별로 말씀이 없는 편이라 이렇게 굶고 집에서 쫓겨나는 상황에 대해 다른 자녀들에게 말하지 않았다. 그러나 가족들이 있을 때에도 셋째딸은 내담자에게 소리를 치거나 때리려는 몸짓을 보였고 또 내담자의 몸에 나있는 멍 자국으로 다른 자녀들도 어렴풋이 알고 있었으나 모두 방관적인 태도를 취했다고 보여진다.

4) 내담자와 자녀들에 대한 상담

(1) 내담자와의 상담

내담자는 자신은 아이들에게 한 번도 매를 들거나 큰소리를 쳐 본적이 없으므로 자녀들에게 그다지 잘못한 것이 없다고 생각하고 있다. 그리고 아버지로서의 역할을 본인 나름대로는 했다고 생각을 하고 있으며 다른 자녀들도 자신에 대해 애정을 가지고 있다고 생각하고 있다. 단지 셋째딸이 성격이 모가 나고 돌아가신 부인에게 잘못한 것 때문에 자신에게 어머니를 대신하여 화풀이를 한 것이며 또 이혼으로 인해 정신적인 충격을 받아서(처음에는 정신병이 있다고 말씀하셨음) 자신에게 그런 행동을 했을 것이라고 했다. 자신에게도 책임이 있음을 시인했다.

내담자는 셋째딸의 행동을 제재할 수 있었으나 그 과정에서 두 사람 중 한 사람은 크게 다칠 수 있으므로 자신이 참고 있었다고 했다. 셋째딸이 지금이라도 자신에게 잘못했다고 한 마디만 하면 다 풀어질 수 있다고 하며 다른 자녀들에 대해서 원망스러운 마음은 전혀 없다고 했다. 단지 쉼터에서 나가면 집으로 돌아가야 하는 상황인데 셋째딸의 학대

행위가 재발될 것이 분명하므로 어떻게 해야 할지 막막한 심경이라고 했다. 그리고 내담자는 자녀의 학대에 대한 상담을 기피하는 태도를 보였다.

(2) 내담자의 자녀들과 상담

- 내담자의 장남은 입소할 때 잠시 온 이후로 지방에 거주한다는 핑계로 한 달이 지난 후에야 상담을 할 수 있었음

자신은 아버지가 어렸을 때 어머니를 때리고 가정을 돌보지 않는 모습을 보며 살았다. 택시운전을 했던 아버지는 수입이 많았으나 집안은 거의 돌보지 않고 몇일 일을 한 뒤에는 번 돈을 당신의 유흥비로 거의 다 사용을 했다. 그리고 자라면서 아버지의 사랑이라는 것을 거의 모르고 지내 단란한 가정을 보면 굉장히 부러웠다. 이런 가정이 싫어서 고등학교 때 집에서 나와 혼자 생활하면서 자립을 하였다. 어릴 때 자신이 아버지의 사랑을 모르고 지냈기 때문에 모범적인 아버지의 상을 가지고 있지 못해 현재 자신의 가정을 꾸려나가는 데 어려움을 겪고 있다.

- 둘째딸과의 상담도 상담자가 여러 차례 연락을 한 후에야 할 수 있었음

둘째딸은 이혼 후 친정에 들어와 살면서 아버지의 생활태도에 대해 분노의 감정을 가지게 되었다고 했다. 돌아가신 어머니가 항상 불만이었던 부분–집에 계시면 아무것도 하지 않고 누워만 계신다–때문에 자신이 정신적으로 무척 힘들고 어머니를 많이 고생시킨 아버지가 밉고 또 아버지에게 관심과 사랑을 받은 기억이 없어 아버지에 대한 애정이 없다고 했다. 그리고 일이 벌어진 후 오빠가 일방적으로 자신들에게 집을 팔아서 아버지를 양로원으로 모셔야 하니까 집에서 나가라고 한 것에 대해 불만을 가지고 있었다. 오빠 역시 아버지를 모실 생각이 전혀 없으며 아버지에게 관심을 두지 않았던 점에서 자신들만 비난할 자격이 없다고 생각하고 있었다. 그리고 결국 자신이 아버지를 책임져야 할 상황이 될 것이라고 하며 항상 자신이 이런 책임을 져 왔다며 불만을 토로했다.

셋째딸의 학대행위(신체적 학대)에 대해서 자신은 몰랐으며 욕설하고 소리치는 것은 알았지만 성격적인 문제 때문에 제지할 수 없는 상황이었고 했다.

• 막내아들과는 내담자가 설연휴 동안 집으로 가셔야 해 모시러 와서 상담을 함

막내아들 역시 누나가 아버지를 때리는 것을 직접 보지는 못했고 욕설을 하거나 소리를 지르는 것은 들었다. 자랄 때 아버지의 폭력을 보았기 때문에 아버지에 대한 미운 감정이 한때는 크게 있었으나 지금은 무관심한 상태이며 아버지에 대해서 아무 감정이 없다고 했다.

• 큰딸과는 전화상담을 잠시함

아버지의 상황에 대해서 알고 있으며 자신이 아버지를 모실 집을 마련해 준다면 아버지를 모시고 살 수 있다고 했다. 다른 부분에 대해서는 상담을 할 만한 시간적인 여유가 없다고 하며 또 자신 내방할 수 없는 상황이라며 상담을 회피하는 태도를 보였다.

이 문제의 주된 인물인 셋째딸과의 상담을 여러 차례 시도했으나 실패했다. 다른 가족들은 가해자가 직장을 다니고 있어서 늦은 시간에 들어온다고 하며 상담이 불가능할 것이라고 했다. 또 꼭 상담을 해야 하는가 하는 태도를 보여 본인이 상담을 기피하고 있으며 다른 가족도 상담을 할 수 없도록 협조를 하고 있는 듯 했다.

5) 문제 사정

이 사례의 경우 내담자를 신체적 · 정서적으로 학대한 셋째딸로 인해 문제가 드러났으나 실제로 가족성원 모두가 가해자이며 피해자라고 볼 수 있다. 노인학대의 피해자인 내담자는 배우자에 대한 폭력을 사용했던 가해자였으며 할머니 역시 피해자였으나 동시에 자녀들에게 남편에 대한 불만과 불평을 오랜 기간 동안 지속적으로 주입시켜 자녀들이 내담자를 학대하도록 동기를 제공했다고 볼 수 있다. 자녀들 역시 아버지의 사랑을 받지 못하고 성장하면서 심리적으로 상처를 받게 되었으며 그 결과 신체적인 학대를 하거나 방임의 태도를 취하게 되었다고 보인다.

내담자는 한 가정의 가장으로서 가정경제를 책임지지도 못하였으며 또한 남편으로서의 역할도 제대로 하지 못하고 형식적인 부부관계만을 유지하였다. 자녀에게도 아버지로서의 역할을 제대로 하지 못하여 자녀에게 가족구성원으로서의 제 역할을 수행할 수

있도록 양육하지 못했으며 가족공동체를 결속시키는 가족애를 키울 수 있는 환경을 마련해 주지도 못했다. 이로 인해 왜곡된 부모-자녀관계를 형성하게 되었다고 보이며 형제관계 역시 형제애가 없는 이름만의 형제, 자매에 불과한 관계가 형성되게 되었다고 보인다. 그 결과 부부사이나 부모자녀 간에 상호작용이 전혀 이루어지지 않았고 이름만 '가족'인체 가족구성원 모두 각각의 개체로서 공존을 했을 뿐인 것으로 보인다.

또한 내담자가 바람직한 결혼생활의 모범을 보여주지 못했기 때문에 자녀들 역시 결혼생활이 원만하지 못하며 장남만이 유일하게 가정을 꾸려나가고 있으나 장남 역시 가정을 원만하게 꾸려나가고 있지 못하며 딸들은 모두 이혼한 상태이다.

아울러 자녀들은 모두 내담자의 문제에 개입하려고 하지 않으며 방관적인 태도를 보이고 있다. 특히 막내아들의 경우 한집에서 아버지와 함께 방을 사용하고 있음에도 불구하고 아버지가 당한 학대 사실에 대해 모르고 있었으며 '아버지'라는 존재조차 잊어버리고 자신과는 전혀 무관한 타인과 같은 생각을 가지고 살아왔던 것이다. 가족구성원들의 이러한 정서로 인해 내담자는 계속 학대상황에 노출되어 왔다고 보여 진다.

6) 개입에 대한 논의

내담자의 사례에 대해 상담센터의 전문상담자원봉사자인 ○○○ 사회복지사와의 함께 다음과 같은 개입 방안을 구상해 보았다.

내담자의 가족의 역기능적인 현재의 상태와 경직되어 있는 경계를 해체함으로써 현재의 문제를 해결 할 수 있는 계기를 마련하는 것이 필요하다고 보인다. 이를 위해 피해자를 중심으로 해결방안을 찾기보다 먼저 자녀들을 중심으로 해결방법을 찾는 것이 바람직할 것으로 생각이 되었다. 이는 내담자가 쉼터에서 생활하면서 타인과 관계를 전혀 갖지 않으며 대화를 거의 하지 않고 지내고 있으며 상담에도 소극적인 태도를 보이며 심리적 · 신체적으로 무기력한 상태에 있기 때문에 문제해결능력이 전혀 없는 상태로 보이기 때문이다. 따라서 가족의 역기능적인 문제를 해결하기 위해서는 부양의 책임이 있고 이 가족을 이끌고 나갈 책임이 있는 자녀들에게 초점을 맞추는 것이 바람직할 것이라고 보인다.

먼저 자녀들이 가지고 있는 아버지에 대한 부정적인 감정을 해결하는 것이 필요하므로 경험주의 가족치료를 바탕으로 개입계획을 구상하였으며 이후 부양과 관련된 부분에 대해서는 문제해결 중심적 모델로 개입계획을 마련해 보았다.

(1) 내담자에 대한 자녀들의 부정적인 감정을 해소하기(경험주의 가족치료)

- 아버지에 대한 부정적인 감정을 인지 : 아버지에 대한 감정을 명확화 · 구체화시킨다.
- 아버지의 삶을 인정하고 이해 : 아버지와 자녀들이 서로의 생활사를 공유하여 상대를 이해하고 수용할 수 있도록 한다.
- 아버지에 대해 용서 : 자녀들의 아버지에 대한 분노의 감정을 표현하고 해소하여 아버지를 용서할 수 있도록 한다.

(2) 아버지 부양과 관련된 문제해결하기(해결 중심적 모델)

- 아버지 부양에 대한 책임 인지 : 아버지의 존재를 인정하고 자녀로서 부양의무가 자녀들 모두에게 있음을 인식하도록 한다.
- 아버지 부양을 위한 해결방법 모색 : 부양과 관련된 부담을 최소화할 수 있는 방법을 찾는다.
- 아버지 부양과 관련된 형제들 간의 역할 분담하기 : 부양과 관련하여 자신들이 감당해야 하는 부분에 대한 합의와 실천을 할 수 있도록 한다.

사례의 경우 가족들의 비협조적인 태도로 가족들과의 상담을 진행하는 데 어려움이 많았다. 이 글을 끝내면서 앞에서 제시한 해결방안과 현실적인 개입에 있어서의 문제와 한계점을 몇 가지 살펴보면,

첫째, 이 사례의 경우 내담자가 평생을 가정을 돌보지 않고 자신을 위해서만 살아왔으며 또한 생활습관이 나태해 이로 인해 자녀들 모두가 성장하면서 아버지로 인한 가정의 불화로 받은 정신적인 피해가 극도에 달했으며 늙어 무기력해진 내담자의 현재의 생활모습 역시 게으름 그 자체로 보이기 때문에 내담자의 삶의 태도의 변화 없이 자녀들에 대한 일방적인 태도의 변화를 요구하는 것이 수용이 될까 하는 것이다.

둘째, 자녀들이 상담의 응할 의지를 전혀 보이지 않는 상황에서 상담자가 수차례 상담

을 요청하였으나 자녀들 모두 생업에 바쁘다는 핑계로 상담을 기피하고 있으므로 강제적인 상담을 요구할 수 없는 현실에서 개입이 불가능할 것으로 보인다.

셋째, 학대의 가해자에 대한 개입을 전혀 할 수 없다는 점 역시 노인학대 상담에 있어서 커다란 과제이다. 셋째딸이 상담을 의도적으로 기피하고 있으므로 다른 형제들에게 가해자와의 상담의 필요성에 대해 피력을 하였으나 가해자의 성격적인 문제(난폭하고 독하며 남의 말을 전혀 들으려 하지 않는다)를 언급하면서 오히려 상담을 하지 말 것을 권유하고 있다는 것이다. 또한 가해자 역시 성장기에 받은 상처로 인한 심리적인 문제를 해결하지 못한 상태에서 본인의 현재의 문제로 인한 정신적인 고통이 학대행위를 한 것으로 볼 수 있으며 이렇게 볼 때 가해자에 대한 개별상담이 필요하다고 생각된다.

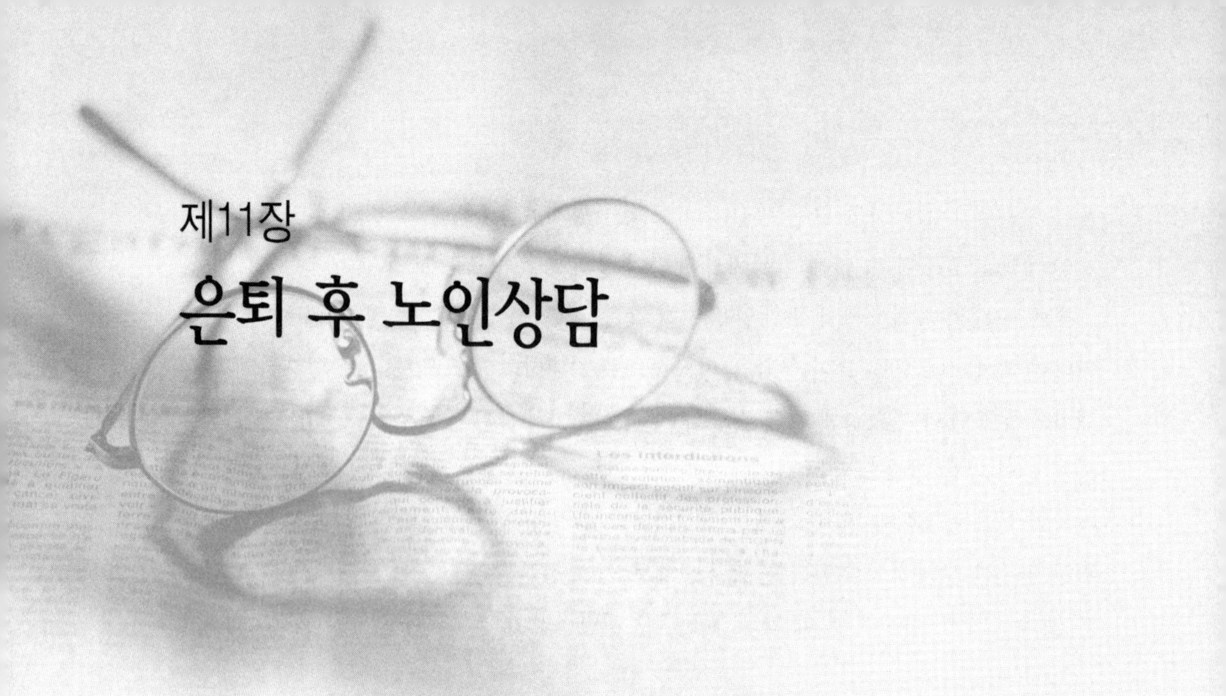

제11장

은퇴 후 노인상담

퇴직한 남편으로 인한 고통을 호소하는 주부들이 늘고 있다. 이른바 '은퇴남편증후군'(Retired Husband Syndrome)이다. 1991년 일본에서 처음 이름 붙인 이 증후군은 은퇴남편을 돌보느라 아내의 스트레스 강도가 높아져 정신적 · 신체적 이상이 나타나는 걸 말한다.

우리나라에서는 아직 정신의학계 등이 본격적으로 이 증후군을 다루거나 크게 사회 문제화하고 있지 않은 상태라 정확한 통계는 잡히지 않고 있다. 그러나 조기퇴직과 고령화 등과 맞물려 점차 수면 위로 떠오르고 있는 상황이다.[25] 이 증후군의 증상은 다양하다. 우울증과 불안증, 불면증부터 소화불량, 위염, 두드러기를 비롯한 피부 발진 등 개인에 따라 증상이 다르다. 이 증후군은 스트레스에 의한 일종의 '홧병'이다. 수십 년 '남편 부재(不在)'생활에 익숙했던 주부들은 갑자기 이 리듬이 갑자기 깨지면 심리적 부적응 상태에 빠지게 된다. 여러 가지 요인이 있다.

첫째, 생물학적 요인도 있다. 남성들은 나이가 들수록 남성 호르몬이 퇴조하고 여성 호르몬 분비는 늘어난다. 한 정신과 의사는 "50대 이후에는 여성성 증대로 관심사도 다양해져 '남편 바가지'로 표출되곤 한다."며 "그러나 본인은 잔소리가 아니라 '가장이 맥을 짚어주는 것'으로 오인한다."고 설명했다.

---

25) 남궁기 연세대 의대(정신과) 교수는 "최근 2년 동안 이 같은 상담 사례가 2배 가량 늘었다."고 말했다.

둘째, 심리 · 사회적 요인이다. "우리나라의 남편들이 직장에 올인하면서 정작 아내와의 일대일 파트너십을 맺는 데에는 미숙해 발생하는 현상"이라며 "우리 사회는 서구보다 부부간 역할 분담이 확실해 그런 경향이 강하다."고 지적했다(남궁기, 2009). 젊은시절부터 취미생활 공유, 집안일 분담 등 공동 훈련을 통해 친밀화 단계를 거쳐야 하다는 조언도 있다.

황혼가정 좀먹는 '은퇴남편증후군'

주부 이모(53) 씨는 요즘 남편만 보면 짜증이 쏟아진다.

대기업을 다니다 2년 전 퇴직한 남편(58)이 집에 들어 앉아 잔소리를 일삼기 때문이다. 이 씨는 "예전엔 집안일에 관심도 없더니만 자꾸 간섭하고 시비를 걸어 속이 부글부글 끓는다."고 말했다.

끼니를 꼬박꼬박 챙겨주느라 외출도 힘들어졌다. 동창 모임이라도 나갈라치면 "점심밥 안 차려주고 어딜 쏘다니냐."는 핀잔을 듣기 일쑤다. "남편이 은퇴하면 오순도순 노년을 보내려 했는데 현실은 딴판이에요. 다 늙어 '영감 시집살이'가 시작된 셈이죠." 이씨는 정신과 상담에서 우울증 진단을 받았다.

주부 윤모(55) 씨는 "전에는 남편이 출근하고 아이들 학교 보내고 나면 내 세상이었는데 이젠 온종일 남편 눈치나 보면서 하나하나 챙겨줘야 해 피곤하다."고 토로했다.

성장한 자녀들이 '고통'을 몰라주는 것도 스트레스를 가중시킨다. 박모(62 · 여) 씨는 "아이들은 '아버지가 그동안 고생하셨으니 이젠 어머니가 잘해 드려라'고만 말한다."며 섭섭해했다. 그 결과 '악처 콤플레스'도 생겨나고 있다. 전문가들은 "일본과 달리 한국 주부들에겐 남편을 성가신 존재로 여기넌 '내가 나쁜 아내인가'라는 죄책감까지 더해지는 특성을 보인다."고 설명했다.

출처 : 한국일보 2007년 4월 20일자

셋째, 경제학적 요인이다. 우리나라의 가장들은 과도한 교육비, 주거비 그리고 조기은퇴로 인해 충분한 노후자금을 마련해 놓지 않은 상태에서 은퇴한다. 이러한 요인들로 인해 경제적인 어려움에 처하는 경우가 많아지고 있다.

넷째, 가족 간의 요인이다. 은퇴남편증후군은 또 '황혼이혼'으로 이어져 말년에 가족이 해체될 위험성이 높다는 데 그 심각성이 있다. 실제 황혼이혼은 갈수록 늘고 있다. 전체 이혼율은 3년째 감소 추세지만 55세 이상 남성의 이혼은 전년보다 7.8% 증가한 1만 2,900건으로 연령대 중 가장 높은 증가율을 보였다. 50~54세 남자(1만 1,800건)도 7.3% 증가했다. 여자도 45세 이상에서만 10% 이상 이혼이 늘어났다. 10년 전과 비교하면 55세 이상 이혼은 남자와 여자가 각각 3.5배, 5.1배 증가했다(통계청, 2006). 노년기에는 자녀의 독립, 남편의 사회적 지위 감소와 같은 이혼 갈등 요인이 상당부분 제거되면서 이혼 희망률이 높아진다. 이럴때 부부가 취미나 운동을 공유하는 등 변화된 상황을 받아들이고, 성 역할의 고정관념에서 벗어나려는 노력을 기울여야 황혼의 위기를 넘길 수 있다고 하였다(변화순, 2007).

은퇴후 가족에 집착하면 '부담 100배'
배우자 사생활 인정하고… 자식보단 손자손녀 사랑을

사회와 가정으로부터 이중의 소외감을 느끼는 은퇴자들은 가족에 의존하려 하기보다는 스스로 적극적인 대인관계를 맺어가는 노력이 필요하다.

사업가 권모(68) 씨는 8년 전 은퇴를 결심하면서 2남 1녀의 자녀들과 3층짜리 한 집에서 모두 함께 사는 꿈에 부풀었다. 하지만 막상 은퇴 후 자녀들과 잦은 트러블을 겪자 부부가 단둘이 살기로 결정했다.

그는 "장남이 말을 잘 듣는 효자였는데 결혼을 하고 나서는 성격이 변했는지 며느리 말만 듣고 곧잘 큰소리를 냈다."며 "차라리 다 내보내고 남은 생은 아내와 잘 살아보자는 생각에 거실에 걸어뒀던 가족사진도 치워버렸다."고 말했다.

사회적 단절을 경험하는 은퇴자들은 가족에게 의존하는 심리가 전보다 더 커지지만, 가족은 이런 은퇴자를 선뜻 이해하고 받아주지 못하는 게 현실이다. 곽금주 서울대 심리학과 교수는 "가족에게 실망한 은퇴자들은 극단적인 고립감에 시달리며 우울증을 겪기도 한다."며 "가족에 대한 지나친 기대감을 버리고 작은 일에 상처받고 움츠러들기보다 스스로 내면의 심리적 만족감을 얻는 일에 몰두할 수 있는 방법을 찾아야 한다."고 조언한다.

손자손녀에게 애정을

은퇴자들은 제일 먼저 소원했던 자녀와의 관계 회복을 꿈꾼다. 하지만 성인이 된 자녀들의 반응은 차갑기만 하다. 은퇴설계전문 컨설팅업체인 DBM코리아 유홍렬 이사는 "대부분의 은퇴자들이 자녀에게 가족여행이나 식사모임을 제안했다가 몇 번 거절당하고 나면 충격을 받고 아예 마음의 문을 닫는 경우가 많다."며 "자녀의 어린시절만 생각해서 친밀감을 금방 회복할 수 있을 거라는 기대를 해선 안 된다."고 조언했다.

전문가들은 자녀와의 갈등을 단시일 내 풀려고 하기보다 마음의 문을 열고 기다리는 자세가 필요하다고 강조한다. 자녀보다 손자손녀에게 관심을 쏟으며 새로운 추억을 쌓아가는 것도 방법이다. 주거지를 근거리로 옮겨 손자손녀의 유치원 재롱잔치나 초등학교 입학식에 참석하면 가족간 대화의 소재가 끊기지 않고 자녀뿐 아니라 며느리, 사위와의 관계에도 도움이 된다.

은퇴증후군 앓는 아내에게 심리적 보상을

은퇴자들은 자신만 사회적 단절감과 소외감을 겪는다고 생각하기 쉽지만 이는 배우자도 마찬가지다. 배우자는 남편이 어느날 갑자기 사회적 지위를 잃고 집안에 틀어박혀 있다는 사실을 견디지 못하는 경우가 많다. 곽 교수는 "전업주부 아내는 남편의 사회적 지위를 자신과 동일시하며 살아왔기 때문에 은퇴증후군을 함께 겪는다."며 "남편과 보내는 시간이 많아질수록 상대방의 결점이 더 크게 보이는 등 잠재된 부부 갈등이 수면 위로 떠오를 수 있다."고 경고한다.

지난 10년간 65세 이상 부부의 '황혼이혼' 비율이 5배 이상 증가한 것도 묵은 부부갈등과 관련이 깊다. 자녀와 달리 부부갈등은 덮어두고 기다린다고 해결되지 않는다.

전기보 행복한은퇴연구소 소장은 "아내의 은퇴증후군을 인정하고, 재산 분할이나 가사분담 등에 구체적으로 합의해 심리적 보상을 해줄 필요가 있다."고 말한다. 은퇴 후에는 부부가 무조건 함께 움직여야 한다는 부담감을 갖기보다는 심리상담 프로그램에 함께 참여해 서로의 성격을 정확히 진단한 후 활동시간을 조정하는 것도 방법이다.

다시 신입사원의 마음으로

은퇴자들 대부분이 취미나 봉사활동을 통해 제2의 사회인맥을 만들려고 노력하지만 정작 새로운 대인관계에서 사회 부적응을 호소하는 경우가 적지않다. 은퇴자들의 비영리단체 재취업을 돕는 희망제작소 해피시니어 남경아 팀장은 "비영리단체의 속성을 정확히 파악하지 못한 채 막연한 봉사의식만으로 참여하면 실망감이 더 클 수 있다."고 말한다.

많은 은퇴자들이 영리와 효율성을 목적으로 하는 엄격한 조직에서 30년 넘게 일해 왔기 때문에 나이나 직급을 막론하고 의사를 개진하는 수평적인 의사결정구조를 비합리적인 것으로 받아들이거나 자유로운 옷차림, 호칭에도 적응하지 못하는 경우가 많다. 남 팀장은 "은퇴 후의 사회활동은 제2의 취업을 한 것과 마찬가지이기 때문에 신입사원 같은 열린 마음으로 자신을 내려놓는 연습이 필요하다."고 강조했다.

출처 : 한국일보 2008년 6월 10일자

제1절 은퇴 후 노화와 유형

1. 사회적 노화

1) 사회적 관계망과의 상호작용

노년기에 원만한 부부관계를 유지하기 위해서는 건강 및 경제적 자립, 생활범위의 조정 등이 이루어져야 한다. 특히 남성노인의 경우 은퇴 이후 익숙하지 않은 가정이라는 공간에서 머물게 되는 시간이 늘어나게 되면서 배우자와 갈등을 일으키는 경우가 많아질 수 있으므로 양성적 성역할을 사전에 학습할 필요가 있다.

2) 연령규범과 사회화

연령규범이란 동시대인이 특정 연령대에 적합한 행동을 하도록 각 개인에게 요구하는 사회적 기대나 가치를 의미한다. 이러 연령규범은 한 개인이 무엇이 옳고 그른가를 판단하는 데 영향을 미칠 뿐만 아니라 특정 연령대에 속한 사람들의 권리와 의무를 규정하게 된다.

이와 같이 노년기와 관련된 명확한 연령규범의 부재로 인하여 중년기 이후에 노년기에 적합한 가치, 기술, 지식, 행동 등을 사전에 학습하고 싶어도 할 수가 없게 되며, 예비적 사회화 과정을 거치지 못한 채 노년기에 진입하게 됨으로써 노후생활에 많은 혼란과 어려움을 경험하게 된다.

3) 지위와 역할의 변화

사회적 지위란 사회적 신분에 따라 개인이 차지하는 자리나 계급을 의미하며, 역할이란 지위의 동적인 표현으로서 특정한 지위에 상응하는 기대행동이라고 할 수 있다.

2. 은퇴 후 역할 수행 유형

직장에서 은퇴한 후 기존의 사회 환경과는 다른 환경에서 생활하기 때문에 노인기에는 많은 갈등을 겪게 된다. 노인들의 역할 수행 유형을 통해 이들이 부적응의 문제점 상담에서의 대응방안을 살펴 보고자 한다.

1) 재구성형

젊음을 유지하고 활동적으로 지역사회활동에 참여하는 노인으로서 은퇴 후에 더욱 왕성하게 직장생활동안에 하지 못했던 자기개발, 자원봉사 그리고 지역사회 참여로 이어지는 유형이다. 하지만 좌절을 겪게되면 급격히 활동이 줄어드는 경향이 있다.

2) 집중형

심사숙고해서 선택한 몇 가지 활동에 에너지를 집중하는 유형이다. 이 유형은 평소에도 일처리를 할때 천천히 일을 하는 편이다. 매사 신중하고 실수가 적은 편이다. 그러나 너무 신중하게 일을 처리하기 때문에 새로운 환경에 적응하는 데에는 시간이 많이 걸리는 편이다.

3) 유리형

조용히 자기 몰두하고 스스로 사회적 관계로부터 소원해지는 유형이다. 은퇴 후에 시골로 내려가서 생활하거나 집에서 벗어나지 않고 생활하는 유형이다. 그러나 은퇴 후에 새로운 환경의 적응이 힘들고 가족 간의 관계가 쉽게 소원해지는 경향이 있다.

4) 계속형

나이를 먹는다는 사실을 두려워하지만 바쁜 생활을 계속하고 성취지향적이며, 결코 은퇴하지 않는 형태이다. 정년을 넘기고도 왕성한 활동을 하는 유형이다. 신체적으로 건강하다고 자부하는 유형이다. 하지만 사회환경에 좌절을 겪게 되면 크게 낙담할 수 있는 유형이다.

5) 제한형

능력 상실과 노화의 위협에 사로잡혀 있으며, 에너지를 축소시켜 쇠퇴를 회피하려고 노력하는 유형이다. 기존의 생활환경을 조금씩 줄여가면서 시대에 뒤떨어진 환경에 적응하려고 노력하는 유형이다. 하지만 점차로 주변부로 밀려나서 소원해지는 경향이 있다.

6) 구원요청형

보통 정도의 사회활동을 유지하나 타인에게 정서적으로 의존하는 유형이다. 은퇴 후에도 혼자 지내지 못하거나 가족간에 계속적으로 의지하는 경향이 있다. 하지만 가족 간의 관계가 멀어지고, 사회에서 뒤처지게 되면 쉽게 사회로부터 유리된다. 그러므로 사회로부터 관심과 배려가 필요하다.

7) 무감각형

인생을 수동적으로 살아온 사람으로 안락의자에 앉아 아무 일도 하지 않고 소일하는 형태이다. 기존의 살아 온 형태를 탈피하지 않고 계속적으로 고수하는 형태이다. 하지만 가족 간의 관계가 좋지 않거나 소원해지면 주변과의 관계를 단절하고 혼자서 생활하게 된다.

8) 와해형

사고력이 퇴화되고 정서통제가 불가능한 유형이다. 가장 심각한 문제가 있는 유형이다. 사회적으로 고립되어 있고 주변의 도움이 없으면 생활하기 힘든 형태이다. 이 유형의 경우 방치되면, 자살 등의 극단적인 방안 선택하게 되는 경향이 있다. 사회의 관심과 배려가 가장 많이 필요하다.

은퇴 남편 특징

오가라 유리(小川硝子)[26]는 은퇴한 남편들[27]은 몇 가지 특징을 보인다고 하였다.

---

26) 《정년남편 길들이기》 중에서, 오가라 유리(일본 수필가)

27) 좋은 남편되기 10계명

① 결혼 전, 신혼 초 관심과 사랑이 변치 않도록 노력하라.
② 결혼기념일과 아내의 생일을 잊지 마라.
③ 평소 아내의 옷차림과 외모에 관심을 보여라.
④ 아내가 만든 음식에 대해 말과 행동으로 늘 감사를 표시하라.

첫째, 잠옷 차림으로 종일 거실에서 빈둥거린다. 점심은 당연히 차려주겠거니 생각한다. 텔레비전이 친구다. 취미활동은 없다. 아내가 어디를 가나 따라다니려 한다. 이웃의 얼굴과 이름을 전혀 모른다. 아내의 전화에 귀를 쫑긋 세우고 듣는다. 부쩍 인색하다. 아내들은 이런 남편의 모습을 싫어한다. 그래서 다투거나 아예 입을 다물기도 한다. 황혼이혼을 감행하는 사람들도 많다. 이혼하지 않으려면 남편을 바꿔야 한다. '밭일 끝내니 소 잡는 격'이라 남편들 입장에서는 억울하지만 현실이다. 늘그막에 이혼하지 않으려면 남편들은 변해야 한다.

둘째, 젊었던 시절 남편이 종일 직장 일에 매달리는 동안 아내들은 자기 취미를 열심히 찾았고, 친구도 많이 만들었다. 그래서 갈 곳도 많고 만날 사람도 많다. 직장이 없어지면 인간관계마저 거의 끊어지는 남자들과 다르다.

셋째, 남편은 종일 집에서 빈둥거리지만 아내는 밖에서 볼일이 많다. 남편들은 마땅히 점심을 차려줄 줄 알았던 아내가 외출하면 당황한다. 그러니 직접 점심을 차려먹고 설거지도 할 줄 알아야 한다. 스스로 저녁밥을 지어 먹을 수 있어야 한다.

넷째, 부부만의 단출한 생활은 불화의 화근이다. 직장에 다니던 시절, 하루에 1시간도 얼굴을 못 보던 사람들이 종일 얼굴을 맞대고 있다면 으르렁거리기 마련이다. 함께하는 외출도 두 달에 한 번이면 충분하다.

다섯째, 함께 산책을 나가더라도 대문을 나서면 각자 다른 방향으로 떠나라. 걷다가 지인을 만날 수도 있고, 앉아서 쉴 수도 있고, 이런저런 생각에 빠질 수도 있다.

여섯째, 남편이 종일 거실에 앉아 신문을 보거나 텔레비전을 보고 있으면 아내는 화가 난다. 취미를 찾든, 텃밭을 가꾸든 남편은 밖으로 나가야 한다.

일곱째, 각방을 쓰는 것이 좋다. 여자들은 남편의 코고는 소리를 싫어한다. 게다가 밤늦게까지 책을 볼 수도 있고, 밤새 자유롭게 뒤척일 수도 있다. 침실을 함께 쓰는 것은 상당한 스트레스를 내포하고 있다. 다만 참고 지낼 뿐이다. 이제 남편이 은퇴한 만큼 아내들도 침실 스트레스에서 은퇴하고 싶어 한다. 코고는 소리, 뒤척임, 화장실 사용 등은 모두 침실 스트레스다. 각방 쓰기는 생각보다 훨씬 안락하고 많은 즐거움을 준다.

---

⑤ 모든 일을 아내와 의논하고 결정하는 습관을 길러라.
⑥ 아내의 마음에 상처를 주는 농담이나 행동을 삼가라.
⑦ 가정불화가 있을 때 남편은 한걸음 아내에게 양보하라.
⑧ 가정경제는 아내에게 일임하여 아내가 보람을 갖게 하라.
⑨ 아내의 개성과 취미를 존중해 주고 키워 주도록 하라.
⑩ 하루에 두 번 이상 아내의 좋은 점을 발견하여 기쁨을 준다.

여덟째, 부부간에 이심전심은 없다. 30년을 살아도 부부가 나누는 대화란 기껏 가족으로서 필요한 것을 전달하는 정도에 불과하다. 여자는 친구들끼리는 연애, 실연, 결혼, 자식, 경제적 문제까지 속속들이 이야기하지만 부부는 그렇지 않다. 그러니 남편들이여, '말 꺼내기 전에 척척 챙겨주면 좀 좋아? 그렇게 살고도 나를 몰라?'라는 식의 짜증은 골백 번 내봐도 헛일이다. 남편과 아내는 서로를 모른다. 아내들도 요구할 것이 있으면 분명하게 말해야 한다. 은근한 힌트로는 부족하다. 절대적인 힌트도 안 된다. 괜히 어렵게 힌트 주지 말고 그냥 말을 해라.

아홉째, 아내들은 남편을 이성이 있는 모임에 나가도록 유도하는 게 좋다. 모임에서 만난 이성에게 마음이 끌린다면 더욱 좋다. 마음에 드는 이성을 발견하면 옷차림은 깨끗해지고, 얼굴은 젊어지고 밝아진다. 은퇴 두 달 만에 할아버지가 되는 걸 막는 지름길은 '매력적인 이성'이다.

열째, 종종 손님을 집으로 초대하는 것도 남편이 할아버지가 되는 것을 예방한다. 자식 부부나 가까운 이웃을 가끔씩 초대하면 남편은 집에서도 깔끔하게 차려입게 되고, 젊은 모습을 유지하려 애쓴다.

은퇴남편이 다음과 같이 가족과의 생활을 잘 유지할 수 있는 방안을 제시하였다. 여기에는 가족들이 남편을 소외의 대상이 아니라 가족과 잘 생활할고 정상적인 생활을 유지할 수 있는 방안을 제시하였다. 특징적인 것은 남편이 독립된 생활을 할 수 있도록 어느 정도 거리를 두면서 생활하는 것이다. 구체적인 내용은 다음과 같다.

① 남편이 점심만큼은 스스로 차려 먹게 하라.
② 식사 때 대화를 많이 하고, 가사를 분담시켜라.
③ 종일 둘이서 얼굴을 맞대고 있지 말아라.
④ 편히 자기 위해서라면 부부 각방도 좋다.
⑤ 남편이 강아지처럼 졸졸 따라다니게 하지 마라.
⑥ 남편의 취미생활을 격려하라.
⑦ 두 달에 한 번은 단둘이 데이트하라.
⑧ 남편이 주 1회라도 일을 하게 하라.
⑨ 남편에 대한 간섭은 남이 모르게 하라.
⑩ 나만의 통장을 만들어라.

제2절 은퇴 후 실제 상담

은퇴 후 실제상담은 다음과 같이 진행되어야 한다. 다음의 사례는 2001년 GM대우자동차 부평공장에서 해고되고 난 후 경제적 · 심리적으로 고통받는 K씨에 대한 상담내용이다.

1. 내담자 인적사항(경제적인 것, 나이, 전직 등)

K씨(57세)는 하루를 근근히 버텨 살아가고 있다. 이렇게 어려운 생활을 하게 된 것은 2001년 GM대우자동차 부평공장에서 해고된 후부터였다. 부평에서 살고 있는 K씨는 이렇게 말했다. "여기 부평은 원래 연고도 없었고 해고된 뒤 조금 있으니까 돈도 떨어지고 집주인도 집을 비워달라고 해서 아내가 살아왔던 마포로 내려갔습니다." 공장을 떠나 은퇴자로 산 지 5년이란 시간이 흘렀는데도 불구하고 생활이 나아질 기미를 보이지 않고 있다고 했다.

K씨는 5년 전 52세로 자신보다 나이 어린 사람들과 함께 해고가 되었다. 사실상 나이가 많아 은퇴한 것이나 다름없었다. K씨는 나이가 많은 탓에 다른 사람들보다 직장을 구하기가 더욱 힘들다고 했다. 자동차 조립1부 '라노스' 생산 라인에서 일했던 K씨는 은퇴 이후 이제껏 모아둔 돈으로 사업을 하려다가 망하고 사기도 당해서 매우 힘들었다고 했다. 그리고 살아가기 위해 막노동도 하고 음료수 배달도 하고 청소부 일도 했다고 한다.

요즘은 스트레스로 인해 흡연과 음주가 늘었다. 그래서인지 건강도 안 좋아졌다. 이 이후부터 생계가 어려워져서 아내(55세)도 아파트 청소부 일을 시작하고 있다. 자식은 1남 1녀로 아들은 중소기업에서 일을 하고 있고 딸은 시집을 갔다고 했다. 아들이 다니는 회사도 정세가 어려워 조기실업의 위험이 있다고 했고 걱정하는 모습이 역력했다.

1) 가계도

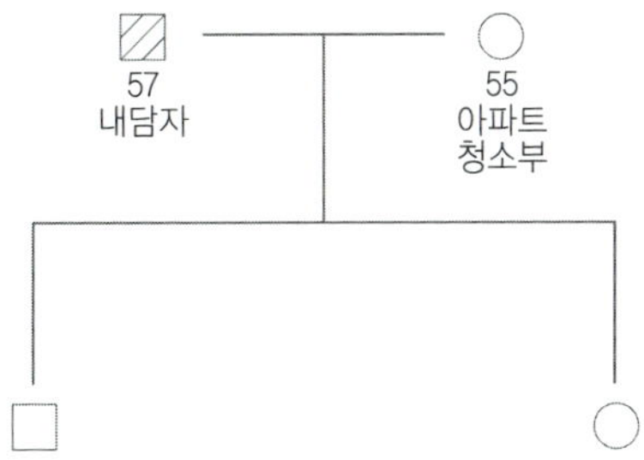

2) 생태도

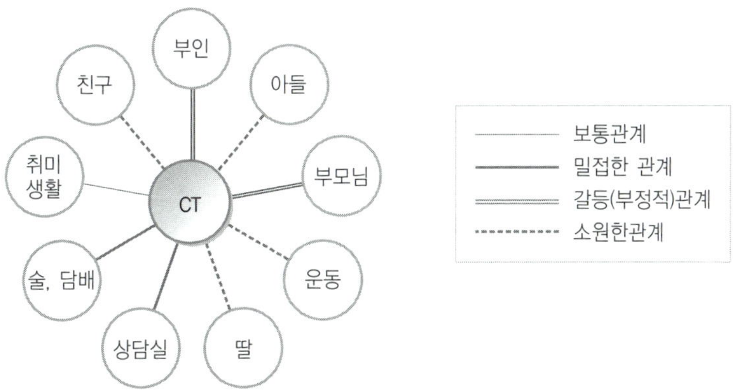

2. 주호소 내용

1) 생계 · 경제적 문제

- 주수입원의 상실 : 은퇴 후 창업을 시도하였으나 뜻대로 되지 않았으며, 일용직으로 하루하루 벌이를 하고는 있으나 불안정한 상태이다. 따라서 보수가 적더라도 안정된 직장을 갖는 것을 원한다.
- 경제적 어려움 : 부인과 아들이 모두 생업전선에 나가 있으나 살림이 넉넉하지는 못하므로 상담자는 가족들의 부담도 덜어주고 다시 돈벌이를 하고 싶어 한다.

2) 건강문제

- 흡연과 음주 : 건강이 많이 쇠약해지는 요인으로 작용하였다.
- 불면증 : 심리적 불안감과 우울증으로 인해 불면증이 온 것으로 추정된다.

3) 심리적 문제

- 자신감 상실 : 사업 실패와 구직이 쉽지 않아 내담자 자신이 매우 위축된 상태이다.
- 죄의식 : 자신으로 인해 다른 가족원들 모두 고생을 한다고 생각하는 등 죄의식이 있다. 또한 가장이 돈을 벌어야 한다는 관념으로 인한 압박과 집안 경제를 책임 져야 한다는 부담을 느끼고 있다.

4) 가족 간의 문제

- 배우자와의 불화 : 오가는 대화가 적고, 사소한 의견 차이가 잦으며 이에 따른 합의점을 찾지 못해 충돌이 지속되고 있다.
- 아들과의 문제 : 평소 자녀와도 그다지 많은 대화가 오가지 않는다. 대화를 나누고 아들에게 도움을 주고 싶은데 뜻대로 되지 않고, 아들에게 말하는 것이 다그치는 것으로 받아들여질까 두렵다.
- 가족구성원 간의 문제 : 언제부터인가 가족들 사이에 웃음이 적어지고, 대화가 줄어들었다. 회복하고 싶은데 쑥스럽고 해서 좀처럼 잘 되지 않고 있다.

3. 접수(예: 사회복지법인 E복지재단 S시립 M노인종합복지관)

표 11-1 접수표

<table>
<tr><td>Client 성명</td><td colspan="2">Koo (■남 □여)</td><td>연령 / 만(56)세</td><td>주민등록번호</td><td colspan="2">4905××-12345××</td></tr>
<tr><td>주 소</td><td colspan="3">S시 마포구 창전동 S빌라 가동 10×호</td><td>연락처(연락 가능시간)</td><td colspan="2">02-×××-××××</td></tr>
<tr><td rowspan="7">가족사항</td><td>이름</td><td>생년월일 (연령)</td><td>직업</td><td>동거유무</td><td>건강상태</td><td>비고</td></tr>
<tr><td>K××</td><td>1950. 5. 4.</td><td>무직</td><td></td><td></td><td></td></tr>
<tr><td>H××</td><td>1952. 1. 26</td><td>아파트 청소부</td><td></td><td></td><td></td></tr>
<tr><td>K자</td><td>1975. 5. 6</td><td>중소기업 근무</td><td></td><td></td><td></td></tr>
<tr><td>K녀</td><td>1977. 3. 27</td><td>주부</td><td></td><td></td><td></td></tr>
<tr><td></td><td></td><td></td><td></td><td></td><td></td></tr>
<tr><td></td><td></td><td></td><td></td><td></td><td></td></tr>
<tr><td>서비스 의뢰자</td><td>K××</td><td>Client와의 관계</td><td>본인</td><td>☏연락처</td><td colspan="2">019-×××-××××</td></tr>
<tr><td>주요문제 및 욕구 (중복표시 가능)</td><td colspan="6">■1. 생계 · 경제적 문제 ■2. 심리적 문제 □3. 의료 · 질병문제
□4. 주거문제 ■5. 가족관계문제 □6. 친구관계 · 이성문제
■7. 기타(구직문제, 건강문제,)</td></tr>
<tr><td>필요서비스* 내 용 (중복표시 가능)</td><td colspan="6">□1. 가사서비스 □2.의료서비스 □3. 생활비지원 □4. 주거제공
■5. 상담서비스 ■6. 교육재활서비스 □7. 시설이용 □8. 시설입소
□9. 후원서비스 □10. 기타( )</td></tr>
<tr><td rowspan="2">긴급연락처</td><td>이름</td><td colspan="2">K××</td><td>Client와의 관계</td><td colspan="2">부</td></tr>
<tr><td>주소</td><td colspan="2">위와 동일</td><td>전화번호</td><td colspan="2"></td></tr>
</table>

접수일자: 2006년 0월 00일 취업상담 담당자 : 사회복지사 ***

4. 개입 전략

1) 상담과 상위목표

- 월수입 80만 원 정도의 안정된 직장을 갖는다.
- 건강관리에 힘쓴다.
- 심리적 안정감을 되찾는다.
- 가족들 간의 불화를 해소한다.

2) 구체적 목표

(1) 직 업

- 취업상담 약속시간에 늦지 않는다.
- 1주일에 한 번씩 나오는 직업훈련에 빠지지 않는다.
- 1주일마다 취업 관련 신문 스크랩을 한다.

(2) 건강관리

운 동

- 매일 공원에서 도보를 한다.
- 기관에서 운영하는 부부 등산 프로그램에 참여한다.

생활 습관

- 하루에 7시간을 잔다.
- 밤늦게 야식을 하지 않는다.
- 규칙적인 식습관과 잠자는 습관을 들인다.
- 담배는 매일 하루에 3개피만 피도록 한다.
- 술자리에 나가는 횟수를 1주일에 한 번으로 줄인다.

(3) 심리적 안정감

개인의 자신감 회복

- 1주일에 한 번씩 자조집단의 사람들과 모임을 갖는다.
- 거울을 보면서 크게 "하하하" 웃는 연습을 한다.
- 큰 소리로 책 읽고 하루 세 번 나는 "할 수 있다" 삼세 번 외친다.

잘못된 인지의 변화

- 내담자의 '가장인 본인만이 돈을 벌어야 한다'는 관념으로 인해 생긴 압박감에서 벗어나 '누구든지 능력이 된다면 돈을 벌어 살림을 이끌어 갈 수 있다'는 관점으로 바꾸어 주는 것이다.
- 우리 사회에서 가장의 역할은 집안의 경제적인 부분을 책임져야 한다는 인식이 있으나 그것이 꼭 옳은 것이 아니라는 것을 인지시킨다.
- 가족구성원 중에 능력이 되는 사람이 돈을 버는 것이라는 것을 인지시킨다.

(4) 가족원 간의 불화 해소

배우자와의 관계

- '나'보다 상대방의 입장으로 생각하도록 노력한다.
- 그날의 뉴스나 TV프로그램 등의 사소한 대화거리로 이야기를 나눈다.
- 저녁 설거지나 간단한 빨래 등의 하기 쉬운 집안일을 돕도록 한다.

아들과의 관계

- 아들의 공부나 일에 관심 갖고 따뜻한 말투로 대화를 해본다.
- 아들과 함께 아침 일찍 동네 약수터나 공원으로 운동을 간다.

가족원들 간의 관계

- '가족'이란 무엇인지 '나'는 가족에서 어떤 존재인지 생각해 본다.
- 소원해진 가족관계 회복을 위하여 가족이 다같이 식사를 하거나 가까운 교외로 나들이를 함께 해본다.

3) 상담과정

(1) 초기(라포 형성/욕구파악 단계)

상담자는 내담자에게 기관에 대한 신뢰감을 높이기 위해 △△기업 복지재단에서 운영한다는 점을 알린다. 그 후 내담자와의 신뢰로운 관계 형성을 위해 주의 집중과 경청, 재진술, 감정 반영, 개방형 질문, 폐쇄형 질문, 승인과 확신, 상담과정 설명하기와 같은 기술들을 사용한다. 전반적으로 초기에는 인간 중심적 접근을 주된 기법으로 사용하면서 자신에 대해 얘기할 수 있는 기회를 제공하고, 참고하여 읽을 자료를 제공하는 등의 상담을 한다. 또한 상담을 하면서 변화를 겪게 될 것을 알려주고, 그에 따른 위험 부담이 있다는 것을 설명하여 그것에 대해 생각할 수 있는 여건을 마련해 두도록 한다. 더불어서 치료과정의 맥락을 알려주어 앞으로 상담이 어떠한 양상으로 흘러갈 것인지 미리 짐작하여 내담자 스스로 주체적으로 대처할 수 있도록 돕는다. 자연스럽게 신뢰관계를 구축해 가며 상담자는 내담자가 안정적인 취직에의 욕구를 보이는 것을 파악한다. 또한 자존감 상실과 그로 인한 스트레스가 잘못된 생활습관을 만드는 것을 알게 된다. 그리하여 초기 상담에서는 이 두 가지를 해결하기 위해 클라이언트와 함께 치료목표를 확립하고, 구체적인 하위 목표를 설정하도록 한다.

(2) 중기(개입 단계)

나름대로 구체적 계획을 세워보고, '현실치료'를 통해 스스로를 평가해 보도록 한다. 행동이나 인지행동기법도 더불어서 사용하여 인지에 초점을 맞춘 상담을 진행한다. 은퇴자가 가질 수 있는 무기력함, 부각된 소외감, 우울함이 올 수밖에 없는 심리적 배경과 환경적 배후를 살펴봄으로써 겉으로 드러나는 문제를 구직이라는 도구로서 처방하려 들지 말고, 자연스러운 과정하에 부담되지 않도록 대화를 진행해 나가야 하겠다.

수립한 계획들이 클라이언트의 입장과 환경에 맞는지 수정 및 조정을 하여 효과적으로 개입이 이루어질 수 있도록 돕는다. 방해요인들을 예측하고 원하는 바를 추진력 있게 밀고 나갈 수 있도록 가족이나 친구와 같은 지지자 탐색을 돕도록 한다. 이렇게 클라이언트에게 연결 가능한 인적 자원과 물적 자원들을 모색하고 연계시키는 역할을 한다.

클라이언트는 인적 자원인 가족의 도움과 자조집단의 사람들을 만나 자신감 회복을 위한 시간을 갖는다. 그리고 상담자는 마포노인종합복지관의 자원이 클라이언트에게 효과적으로 전달될 수 있도록 중재자의 역할을 한다. 또한 계획들의 원활한 흐름을 위해 계속해서 재점검(monitoring)하는 시간을 갖는다.

(3) 종결(평가 및 종결/사후관리)

평가 및 종결

종결 단계에서는 결정과 행동 변화를 유도하여 마음가짐과 행동 수정이 지속될 수 있도록 계속하여 유지해야 함을 당부한다. 더불어서 상담에의 종결로 상담자와 내담자와의 관계가 끝난 것이 아니며, 언제든 다시 지속될 수 있음을 암시한다. 상담의 종결로부터 오는 불안감과 허탈감, 상실감을 최소화할 수 있도록 부드러운 종결을 하도록 한다.

은퇴자의 삶에 있어서 '좌절'이나 '실패'가 두려운 존재, 피하고 싶은 존재가 아니라 '극복'할 수 있는 존재, 또 다른 시작을 예고하는 존재로서 긍정적이고 도전적인 삶의 분위기를 누려갈 수 있어야 함을 당부하도록 한다. 혼자 해결하려 들지 말고, 어려울 때는 가족이나 상담자와 같은 지지자의 조언에도 귀를 기울여 부담감으로부터 벗어날 수 있도록 돕는다.

(4) 사후관리(follow-up)

사후관리는 클라이언트가 상담자의 개입 없이도 잘 기능하고 있는지 확인하는 절차이다. 상담자는 종결 후 클라이언트가 다시 혼자가 된다는 생각을 하지 않게 하기 위해 여전히 관심이 있음을 상기시켰다. 그리고 내담자의 현재 상황이 어떤지 확인하기 위해 상담자는 종결 후 처음에는 1주에 한 번, 그 다음에는 2주에 한 번씩 클라이언트와 전화로 상담을 하고 있다. 그리하여 점차 클라이언트가 독립적으로 사고하고 생활할 수 있도록 하고 있다.

4) 시나리오 짜기

(1) 은퇴자교육론 시나리오

※ 상황설명자의 대사는 ★로 표시하였습니다.

★ 면담은 총 네 번으로 구성해서 시연을 할 것입니다. 네 번은 탐색 단계에서 이루어지는 과정입니다. 접수하기 단계, 라포형성 단계, 라포형성과 문제 파악단 계, 문제 확인 및 계획수립 단계로 이루어집니다. 시연을 보시면서 내담자가 말을 잘한다라고 생각하시겠지만 시연되는 부분은 짧게 줄여서 하는 부분이기 때문에 내담자가 말한 1시간가량의 내용을 말한다고 생각하시면 그리 말을 잘하는 것이 아닙니다.

:: 상황 설명

K씨(57)는 창업에의 실패를 겪은 후 구직활동 중에도 마땅한 일자리를 얻지 못한 상태이며, 경제적 문제와 더불어서 심리적 문제(개인적 스트레스 및 자존감 상실, 부인과 자녀와의 충돌)와 건강상의 문제(음주와 흡연으로 악화된 건강상태)로 인하여 마포종합노인복지관 내 '고령자 인력뱅크'를 찾게 된다. 다음의 상황은 전화통화로 미리 상담 예약을 한 K씨가 내방상담을 하기 위해 복지관을 찾아 온 상황이다.

'고령자 인력뱅크'에서 사회복지사는 취업교육 및 훈련 등을 연계해 주고, 상담을 통해 심리적인 문제의 해소 등의 역할을 하고 있다.

★ 첫 번째 면담입니다.

상담을 하기 전 기다리면서 내담자의 인적사항에 대한 설문지를 작성한다.

(2) 첫 번째 면담 : In-take(접수하기)

상담자 : 어서 오세요. K씨, 어제 전화통화로 상담 예약을 하신 분이 맞으시죠? 만나 뵙게 되어 반갑습니다. 저는 사회복지사 ☆☆☆예요. 오시는 데 불편한 점은 없으셨어요?

내담자 : 예, 조금 걷긴 했는데 뭐 올만 했습니다.

상담자 : 그러셨군요. 오시느라 수고하셨어요. 우선 시원한 냉녹차 한 잔 드시면서 숨 좀 고르세요. 어제 오늘 날씨가 많이 풀린 것 같죠?

내담자 : 그러네요…….

상담자 : 전화로 상담을 예약하셨죠?

내담자 : 네…… 그냥 ~ 도와준다는 얘기 듣고 왔어요.

내담자 : 아…… 그렇군요…….

상담자 : 어떻게 해서 이곳에 오시게 되셨어요?

내담자 : (아주 조용히) 휴…… 뭐 하도 답답하고, 해결책이 없어서 오게 되었습니다.

상담자 : 예……. 무슨 일 때문에 마음이 답답하세요?

내담자: 집안 걱정 때문에 제대로 자지도 못하고 먹지도 못하고 있어요. 잠도 잘 안 오고요.

상담자: 네. 어떤 집안 문제 때문에 걱정을 하시는 거죠?

내담자: 그냥…… 돈이 없으니까? 살기 힘들어서…….

상담자: 네……. 돈이 부족하면 생활에 지장이 있기 마련이죠. ……

내담자: 그러게요. 돈 벌어야 하는데 돈도 안 벌리고…….

상담자: 돈을 벌어보시려고 시도를 해보셨나요?

내담자: 아……. 그쵸 근데 쉽지 않네요. 나이가 이렇다 보니까? 어디서 써주는 곳이 없어요.

상담자: 네. 다시 직장을 구하려고 하시니까 생각대로 잘 안 되시죠?

내담자: (고개를 끄덕거리며) 빨리 돈 벌고 싶은데 어떻게 일자리 찾을 수 있는 방법이 없을까요?

상담자: K씨는 일자리를 찾기 위해 어떤 일을 해보셨어요?

내담자: 은퇴한 후에는 모아둔 돈으로 사업하고 그거 망한 후부터는 막노동을 했어요. 근데 내 건강이 나빠지다 보니까? 막노동 같은 일마저도 쉽지가 않네요.

상담자: 건강이 안 좋아지면 어떤 일을 하더라도 쉽지 않죠. 건강이 많이 안 좋으신가 봐요?

내담자: 무엇보다도 스트레스 때문에 술이랑 담배를 많이 하다보니까? 그것 때문에 건강이 더 나빠졌어요.

상담자: 네. 몸이 마음같이 않으니 답답하시겠어요.

내담자: 그래도 일자리만 찾음 이렇게 스트레스도 안 받고 몸도 좋아질 것 같아요. 일자리 찾는 것 좀 도와주세요.

상담자: 네. 저희도 최선을 다하겠습니다. 이곳은 △△ 복지재단에서 운영하고 있고요. 어르신들을 위해 취업에 대한 상담뿐 아니라 프로그램도 운영하고 있습니다. 저는 어르신들이 일자리를 찾을 수 있도록 돕는 역할을 하고 있습니다.

내담자: 네…….

상담자: 열심히 참여해 주시면 좋은 소식이 있으실 거예요.

내담자: 예……. 알겠습니다. 앞으로 잘 부탁드립니다.

상담자: (부드럽게 웃으며) 저도 잘 부탁드려요. 저희가 열심히 힘닿는 데까지 K씨 도와드릴 테니 선생님도 힘내시고요.

내담자: 네…… 그래야죠…….

상담자: 앞으로 저희 상담시간을 정해야 될 것 같은데 매주 이 시간 괜찮으세요?

내담자: 예, 괜찮습니다. 2시까지 오면 되는 거죠?

상담자: 네, 그리고 면담은 한 시간 가량 진행될 예정이고요.

내담자: 아, 예 뭐 그러죠.

상담자: 네, 혹시 변동사항이나 궁금한 점이 있으시면 복지관으로 전화 주셔서 저 찾아주시면 감사하겠습니다.

내담자: 알겠습니다.

상담자: 네 그럼 조심히 들어가시고요~ 다음 주에 뵙겠습니다.

★ 지금 보신 상담과정은 내담자가 기관에 찾아오게 된 문제와 그 문제를 해결하기 위한 내담자의 노력과 시도과정, 어떠한 일들을 해보았는지 정보를 모으고 있는 과정입니다. 그 후에는 기관에서 줄 수 있는 도움에 대한 이야기를 해주었습니다. 상담 후에는 상담에 필요한 인적사항 등이 담긴 설문지 작성을 하였습니다. 여기까지가 접수과정입니다.

★ 첫면담을 마치고 두 번째 면담 하루 전날 내담자에게 미리 전화를 하여 나올 수 있는지에 대한 여부와 편안한 이야기를 조금 나누었습니다. 전 상담에서 작성해 놓은 설문지와 전화을 통해 정보수집을 해놓은 상황입니다. 두 번째 상담에서 무슨 얘기를 해야 할지 미리 귀뜸을 해주었습니다.

(3) 두 번째 면담 : 라포 형성하기

상담자: 안녕하세요, K씨. 그동안 어떻게 지내셨나요?

내담자: 그냥 집에 있고 그랬어요. 제가 밖에 나가봤자 할 수 있는 일도 없고…….

상담자: 집에 계시면서 무엇을 하셨나요?

내담자: 일어나서 밥 먹고 답답하면 담배 좀 피고 집 밖에 나가서 바람도 좀 쐬고 집에 와서도 저녁 때 힘들게 일하고 들어오는 가족들 볼 면목이 있나 그냥 밥 챙겨먹고 방 안에 있지.

상담자: 늘 집에 계셔서 마음이 답답하셨겠어요. 넥타이를 매고 밖에 나가 있는 것 자체가 위안이 된다고 하시는 분들도 많으시거든요.

내담자: (고개를 숙이며) 나만 죄인이지 뭐. 돈 한푼 못 벌어 오면서 집에 있으니…….

상담자: 가족들은 일하고 들어오신다고 하셨는데 어떤 일을 하시나요?

내담자: (고개를 살짝 숙이며) 뭐, 아들놈은 조그마한 회사 다니면서 그냥 집에서 지내는데 요놈 회사도 요즘 보니까 좀 안 좋은걸 같고 아내는 뭐, 그냥 아파트 용역에서 청소하러 다니면서 돈 좀 벌고 있고.

상담자: (고개 끄덕이며) 아, 그러시군요.

내담자: 나만 죄인이지 뭐, 돈 한푼 못 벌어오면서 집에서…… 집사람까지 취업전선에 뛰어들게 해서 고생시킨다는 생각 때문에 항상 마음이 불안해요.

상담자: 가정을 이끌어 나가려고 하시는 모습에서 K씨께서 얼마나 책임감이 강한지 느껴지네요.

내담자: 네? 아휴. 머 제가 당연히 해야 되는 걸 갖고……(머쓱해한다).

상담자: (미소 지으며) 대한민국 남자들이 모두 K씨 같이 책임감이 강했으면 좋겠어요. 하지만 K씨. 형편이 달라지면 부인 분께서도 집안을 위해 노력하실 수 있습니다. 오직 K씨만이 가족생계를 위해 책임을 져야 한다는 생각은 건강한 생각이 아니랍니다.

내담자: 하지만. 마음이 불편하고. 또 저처럼 집사람이 스트레스를 받을 까봐 걱정도 되고.

상담자: 근심이 크셨겠어요.

내담자: 네. 그래서 빨리 일자리를 구해서 조금이라도 돈을 벌고 싶은 심정인데…….

상담자: 얼른 돈벌이를 해야 마음이 조금이라도 편하시겠군요.

내담자: 네. 아, 근데 나 같은 사람은 나이가 많아서 이젠 쳐주지도 않아요.

상담자: 아. 예전에 K씨는 어떤 일을 하셨나요?

내담자: (직업에 대한 자부심이 있는듯하게 말한다) GM대우자동차 부평공장에서 일했어요. 아, 거기 그때 당시만 해도 꽤 큰 공장였어요. 그곳!

상담자: (살짝 미소를 보이며) 네, 저도 잘 알고 있습니다. 대기업에서 일하셨군요.

내담자: (다시 얼굴을 찌푸리며) 대기업이면 뭐합니까? 부도 한번이면 대기업도 끝장나요. 휴……. 그날 이후로 제대로 발 뻗고 잠 자본적이 없어요.

상담자: 네, 가장으로써 근심걱정이 크셨겠어요.

내담자: 내 심정을 누가 나보다 더 알겠어요. 이 답답한 마음을(고개를 숙인다).

상담자: 그 이후로는 어떻게 생활하셨어요?

내담자: 아니 뭐, 그냥 내가 할 줄 아는 거라곤 자동차 부분 만지작거리는 것밖에 없는데. 이것저것 손대봤는데, 뭐 아는게 있어야지요(또다시 의기소침해진다).

상담자: (미소 지으며) 너무 심란해하지 마시고요. 지금부터 다시 준비할 수 있다고 생각하시면 돼요. 옛말에 보면 일보 전진을 위한 이보 후퇴라는 말도 있잖아요. 기회로 삼고 열심히 해보시면 될꺼에요.

내담자: 네, 그렇게 말씀해 주시니 감사합니다.

상담자: 음. 조금 더 구체적으로 퇴직 이후에 어떤 일들을 하셨나요?

내담자: (고개 숙이고 머뭇거린다) 그냥. 이것저것 잡다한 거했죠 뭐…….

상담자: 아. 음. K씨께서 좀 더 구체적으로 말씀해 주시는 것이 더 도움이 될 것 같은데. 아직 말씀하시기가 좀 껄끄러우시면 다음번에 오실 때 조금 더 마음을 편하게 갖고 생각을 정리해 보시고 말씀해 주셔도 됩니다.

내담자: ……

상담자: 자, 벌써 시간이 이렇게 되었네요. 오늘은 여기까지 하도록 하고요. 오늘 이야기하는 과정에서 뭐 불편하거나 힘드셨던 부분이 있으신가요?

내담자: 그런거 없었어요.

상담자: 예, 다행이네요. 오늘 정말 수고하셨구요. 앞으로 좀 더 편한 마음으로 이야기 나눌 수 있었으면 좋겠습니다.

내담자: 예, 뭐 그래도 이런저런 이야기 털어 놓기라도 하니까 마음은 한결 낫네요.

상담자: 마음이 좀 편해지셨다니 정말 다행이구요, 앞으로도 편하게 이야기해 주시면 감사하겠습니다.

내담자: 예.

상담자: 수고 많으셨구요. 다음주 2시까지 방문하시는 거 잊지 마시고, 문제가 생기거나 궁금한 사항은 기관으로 미리 전화주시고요.

내담자: 네, 그러지요.

상담자: 조심해서 들어가세요.

★ 두 번째 면담에 생계유지에 대한 책임을 오직 본인만이 져야 한다 같은 비합리적인 신념을 보입니다. 한 주 동안 어떻게 지내셨는지를 묻고 문제 상황에 대해 내담자가 필요한 욕구가 무엇인지 정의하는 과정입니다. 내담자가 어려워하는 부분에 대해서 강요하지 않고 넘어감으로써 내담자가 억지로 말해야 한다는 부담을 줄였습니다.

(4) 세 번째 면담 : 라포 형성 및 문제 파악

상담자: 아, K씨 오셨네요. 날씨가 덥죠? 차와 간단한 다과 준비했는데 좀 드시면서 숨도 좀 고르세요.

내담자: 아, 고마워요.

상담자: 1주일이란 기간 동안 많이 생각해 보셨나요?

내담자: 예, 좀 더 제 자신을 돌아보았던 시간이었습니다.

상담자: 잘하셨어요. 일주일이란 시간 동안 어떤 생각들을 해보셨어요?

내담자: 내가 이제까지 어떻게 지내왔는지. 앞만 보고 달려왔던 제게 있어서, 과거 생활들을 다시금 회상해 봤죠.

상담자: 네……. 과거에 어떤 모습을 회상해 보셨어요?

내담자: 그…… 경제난 심했던 그 어려웠을 당시에 내가 발버둥치며 살아왔던 것들…….

상담자: 네. 경제가 어려워서 많이 힘드셨겠어요.

내담자: 이것저것 했었어요. 그때 어려우니까?

상담자: (이해한다는 듯이) 예, 그 당시 많은 집안 가장들이 힘들었던 때였죠.

내담자: (그때 상황을 회상하듯이) ……

상담자: 그 당시 상황에 대해 말씀해 주시겠어요? (조금 침묵이 흐른다)

내담자: 사실상 나는 그 당시 해고라곤 했지만 나이가 있어서 제 나이에 은퇴한거나 다름없었지요. 그때 경제난이 또 엄청났었고, 그래서 앞으로 먹고 살 궁리로 이제껏 모아둔 돈으로 사업을 시도했었는데 사기꾼들 많았지 그때…….

상담자: 근심이 크셨겠어요.

내담자: (옛날을 회상하며) 그때는 가족불화도 많이 생겼어요. (혼잣말로) 그래도 애들도 많이 큰 상태여서 다행이야 휴…….

상담자: (이야기의 흐름을 다시 잡으며) 네……. K씨 그 이후로 일자리를 찾기 위해 어떤 노력들을 해보셨나요?

내담자: 뭐 별거 있었겠어…… 사업 망하고 사기도 당하고…… 돈도 다 날렸는데 막노동이라도 해야지…….

상담자: (고개를 끄떡인다)

내담자: 하루 끼니 먹고 살기 위한 수단이었지 뭐. 어디 그게 직업인가 공사판에 가서도 뛰고 음료수 배달도 하고 청소부 일도 하고(얼굴을 찌푸린다). 벌이는 적은데 몸은 몸대로 고되니까 술, 담배만 늘더군요…….

상담자: 고되고 힘든 일을 하시면서까지 가장으로서 가정을 지키기 위해서 많은 노력을 하셨군요.

내담자: 노력을 하면 뭐하나요. 능력이 없어서 돈도 못 벌어오는데…….

상담자: 아니예요, K씨. 분명 일이 K씨 적성에 맞지 않아서 실패한 것일 꺼예요. K씨는 자신이 가장 잘할 수 있는 일이 무엇이라고 생각하세요?

내담자: 음. 자동차에 관한 건 거의 다 알고 있으니 가장 자신이 있어요. 하지만 자동차공장 같은 곳은 더 이상 나처럼 나이 많은 사람을 봐주지도 않아요.

상담자: 그것과 비슷한 유형의 일에는 무엇이 있을까요?

내담자: 글쎄요. 생각을 잘 안해봐서…….

상담자: (부드럽게 바라보면서) 자동차에 관한 일에 관심이 있으시면서 왜 생각을 안 해보셨을 까요?

내담자: 앞으로 노후를 보낼려면 괜찮고 큰 사업 하나 해야겠다는 생각을 했던거 같아요. 근데 망하고 나니까 자신감도 잃고…… 몸으로 때우는 일을 했죠…….

상담자: 사업을 잘 해보려고 했는데 생각대로 되지 않은 점이 K씨에게 좌절감을 주었군요…….

내담자: 네…….

상담자: 중요한건 노후생활을 하시면서 얼마나 즐겁게 그 일을 할 수 있느냐 입니다. 그래서 K씨께서 선호하고 흥미가 있는 일을 해야 삶의 만족도 커지고 스트레스도 덜 받게 되기 때문이예요.

내담자: 아. 그렇군요. 근데 저에게 맞는 일자리를 구할 수 있을까요?

상담자: 네. 가장 중요한 건 K씨가 정말 하고 싶었던 일이 무엇인지를 아는 것이기 때문에 곰곰이 잘 생각해 보셔야 해요.

내담자: 네.

상담자: 만약 일자리의 보수가 적다고 하더라도 일에 대한 만족감이 크시면 그 일을 계속 하실꺼라고 생각합니다. 그럼 일자리에 대한 스트레스도 분명 줄어들게 되니 건강도 예전

보다야 호전되겠죠.

내담자: 그렇게 된다면야 정말 반가운 소식이죠. 제가 흥미를 갖고 일할 수 있다는 선생님 말씀에 한결 마음도 편해지고 자신감도 조금 생기네요.

상담자: 네. 가정을 이끌어 가시려면 그러셔야죠.

내담자: 네. 항상 돈벌이가 적고 몸은 힘들고 해서 술, 담배를 하곤 했었는데. 선생님께서 말씀하신대로만 된다면야 정말 소원이 없겠습니다.

상담자: 네~ 노력하시는 만큼 성과가 있을 꺼예요.

내담자: 술, 담배 하면서 고통에서 벗어나려고만 했지 사실상 제가 한 것은 없었네요.

상담자: 지금부터라도 노력하시면 돼요.

내담자: 네. 그래야죠.

상담자: 실례지만 K씨. 담배를 하루에 몇 갑 정도 태우세요?

내담자: 뭐 하루에 한두 갑 정도.

상담자: 그러시군요. 약주는 어느 정도 하시나요?

내담자: 뭐 밤에 잠이 통 오질 않아서. 어쩔 수 없이 의지하게 되더라고요.

상담자: 네. 건강에 많이 안 좋으실텐데. 어떻게 그동안에 줄이려고 노력은 해보셨어요?

내담자: 노력은 해봤지만 그게 말처럼 쉬운게 아니어서…….

상담자: 어렵죠. 그래도 조금씩 노력하시면 충분히 가능하세요. 이번 기회에 금연도 하시고…… 약주도 줄여보시는 게 좋을것 같은데…… K씨 생각은 어떠세요?

내담자: 예. 물론 마음이야 건강을 생각해서 하지 말아야죠. 근데 그게 마음대로 됩니까.

상담자: 이젠 건강도 생각 하셔야죠. 목표를 세워서 지켜나가면, 좀 더 쉬우실 거에요.

내담자: 뭐, 이거든 저거든 뭐든 해봐야 하니…… 줄이려고 노력해 보아야죠.

상담자: 예, 그럼요. 음…… 오늘 선생님에 대해 많이 알게 되어서 기쁩니다. 마침 저희 기관에서는 어르신들을 위한 취업 알선을 해드리는 일도 하고 있으니까요. 너무 걱정하시지 마시고요.

내담자: (생기가 생기듯 살짝 미소 지으며) 아, 그렇습니까? 정말 다행이네요.

상담자: (미소를 지으며) 그래서 다음 번 면담에 오시기 전까지 어떤 일을 원하시는지 좀 더 구체적으로 생각해 오셨으면 합니다.

내담자: 네, 알겠습니다. 감사합니다.

상담자: 네. 자, 시간이 굉장히 빨리 갔네요. 오늘은 여기까지이고요. 다음 번 2시까지 다시 이 곳을 찾아주시면 됩니다. 오시기 전 날 전화 한 번 또 드릴께요. 문제 있거나 불편한 사항 등은 미리 말씀해 주시구요.

내담자: 예. 다음에 뵙겠습니다.

상담자: 네, 조심히 들어가세요.

★ 상담자는 고개를 끄덕이거나 "음" 같은 주의집중과 경청하는 모습을 보이고 있습니다. 또한 "그 당시 많은 집안 가장들이 힘들었던 때였죠." 등과 같은 내담자에 대한 공감적인 이해를 하고 있습니다. 그리고 "조금씩 노력하시면 충분히 가능하세요."와 같은 무조건적인 긍극적인 관심을 보이고 있습니다. 또한 이 상황에까지 오게 된 경로에 대해서 정보 수집을 하고 있습니다. 이러한 기술을 사용함으로써 내담자의 방어를 낮추면서 라포 형성을 합니다. 또한 건강상태나 같은 퇴직 이후에 생기는 문제를 파악하였습니다.

(5) 네 번째 면담 : 개입계획수립단계

똑똑……

상담자: 아, K씨 안녕하세요. 오늘도 약속 시간에 잘 맞춰 주셨네요.

내담자: 좀 일찍 나와서 슬슬 걸어오면 금방인데요 뭐.

상담지: 시긴 약속을 꾸준히 잘 시켜주셔서 감사합니다. 오늘도 황사가 온다던데, 다행히 생각보다는 심하지 않네요.

내담자: 좀 목이 컬컬한거 같기도 하고…….

상담자: 자, 여기 오늘도 간단한 차랑 과자를 준비했어요. 목도 컬컬하신데 차 한잔 드세요. 하고 싶은 이야기가 있으세요?

내담자: 아뇨. 뭐…….

상담자: 그럼 오늘은 세 번의 면담을 하면서 K씨가 해주신 이야기들을 바탕으로 앞으로의 계획을 좀 수립해 볼까 하는데요, 오늘 면담은 평소보다 조금 길어질 것 같아요. 한 30분 정도 더 걸릴 것 같은데, 괜찮으신가요?

내담자: 시간은 괜찮습니다.

상담자: 그리고 그 전에, 계획을 짜는 것은 K씨가 참여를 해주셔야 해요. 같이 앞으로의 계획을 짜보는 겁니다.

내담자: 저도 같이요?

상담자: 그럼요, 앞으로 K씨와 함께 문제를 풀어보고자 하는 거니까요~ 같이 정하는 것이니 만큼 열심히 해주셔야 해요.

내담자: 음…….

상담자: 부담스러우신가요?

내담자: 그런것 만은 아니지만…….

상담자: 앞으로 지키실 수 있는 정도로 함께 이야기하면서 세우는 거니까 크게 부담을 느끼지 않으셔도 되요.

내담자: 뭐, 마지막이라고 생각하고 열심히 하기로 했는데 해보죠.

상담자: 감사합니다. 계획을 세우는 것은 무엇보다도 선생님의 참여 의지가 중요하거든요. 그럼 오늘은 앞으로 일을 어떻게 풀어가야 할지 함께 계획을 세워보도록 하죠.

내담자: 뭐 그럽시다.

상담자: 음 계획을 세우기에 앞서서~ 제가 몇 번 뵙진 못했지만 상담을 하면서 느낀 것인데 말씀 하시는 데 있어 약간 자신감이 없어 보이세요.

내담자: 그동안 워낙 일이 잘 되지 않아서 그런지, 못난 놈이 무슨 소리를 키우나 싶어서…….

상담자: 이럴 때일수록 일부러라도 힘을 좀 내셨으면 해요. 가족들을 위해서라도 말이에요.

내담자: 가족들 생각하면야 항상 미안하지…….

상담자: 미안한 마음 충분히 이해합니다. 앞으로 더 잘하시면 되니까요. 기운 내세요.

내담자: 그래야죠…….

★ "같이 앞으로의 계획을 짜보는 겁니다."와 같은 내담자의 참여를 유도하고 자기결정권을 가진 것에 대한 상기를 시켜주며 내담자가 가진 결정권을 쓸 수 있도록 돕고 있습니다. 또한 가장이라는데에 심한 책임감을 느끼는 내담자의 문제 상황이 보이고 있습니다.

상담자: 자~ 그럼 시작해 볼게요. 음, 지난 주 이야기를 마치고~ 제가 함께 이야기한 것들을 쭉 읽어보면서 문제도 정리해 보고 생각도 좀 해보았는데요. 음 간단히 정리해 보면 은퇴하신 후에 여러 가지 노력들을 해보셨지만 일이 오래가지도 못하시고 많으신데다가…… 건강도 많이 안 좋아지신 걸로 알고 있어요.

내담자: 뭐 그렇죠. 일단 한동안 몸담던 곳에서 나와서 이것저것 해봤는데 잘 안되고 그것 때문

에 이래저래 스트레스 받고 그런거죠.

상담자: (고개를 끄덕이며) 새로운 일을 시작한다는 건 쉬운 일이 아니니까 스트레스를 많이 받으셨을 거예요. 이것을 바탕으로 함께 목표와 앞으로의 계획을 수립해 보죠. 음, 우선 가장 먼저 해결해야 할 것이 뭐라고 생각하세요?

내담자: 일자리 갖는게 제일 문제죠. 돈이 없으니 스트레스 받고, 가족들한테 미안하고 가장이 가장 역할을 못하니까.

상담자: 그러면 가장 큰 상위목표로 '안정된 수입을 받을 수 있는 일자리 찾기'라고 하는게 좋을까요? 네~ K씨께서 가장 많이 걱정하시는 부분인 것 같군요. 그럼 일자리를 찾아보기로 하는 것을 목표로 삼아볼까요?

내담자: 그래요. 일자리를 갖는게 가장 시급한 거니까.

상담자: 음. 그럼 1순위로 일자리 찾기 그 외에는 어떠한 문제가 있다고 생각하세요?

내담자: 그냥 몸이 안 따라주니까 힘들고 이래저래 안되니까? 나는 뭘 해도 안되겠다 싶고 그러니까 자꾸 술 , 담배 생각나고, 돈 달라기는 미안하고 에효…… 술 안 마시면 잠이 안 오니 또 그것도 돌아버리겠고…….

상담자: 그러시군요. 음, 힘이 드셔도 건강을 챙기셔야 일을 하실 때도 어려움이 없이 사실 수 있으실 거라고 생각되는데 건강에 대한 목표를 같이 설정하면 어떠세요?

내담자: 괜찮겠네요.

상담자: 일자리 찾기에 앞서 건강하셔야 일을 하실 수 있으니까 건강관리에 대한 계획을 세우고, 심석으로는 심리적인 안정감 찾기가 좋을 것 같은데 어떻게 생각하세요?

내담자: 심리적 안정감이라니?

상담자: K씨는 퇴직을 하시기 전에 퇴직에 대한 생각을 해보신 적이 있으신가요?

내담자: (억양이 약간 높아진다) 아니 일하는 사람이 퇴직할 생각을 하면 어떻게 일을 해!

상담자: 퇴직은 누구든지 한 번은 경험하는 과정이예요. 지금 K씨는 경험하신 거고요. 만약 이런 상황에 대해서 한 번쯤 생각해 보셨다면 이렇게 힘드셨을까요?

내담자: 음…….

상담자: (내담자와 눈을 마주치며) 생각하지 못했기 때문에 더욱 힘드셨을 거라고 생각이 들어요. 다시 시작하는 과정에서도 이러한 힘든 과정에 대해서 한번 생각해 본다면 도움이 될 것 같은데, 어떠세요?

내담자: 다시 이런 경험을 겪는다고요?

상담자: 모든 일에 평생직장은 없잖아요. 그리고 평생 일을 하실 수 있는 건 아니시잖아요. 이후

에 대한 생각을 하면서 마음을 다잡아간다면 어려운 상황이 닥쳐와도 심한 좌절에 빠지지 않으실 것 같아요. 어떻게 생각하세요?

내담자: 그렇겠군요. 매번 구한 직장에서 힘들었는데, 그 상황을 이겨내보자는 거죠?

상담자: 네. 그 상황에서 K씨가 잘 벗어날 수 있게 하기 위해서예요.

★상위 계획을 세우는 과정에서 목표 설정에 대한 내담자와의 오해가 일어났습니다. 하지만 상담자는 왜 그렇게 목표를 세우게 되었는지를 설명하고 있습니다. 내담자는 현재 상황에서 현재의 문제 해결에만 중점을 두고 있는데 그럴 것이 아니라 앞으로의 상황에도 관심을 기울이게 하여 상담이 끝난 후에도 내담자가 갑작스런 상황에 헤매이지 않게 하기 위해서입니다.

상담자: 처음이라 조금 걱정되시죠?

내담자: 조금은…….

상담자: 처음이라 조금 부담되실 수 있다고 생각해요. 너무 부담 갖지 마시구요. 충분히 해낼 수 있으세요.

내담자: 일단 해봅시다.

★ 구체적인 계획에 대한 설명해 주기

상담자: 음……. 구체적으로 다 정해졌네요, K씨라면 잘 해내실 수 있으세요.

내담자: 이 나이에 이런거 시작해 보려니 부담도 되고 걱정도 앞서고…….

상담자: 아니에요. 심적으로 부단이 되시겠지만 이번이 기회라고 생각하시고 열심히 임하시면 충분히 좋은 결과 있으리라고 생각합니다.

내담자: 이번이 하늘이 마지막 주신 기회로 삼아보려 합니다. 열심히 해봐야지요.

상담자: 열심히 하시면 좋은 결과가 있을꺼에요.

내담자: 에효…… 그래야지요. 어떤 심정으로 여기까지 찾아왔는데…….

상담자: 그 마음가짐으로 열심히 참여해 주세요. 와, 벌써 시간이. 오늘은 계획 세우느라 꽤 긴 시간이 걸렸네요.

내담자: 어이구, 시간이 이렇게 가는 줄도 모르고…….

상담자: 오늘 정말 수고 많으셨어요. 오늘부터 하나씩 실행해 보도록 하시는 건 어떠세요?

내담자: 그럽시다!

상담자: 네, 이번 주 한 주 계획대로 하시고요. 좀 힘드신 부분은 다음 주에 이야기해 주시면 같이 세부적인 계획을 조정할 수 있습니다. 제 목표는 K씨가 원하시는 바를 하실 수 있도록 돕는 것이니까요. K씨는 하실 수 있으세요.

내담자: 네, 열심히 해보겠습니다.

상담자: 예, 오늘 수고 많으셨고요. 그럼 조심해서 가시고요. 다음 주 이 날 두 시에 뵙겠습니다.

내담자: 예.

★ 상담자는 내담자의 참여를 확답을 받고 계획은 내담자의 상황에 따라 변할 수 있다는 것을 말해 주었습니다. 또한 내담자에게 할 수 있다는 무조건적인 존중과 신뢰를 보여주었습니다. 여기까지가 시연 내용이었습니다.

표 11-2 상담서비스 평가서

상담서비스 평가서

당신의 응답은 은퇴자 재취업에 대한 서비스를 향상시키는 데 도움이 될 것입니다.
당신의 응답은 비밀이 보장되며 당신과의 앞으로의 만남에 절대로 영향을 주지 않을 것입니다.
협력에 감사드립니다. 당신이 받은 서비스에 대한 당신의 의견을 가장 잘 나타내는 번호에 ○표해 주십시오.

기본욕구	강력한 이의	대부분 이의	대부분 동의	강력한 동의
1. 상담을 받는 동안 무기력감에서 벗어날 수 있었다.	1	2	③	4
2. 연계된 기관은 적절한 서비스를 제공해 주었다.	1	2	3	④
3. 취업관련 신문 스크랩은 도움이 되었다.	1	2	③	4
4. 적성검사는 은퇴 이후 선호하는 직장이 무엇인지 알도록 도와주었다.	1	2	3	④
5. 직업훈련을 통해 재취업에 대한 준비를 하는 데 도움이 되었다.	1	2	3	④
6. 재취업을 위한 동기가 높아졌다.	1	2	3	④
7. 구체적인 건강관리 목표는 도움이 되었다.	1	2	③	4
8. 건강이 호전되었다.	1	2	③	4
9. 자조집단과의 만남을 통해 스트레스가 해소되었다.	1	2	3	④
10. 상담가와의 상담을 통해 상황이 호전되었다.	1	2	3	④

5) 예상되는 결과

클라이언트는 6개월의 상담기간이 끝난 뒤에도 꾸준한 직업훈련의 참여와 취업관련 스크랩을 하면서 적성과 안정적인 직업을 찾는 열의를 보이고 있다. 또한 자조집단 활동으로 안정된 마음을 갖게 되었고 자신감 또한 회복되었다. 또한 기관에서 운영하는 부부등산 프로그램의 참여로 인해 부부사이가 돈독해졌고 가족 간의 대화도 많아졌다고 한다. 규칙적인 생활습관과 건강관리로 인해 클라이언트의 음주와 흡연도 눈에 띄게 줄었고 이로 인하여 건강도 좋아지고 있다.

클라이언트에게 상담은 자신의 문제에 대해 정확히 인식할 수 있도록 돕는 역할을 했다. 클라이언트는 가장이 생계를 반드시 책임져야 한다는 비합리적인 신념을 갖고 있었고 그로 인해 안정적이고 큰 소득을 벌어들일 수 있는 직업만을 찾고 있었다. 자신의 적성과 맞지 않는 사업을 하다가 실패하고 많은 실패를 거듭한 그는 많은 무기력감을 지니고 있었다. 지금은 직장을 찾는 과정에 있어서 흥미롭고 즐거움을 갖을 수 있는 일자리를 찾기 위해 노력하고 있다.

6) 노후 준비 체크리스트

여기에서는 마지막으로 노후 준비를 위한 노인들의 준비를 체크리스트로 점수화시켜 본다. 당신의 노후 준비는 몇 점입니까?

표 11-3 노후 준비 체크리스트

항목	내용		점수
건강	1. 운동을 얼마나 자주 하십니까?	① 전혀 하지 않는다 — 0점 ② 주 1~2회 이하 — 3점 ③ 주 3회 이상 꾸준히 — 5점	
	2. 종합 건강검진을 얼마나 자주 받습니까?	① 전혀 받지 않는다 — 0점 ② 2~3년에 한번 — 3점 ③ 매년 받는다 — 5점	
	3. 건강 보조식품을 복용합니까?	① 전혀 먹지 않는다 — 0점 ② 간헐적으로 먹는다 — 3점 ③ 매일 꾸준히 복용한다 — 5점	
	4. 흡연을 합니까?	① 하루 한 갑 이상 — 0점 ② 하루 반 갑 이하 — 3점 ③ 피우지 않는다 — 5점	
	5. 스트레스를 얼마나 받습니까?	① 매우 심하게 받는다 — 0점 ② 자주 받지만 잘 다스린다 — 3점 ③ 거의 받지 않는다 — 5점	
관계	1. 배우자와 관계는 어떻습니까?	① 없다. 사이가 좋지 않다 — 0점 ② 그저 그렇다 — 3점 ③ 좋다 — 5점	
	2. 자녀가 있습니까?	① 없다 — 0점 ② 1명 — 3점 ③ 2명 이상 — 5점	
	3. 은퇴 후 교류할 만한 친구는 몇 명입니까?	① 없다 — 0점 ② 5명 미만 — 3점 ③ 5명 이상 — 5점	
	4. 정기적으로 참석하는 모임이 있습니까?	① 없다 — 0점 ② 1개 — 3점 ③ 2개 이상 — 4점	

표 11-3 (계속)

항목	내 용		점 수
경 제	1. 노후를 위해 어느 정도 저축하십니까?	① 하지 않는다 — 0점 ② 5% 미만 — 1점 ③ 5~9% — 2점 ④ 10~14% — 3점 ⑤ 15~19% — 4점 ⑥ 20% 이상 — 5점	
	2. 부동산을 보유하고 있습니까?	① 없다 — 0점 ② 1억원 미만 — 1점 ③ 1억원~3억원 미만 — 2점 ④ 3억원~5억원 미만 — 3점 ⑤ 5억원~10억원 미만 — 4점 ⑥ 10억원 이상 — 5점	
	3. 금융자산은 얼마나 보유하고 있습니까?	① 없다 — 0점 ② 2000만원 미만 — 1점 ③ 3000만원 미만 — 2점 ④ 5000만원 미만 — 3점 ⑤ 1억원 미만 — 4점 ⑥ 1억원 이상 — 5점	
	4. 은퇴 후 예상 월 소득은?	① 없다 — 0점 ② 100만원 미만 — 1점 ③ 200만원 미만 — 2점 ④ 300만원 미만 — 3점 ⑤ 400만원 미만 — 4점 ⑥ 400만원 이상 — 5점	
	5. 퇴직금은 어느 정도 예상합니까?	① 없다 — 0점 ② 3000만원 미만 — 1점 ③ 5000만원 미만 — 2점 ④ 7000만원 미만 — 3점 ⑤ 1억원 미만 — 4점 ⑥ 1억원 이상 — 5점	
	6. 60세 이후에도 일자리를 유지할 자신은?	① 없다 — 0점 ② 있다 — 5점	

표 11-3 (계속)

항목	내용		점수
여가활동	1. 취미활동은 몇 가지 정도 합니까?	① 없다 — 0점 ② 1~2개 — 3점 ③ 3개 이상 — 5점	
	2. 자기계발(어학, 재취업 준비 등) 노력은?	① 하지 않는다 — 0점 ② 1~2가지 — 3점 ③ 3가지 이상 — 5점	
	3. 여행은 얼마나 자주 합니까?	① 하지 않는다 — 0점 ② 연 5회 미만 — 3점 ③ 연 5회 이상 — 5점	
	4. 종교활동은 합니까?	① 하지 않는다 — 0점 ② 주 1회 — 3점 ③ 주 2회 이상 — 5점	
	5. 봉사활동은 합니까?	① 하지 않는다 — 0점 ② 월 1회 — 3점 ③ 월 2회 이상 — 5점	
총 점수			

※ 50점 미만: 당장 시작하지 않으면 위험, 50~60점: 크게 부족, 61~70점: 안심하긴 일러, 71~80점: 부족한 항목만 보완, 81점 이상: 훌륭한 노후 준비

제12장
웰 다잉 상담

웰 빙(Well being)의 연장선상에서 피할 수 없이 대면하게 되는 '웰 다잉(Well Dying)'이 새롭게 번지고 있다.

웰 다잉이란 문자 그대로 잘 죽는 법, 인생의 마무리를 밝고 아름다우며 품위 있게 한다는 뜻이다. 죽음이 태어남처럼 자연스러운 순간임을 알고 정신적 · 육체적 고통을 완화시키는 것이라고 할 수 있다. 통계청(2006)에 따르면 100세 이상의 노인 796명은 가장 큰 소망으로 '편안히 빨리 죽는 것'을 꼽았다고 한다. 평균수명이 길어지고 노년기가 길어짐에 따라 잘 사는 것 이상으로 잘 죽는 것 또한 관심의 대상이 된 것이다.

죽음을 앞둔 생명의 각성은 사람들로 하여금 세속의 속박에서 벗어나 비교적 진실하고 자연스러운 마음으로 얼마 남지 않은 생명을 사랑하게 만든다. 레오나르도 다빈치(1500)는 1,500년에 "잘 보낸 하루가 행복한 잠을 가져오듯이, 잘 보낸 삶은 행복한 죽음을 가져온다."고 말했다.

그리고 인간은 누구나 인간의 존엄성을 지키며 인간답게 살다가 인간답게 죽을 권리가 있다. 그렇기에 우리가 언제 어디에서 죽는가도 중요하다. 하지만 우리가 언젠가는 죽는다는 사실을 받아들이고, 그때를 어떻게 맞이하느냐가 더욱 중요하다.

제1절 죽음에 대한 이해

1. 죽음의 정의

죽음 그 자체는 인간 어느 누구에게나 보편적인 것이나 죽음의 과정은 개별적이며 일정하거나 보편화된 유형이 없이 다만 예측할 수 있을 뿐이다.

죽음에 대한 세계보건기구(WHO)의 정의를 보면 '소생할 수 없는 삶의 영원한 종말'이라고 하였고, 《한국어대사전》에는 '사(死), 사망(死亡), 사세, 끝장, 죽는 일, 생명이 없어지는 현상' 등으로 정의되어 있다.

2. 죽음에 대한 관점

1) 죽음의 사회심리학적 관점

우리 사회의 많은 노인이 신체적 능력이 감소되기 훨씬 전부터 사회심리적으로 죽음을 시작하고 있다고 볼 수 있다. 커밍과 헨리(Cumming & Henri, 1961)의 은퇴이론에 의하면 나이가 들면서 노인들은 스스로를 사회와 격리시키고 고립상태로 있으면서 점차 주위 환경이나 활동에 참여하지 않고 살아가게 된다고 한다. 사회적으로 무익하고 쓸모없다고 판정하여 버리는 것이 사회적 죽음이요, 살아는 있되 회복할 가능성 없이 혼수상태에 있거나 정신적으로 죽은 것과 다름이 없는 상태를 심리적인 죽음으로 본다.

2) 죽음의 인간 상호관계적 관점

인간 상호 관계적인 관점에서도 죽음이 단지 생물학적이고 임상적인 문제로만 취급될 수는 없다 하겠다. 임종을 맞게 되는 사람 자신의 심리적 동요뿐 아니라 주위의 관련된 사람이나 환경까지도 죽음의 현실을 수용하지 못하거나 의식적 혹은 무의식적으로 거부하고 회피하게 되는 것이다.

3. 죽음에 대한 태도

1) 문화적 · 개인적인 태도

죽음은 타 영역에 비하여 상대적으로 많은 사회에서 금기시 된 주제이기 때문에 이에 관한 연구는 최근까지도 비교적 적은 편이다. 대개의 문화들에서 죽음을 다루는 가장 일반적인 책략은 회피이며 인간은 안락하게 죽음을 맞이하지 못한다는 증거들이 많이 있다. 죽음이라는 말 자체를 회피하기 위해 죽음을 떠나간다는 'passed away'라는 완곡한 어구로 표현하기도 한다. 그러나 죽음에 대해서 부정적인 사고와 회피가 보편적인 것은 아니다. 멕시코 문화에서는 죽음에 대해 더 자주 말하고 심지어는 죽음의 날이라 하여 국가축제일로 행사를 한다. 또한 유럽에서는 죽음을 두려운 대상이라기보다는 자연스러운 본성적인 전이로 본다. 다양한 문화권에 따라 죽음에 대한 두려움의 정도도 다양하다.

또한 죽음을 대하는 태도에는 개개인마다 큰 차이가 있다. 죽음의 공포는 중년기 이후 줄어든다는 것이 명백하게 증명되었다. 그리고 노인들의 경우 죽음 자체보다 죽음 전의 불확정한 시간을 더 두려워한다. 즉 어디에 살 것인지, 누가 그들을 돌볼 것이지, 죽기 전에 경험하게 될 통제력과 독립성의 감소에 대해 어떻게 대처할 것인지 등에 관하여 더 두려움을 느낀다. 그리고 종교를 가지는 것은 죽음에 관한 느낌을 갖는 데 특별하게 영향을 미치지 않지만 그러나 강하고 깊은 종교적인 헌신을 하는 것은 죽음의 불안을 낮추는 것과 관련이 있다.

결국 죽음에 대한 공포는 인성과 가족배경에 크게 영향을 받은 개인적인 문제들로 이해될 수 있다.

2) 죽음에 대한 태도 영향요인

그간의 연구들에서는 죽음의 태도와 반응에 영향을 미치는 요인들로서 다음의 네 가지 영역을 제시하고 있다.

- 개인적인 특성 : 인격, 나이, 극복의 형태, 종교, 사회문화적 배경, 성숙도, 지능, 정신건강, 상실과 죽음의 사전경험, 삶의 실현

- 인간관계의 특성 : 환자의 상호관계의 질과 양, 환자의 상호관계가 제공하는 인정과 지지의 정도
- 환자 질병의 특성 : 통증 지속의 정도와 통증의 크기, 정신과 육체의 약화 정도, 약물의 영향과 투약 정도, 치료 범위의 영향, 조절력 상실의 정도, 죽음 진행 속도
- 생애주기별 특성 : 영 · 유아기, 취학 전기, 학동기, 청소년기, 청 · 장년기, 중년기, 노년기

4. 죽음에 대한 심리적 반응

1) 퀴블러 로스의 5단계

죽음 구조의 양면은 죽어가는 이와 생존자들에 의한 개념이다. 비록 검증되지는 않았지만 일반적으로 널리 알려진 죽음의 과정은 퀴블러 로스(E. Kubler-Ross, 1968)에 의해 구분되었다. 200명의 중년 암 환자에 대한 연구를 기초로 한 이 연구는 부인, 분노, 타협, 절망, 순응 등 죽음의 다섯 단계를 제시하고 있다.

(1) 부인(denial) 단계

이 단계에서는 죽음의 사실 또는 임박한 죽음을 받아들이지 않는다. 부인은 놀라운 사실을 완충하는 거래의 형태로 볼 수 있는데 환자들은 그들의 진단이 뒤바뀌었다고 느끼거나 의사들이 더욱 양호한 진단을 내려주기를 바라며 더 많은 검사를 요구한다.

(2) 분노(anger) 단계

앞 단계의 부인이 더 이상 유지되지 못할 때 이것은 종종 분노로 바뀐다. 이 단계의 죽음에 대한 생각에서 나온 분노나 격노의 감정은 진료원이나 가족을 대상으로 향해진다.

(3) 타협(bargaining) 단계

이 단계에서는 다시 삶으로 돌아가기 위해 고통이나 불편을 덜기 위해 죽음의 연기를

신과 타협하고자 하고 어쩔 수 없는 상황을 저지하려고 한다.

(4) 절망(depression) 단계

상실에의 슬픔이 밀려올 때 죽어가는 사람은 네 번째 단계인 절망으로 들어선다. 이 단계에는 반응적 절망과 준비적 절망의 두 가지 단계가 있다. 반응적 절망은 방사능치료에 의한 탈모 등 자신의 질병으로 인한 좌절과 아울러 죽어감에 따른 여러 가지 상실에 의한 절망을 의미한다. 준비적 절망은 모든 사랑하는 것을 잃어가는 것에 대한 개인적 준비이다. 이 단계에서 죽어가는 사람은 소중한 것들을 나누어주거나 가족과 함께 남은 시간을 보낸다.

(5) 순응(acceptance) 단계

마지막 순응 단계에서 사람들은 적극적으로 죽음에 대응한다. 비록 상황은 불행하지만 죽음이 예상된 결과이거나 혹은 감수해야 하는 것이라고 생각한다.

2) 두려움

알폰스 데켄(Alfons Deeken)은 《죽음을 어떻게 맞이할 것인가》에서 죽음에 대한 두려움은 크게 두 가지로, 죽음 바로 그것에 대한 두려움과 죽어가는 과정에서 일어나는 다양한 상황에 대한 두려움이 있다고 했다. 다음은 두려움에 여덟 가지 유형이다(차미영, 2006).

(1) 고통에 대한 두려움

죽음을 눈앞에 둔 사람이 품게 되는 고통에는 육체적 · 정신적 · 사회적 · 영적인 면이 복잡하게 얽혀 있다.

예를 들어, 이제 곧 사랑하는 사람들과 헤어지는 매순간 다가오고 있다는 것을 알아차리는 것은 정신적 고통이며 남아 있는 가족구성원의 운명에 대해 걱정하는 것은 사회적 고통이라고 볼 수 있다. 그리고 영적 고통은 사랑, 죽음, 괴로움 등 인생의 근원적 의의에 대한 절실한 질문을 초래하는 고통으로 생의 무의미하게 산 것은 아닌가에 대한 생각으로 고통받는 것이다. 육체적 고통의 경우 적절한 의학적 조치를 취해서 통증을 완화시키는 것이 어느 정도 가능하다.

그러나 고통에 대한 두려움이란 단지 육체적 고통에 대한 것만이 아니라 앞서 제시한 네 가지가 서로 얽혀 있으므로 죽음을 앞둔 사람들을 돌보는 일은 그들의 요구에 세심하게 관심을 쏟으면서 환자가 겪는 다양한 고통을 총체적으로 완화시켜 주는 노력이 필요하다.

(2) 외로움에 대한 두려움

사람들에게 죽음에 대한 두려움이란 혼자 외롭게 고통을 겪는 것을 의미한다. 외로움에 대한 두려움은 절대로 그 어떤 것도 초월할 수 없는 느낌이다. 특히 죽음을 앞둔 마지막 순간 혼자 걸어가므로 심한 외로움과 두려움을 느낀다.

그러므로 죽어가는 사람에게 "절대로 혼자가 아니다. 외롭지 않을 것이다. 그리고 마지막 순간까지 함께 할 것이다."라고 가족이나 호스피스팀원들이 그들에게 말하는 것이 중요하다.

(3) 불쾌한 경험에 대한 두려움

평생 동안 예의 바르고 품위 있는 행동과 쾌활한 모습을 주위 사람들에게 나타내는 것을 대단히 강조했던 사람들은 그들 삶의 마지막 기간 동안 이러한 당혹스러운 부정적 이미지를 가족과 친구들에게 보여주어야 하는 것을 두려워할 수 있다.

(4) 가족과 사회에 부담이 되는 것에 대한 두려움

가족들에게 시간과 감정 그리고 경제적으로 짐이 된다는 것은 정말 큰 두려움과 고통이 될 수 있다. 그렇기 때문에 먼저 우리의 인식을 바꾸어 고령자와 임종을 앞둔 환자에게 스스로 자신을 소중한 존재로 인식할 수 있도록 해야 한다. 그래서 삶을 정리할 수 있는 소중한 시간을 조금 더 가치 있게 보낼 수 있도록 가족의 적극적인 도움이 필요하다.

(5) 미지의 세계에 대한 두려움

현대인들은 과거의 문화적 유산을 바탕으로 자신이 처한 상황을 어느 정도까지 지배하고 통제할 수 있게 되었다. 그러나 죽음 자체는 알 수 없고, 통제되지 않는다. 그리고 죽음 바로 그 자체보다도 죽기까지의 과정이 더 두렵다고 말하는 사람도 있다. 또한 사후의 세계에 대해서 체험을 통해 가르쳐줄 수 있는 사람은 아무도 없다. 과거에도 없었고 앞으로도 없을 것이다. 그러므로 사람들은 불안과 걱정을 느끼고 수동적으로 변할 수도 있다.

(6) 인생의 임무를 다하지 못하는 데서 오는 두려움

일생 동안 해오던 일이 미완성인 상태로 죽음을 맞이해야 하는 경우 그 원통함은 말로 표현할 수 없다. 죽음을 자기 생애의 완성을 가로막는 넘기 어려운 장벽으로 생각할 수도 있다.

또한 죽음을 앞둔 사람은 자기 자신이 지나온 과거를 부정적으로 생각하는 경향이 많으며, 자신이 해놓은 일들을 정당하게 평가하려 하지 않는다. 이런 경우에 시기를 맞춰서 '인생의 재평가'를 해보는 것이 죽음에 대한 불안을 완화시키는 데 도움이 될 것이다.

(7) 개인적 소멸에 대한 두려움

죽음으로써 자기의 존재가 완전히 소멸해 버리는 것은 아닌가 하는 불안은 자기보존 본능에서 자연스러운 반응이다. 즉 개인적 소멸에 대한 두려움이 가장 기본적인 두려움이다. '죽음에 직면한다'는 것은 한 개인이 인간으로서 가지고 있는 모든 것을 상실할 가능성에 직면한다는 것과 같은 의미를 갖는다. 누구나 자기를 끊임없이 보존하고자 하는 본능을 가지고 있다.

(8) 사후 심판과 벌

사후 생명을 믿는 사람들 중에는 죽은 뒤 심판을 통해 벌을 받는 일이 다른 무엇보다 두렵다고 말하는 사람도 있다. 기독교에서 천국과 지옥으로 나눠진다. 천국은 영원한 행복을 누리는 장소이고, 지옥은 벌을 받는 장소이다. 그러나 인간은 누구나 불완전한 존재이다. 사후의 엄격한 심판을 상상하면서 지나치게 불안에 떠는 것보다, 현재의 삶에 최선을 다해 어려움을 참아내며 살아가는 삶의 방식이야말로 이러한 불안을 진정시키는 올바른 길이다.

3) 불안과 공포

죽음의 두려움이란 공포와 불안 두 가지가 복잡하게 얽힌 것이어서 확실하게 정의하는 것은 불가능하다. 구체적으로 공포의 대상이 되는 것은 임종에 이르기까지 겪어야 하는 몸과 마음의 고통일 수도 있고, 알 수 없는 체험인 죽음을 눈앞에 두고 가지게 되는 의문과 자신의 존재 자체가 위협받고 있다는 불안도 있을 것이다.

그러나 공포와 불안은 단지 부정적인 감정인 것이 아니라, 죽음에 대한 위험을 회피하고 창조성을 배양하는 긍정적인 역할을 하기도 한다. 공포와 불안에 지배될 때 인간은 파괴적이 될 수 있고, 극복할 때 인간적으로 성숙할 수 있는 기회가 될 수 있다.

4) 노인의 죽음인지와 반응

노인사망률이 가장 높은 시기는 은퇴와 배우자의 사망 후 2년 내이다. 즉 노년기는 죽음에 가까운 시기로서 죽음의 의미를 깨닫고 직시함으로써 죽음과 관련하여 나타나는 변화에 적극적으로 대처할 수 있어야 한다.

하지만 놀랍게도 죽음이 가까운 노년기라고 해서 죽음에 대한 두려움과 불안이 심한 것은 아니라는 사실이다. 대체로 노인들은 죽음에 대한 두려움이나 불안이 젊은 성인이나 중년들보다 덜하며 죽음을 수용하도록 생각과 느낌을 조절한다는 견해가 지배적이다. 레치나(Retsinas)는 다음과 같은 요소에 근거하여 노인은 젊은이보다 임박한 죽음에 대한 사실을 부인하지 않는다고 지적한다.

첫째, 노인들은 그들의 친구나 배우자의 상실을 경험해 왔기 때문에 자신이 언젠가는 죽을 것이라는 사실에 순응하고 두려워하지 않는 경향이 있고, 상대적으로 더 오래 외로움을 경험하는 등 사회적 죽음을 경험하였기 때문에 죽음에 대한 부정이나 분노는 노년기 죽음의 단계에 나타나지 않을 수도 있다.

둘째, 노인들은 다른 연령층보다 질병에 더욱 익숙하고 일반적으로 죽음의 가능성에 대해 더 오랫동안 생각해 왔을 것이다.

셋째, 노년기에 이르기까지 끊임없이 역할 재조정의 과정을 거쳐 왔고, 퇴직 등으로 인한 사회적 위치 상실을 경험하였기 때문에 죽음의 현실에 절망하지 않고, 순응하는 것이 가능해진다.

넷째, 노인 환자들은 종종 죽음을 자연의 한 부분으로 보고 순응하려는 반응을 보이거나 죽음을 고통, 슬픔, 사회적 고립, 외로움의 끝이라고 생각하여 죽음을 기다리기도 한다.

다섯째, 많은 노인들은 그들의 인생의 마지막 단계를 혼자서 외롭게 보내고 있으며, 가족들은 오랫동안 노인의 죽음을 예상해 왔고, 노인이 죽기 이전에 미리 예기적 비탄을 경험하였으며 대부분의 노인들은 집안의 기둥이나 의사 결정자가 아니라서 그들의 죽음은 관심을 끄는 일이 아니다. 그러나 죽음은 모든 연령에 있어서 외로운 경험이고 기본적인 욕구로서의 인간적 접촉을 필요로 하므로 노인들은 그들이 움직일 수 있는 동안 그들의 혈육과 친구들로 구성되는 강한 네트워크를 만들어야 할 필요가 있다.

또한 레치나는 퀴블러 로스의 젊은 중년의 암 환자가 그들의 임박한 죽음에 대한 사실을 부인하는 반면, 병든 노인들은 그들 몸의 악화를 부인하지 않는다는 것을 지적한다. 중년은 더 많은 시간을 얻기 위해 신과 타협하는 반면, 노인들은 더 많은 즐거움과 평온 혹은 이루지 못한 일에 대한 기회의 시간은 이제 불필요하다는 것을 알고 있다고 말한다.

제2절 웰 다잉과 상담

1. 말기환자 상담

1) 죽음에 대한 두려움

두려움과 불안은 양면성을 가진다. 죽음에 대한 두려움을 완전히 없애는 것은 불가능하다. 그래서 상담자는 죽음에 직면한 노인들의 두려움을 최대한 줄이도록 도와주는 것이다. 하지만 이 죽음에 대한 두려움이 긍정적인 역할도 한다.

2) 죽음에 대한 두려움의 아홉 가지 유형

죽음에 대한 두려움의 유형에는 고통에 대한 두려움, 외로움에 대한 두려움, 불쾌한 경험에 대한 두려움, 가족과 사회의 짐이 될 수도 있다는 두려움, 미지의 세계에 대한 두려움, 삶의 두려움에서 비롯한 죽음에 대한 두려움, 인생의 임무를 다하지 못 하는 데서 오는 두려움 , 개인적인 소멸에 대한 두려움, 죽고 나서 심판과 벌을 받을 것이라는 두려움이 있는데 이러한 죽음에 대한 두려움을 극복하기 위해서는 죽음에 대한 교육을 받아야 한다.

3) 죽음에 대한 두려움을 극복하는 길

죽음에 대한 두려움을 극복하는 방법에는 유머감각을 키우거나 과거에 했던 여러 가지 일들과 인생의 의미 찾기, 현재 환자가 겪고 있는 과정과 고통의 병 자체에 대한 의미 찾기, 미래에 중점을 두고 의미를 찾기 등의 의미를 추구하는 방법도 있다.

4) 임종환자를 돌보는 길

죽어가는 방법에 대한 두 가지 방식이 있는데 하나는 수동적으로 죽음이 오기를 기다리는 방식이고 다른 하나는 미완성의 일을 정리하고 사람들에게 작별인사나 감사인사를 하는 등 능동적으로 적극적인 행동을 취하는 방법이 있다.

5) 임종환자를 돌보는 열 가지 길

임종환자를 돌보는 방법에는 환자와 함께 있어 주기, 환자의 자율성을 존중해 주기, 환자가 적극적으로 살며 스스로 성장할 수 있도록 격려해 주기, 환자가 죽음이라는 드라마에서 주인공이 되고 적극적인 역할을 하도록 도와주기, 환자에게 자신의 질병에 대한 진실을 알 수 있도록 돕기, 환자가 존엄하게 죽을 수 있도록 도와주기, 환자들이 자신의 삶을 검토하여 갈등을 해결하고 존엄성을 유지하도록 도와주기, 환자의 통증이 조절되도록 도와주기, 환자가 유머감각을 키우고 웃을 수 있도록 도와주기, 사후 세계의 가능성을 생각할 수 있도록 도와주기 등이 있다.

6) 삶을 회상하고 검토하기

회상을 이끌어내는 유익한 질문들은 다음과 같다.

- 어떠한 가족 속에서 성장했는가? ex. 부모, 형제관계 등
- 어렸을 때 꿈은 무엇이었나? ex. 꿈의 실현정도, 이루지 못한 꿈들…
- 직업이나 경력은 무엇이었나? ex. 직업에 대해 좋은 점과 싫은 점
- 과거의 삶에서 가장 후회되는 것?
- 당신의 삶에서 돈이 했던 역할은?
- 삶에서 가장 중요한 사람은 누구였는가?
- 죽음과 관련된 경험들이 있는가? 죽음에 대해 어떤 생각을 갖고 있는가?
- 삶에 대한 철학을 가지고 있는가?
- 종교는 당신 삶에서 중요한 역할을 하였는가?
- 존경하고 본받고 싶은 인물이 있는가?
- 해결하고 싶은 문제들이 있는가?
- 지금 죽는다면, 임종 순간에 옆에 있기를 바라는 사람은?
- 어떤 종류의 장례식을 원하는가?
- 지금 가장 희망하는 것은 무엇인가?
- 죽은 후 사후세계에서 계속 살고 싶은가?

7) 상담자의 태도

상담자는 자긍심 혹은 자존심을 유지하거나 향상시키는 것이다. 자기에 대한 이해를 심화 시키고 주체성과 의미를 재확인할 수 있도록 도와주고 창의성도 더욱 고무시키는

것이다. 그리고 과거의 갈등을 해결하고 화해를 모색하고 자신의 삶을 조절하면서 계속 관리할 수 있도록 도와주는 것이다. 또, 다른 사람과 함께 자신의 과거의 삶을 회상해 봄으로써 의사소통을 촉진시키고 환자들이 편안하게 죽음을 맞이하도록 도와주고 다양한 상실에 직면했을 때 위로와 위안을 제공해 주어야 한다.

2. 사별상담

노년기의 배우자 사별에 관한 연구를 보면, 사별 후 심각한 슬픔과 걱정, 불행감, 두려움 등을 나타내며, 여성보다는 남성이 더 고독감이나 사기 저하를 경험하게 된다. 배우자와의 사별은 남겨진 배우자의 복지감을 저하시킬 뿐만 아니라 사망의 가능성도 증가시킨다(이호선, 2005).

1) 배우자와 사별한 노인에게서 나타나는 비탄의 특징

(1) 상호의존

노인들은 배우자와의 사별 이후 동일한 경험을 가진 이들과의 유대를 형성하디고 한다. 사별 전에 배우자의 역할과 활동에 대한 의존도가 높을수록 배우자 사망 후의 적응은 더욱 어려워진다. 상호 의존은 사별한 노인들이 서로 의지하고 필요한 도움과 위로를 나누는 것으로, 이를 통해 사별 이후 홀로 남은 노인의 적응력은 향상된다.

(2) 복합 상실

배우자와 사별한 노인들은 다른 종류의 상실들을 동시에 경험한다. 상실은 정서적 · 사회적 · 경제적 · 성적인 영역 등에서 나타난다. 이러한 복합적인 상실은 사별을 경험한 사람들에게 우울증이나 부적응감을 유발할 수 있고, 상실감이 클수록 자살 가능성도 크다.

(3) 개인적 죽음 인식

배우자, 친구, 형제 등과 같은 동시대 사람들의 상실 경험은 본인의 죽음에 대한 인식을 증가시킨다. 개인적 죽음에 대한 인식 증가는 실존적인 불안을 야기할 수 있다. 상담자는 배우자와 사별한 노인이 사별과 더불어 맞게 되는 죽음에 대한 불안과 두려움을 표현하도록 돕고, 그 죽음에 대한 개인적 느낌과 감정을 주의 깊게 경청하여야 한다.

(4) 고독감

배우자와 사별한 노인들은 혼자 남겨졌다는 생각에 빠진다. 나이가 들어 홀로 된 여성일수록 배우자가 죽었던 곳에 머무르고자 하는 경향이 있는데, 이는 사별한 배우자에 대한 추억을 간직하고 환경 변화에 대한 두려움을 최소화하기 위함이다. 그러나 혼자 사는 것은 외로움을 가중시키며 배우자와 함께 살았던 물리적 환경하에서는 더욱 그렇다.

(5) 역할적응

남성 노인은 배우자와의 사별 후 역할적응을 어려워하는 반면, 여성노인은 이러한 측면에서 가정을 유지하고 자립적으로 살아가는 데 특별한 어려움을 겪지 않는다. 남성 노인이 역할적응에 실패할 경우 위축감과 우울감감을 느끼게 된다.

(6) 지지그룹

사별 후 노인들은 지지그룹을 형성하고자 한다. 지지그룹은 배우자와 사별한 사람의 나이를 불문하고 유익하다. 특히 노인의 경우 사회적 관계망이 감소되어 종종 고립되는 경우가 있으므로 외로움을 겪는 노인에게 있어 지지그룹은 대인 접촉을 제공하는 중요한 역할을 한다.

(7) 접 촉

배우자와 사별한 노인들은 개인적 · 사회적인 접촉에 대한 욕구를 보인다. 이런 접촉의 욕구는 고독감과 연결된다. 상담가는 사별한 노인을 상담할 때 손을 잡는 등의 신체적 접촉을 개입기술로 사용할 수 있다.

(8) 회 상

과거의 일들을 되새기는 일은 사별한 노인들에게 공통적으로 나타난다. 이런 회상은 노인들에게 사용하는 일반적 상담기술로서 사별한 노인들에게는 치료적 자극이 될 수 있다. 인생회고라고도 불리는 회상은 배우자와의 사별 이후 자연스럽게 발생하는 과정으로 배우자와의 사별 이전의 관계를 생각하게 한다. 회상은 노인들에게 적응적 기능을 담당하면서 노년기의 정체성 유지에 공헌한다.

(9) 재배치 논의

상담자는 배우자 사별 후 노인들이 현재 살고 있는 집에서 이사를 해야 할지를 결정하는 데 도움을 줄 수 있다. 이런 결정은 노인이 자신을 스스로 돌볼 수 있는 능력이 있는지 여부에 달려 있다. 이사를 통해 사별한 배우자에 대한 슬픔을 덜고 심리적인 안정감을 찾는 경우도 있으나, 노인들의 경우 죽은 배우자와의 유대감을 약화시키고 자아개념을 경감시킬 수 있다. 그대로 남아 있음으로 해서 노인들은 개인적 통제감을 가질 수도 있고 과거를 회상할 수도 있다.

(10) 기술 형성

사별 후 노인들은 상실에 대한 반응으로 변화한 삶에 대처하는 기술을 익히고자 한다. 사별 후 노인들에게 이러한 도전은 활력과 자신감을 줄 수 있다. 기술 습득을 통해 노인들은 배우자가 없더라도 새로운 기술을 개발할 능력이 있으며, 안정적으로 생활할 수 있다는 생각을 하게 되어 자아존중감을 얻을 수 있다.

3. 배우자 사별 노인상담

배우자와 사별을 경험한 노인들과 상담할 때 상담자는 다음 사항에 집중해야 한다.

1) 충분한 애도기간을 갖도록 한다

배우자 사별에 대한 슬픔은 사별까지의 과정보다는 사별 이후에 격렬해진다. 실제로 사별은 성인기에 경험할 수 있는 가장 강렬한 경험이며 남은 가족, 특히 남은 배우자에게 있어 그 의미는 감정적 · 신체적 · 정신적 요소에까지 영향을 미친다. 사망한 배우자에 대해 슬픔을 감추거나 느끼지 못하는 경우, 홀로 남은 노인은 장례식 및 모든 사망에 따른 법적 과정을 마치고 일정 기간이 경과한 후에야 비로소 배우자의 죽음을 실감하고 애도하기 시작한다. 이때의 애도는 보다 격렬하고 장기적이며 우울 정도와 스트레스 정도가 강하다. 상담자는 배우자가 사망한 시점은 물론 사망한 시점이 어느 정도 경과한 이후에 나타나는 이러한 애도과정을 예상하고 준비해야 한다.

2) 배우자를 용서하는 시간을 갖도록 한다

상담자는 홀로 남은 노인이나 유가족이 고인의 생전 이야기를 나누도록, 고인에 대한 긍정적인 기억과 부정적인 기억들을 나름대로 정리하도록 한다. 이 방법은 고인에 대한 가족의 평가를 통해 남은 이들의 관계를 두텁게 하고 서로 지지망을 형성하게 해준다. 고인에 대한 용서는 남은 유가족의 정체성과 향후 생활의 적응에 긍정적인 영향을 미친다.

3) 배우자 사망에 대한 죄책감에서 벗어나도록 돕는다

상담자는 사별을 경험한 사람이 충분히 배우자 사망에 대한 애도과정을 거치도록 한다. 또한 사망의 책임이 그 자신에게 있지 않다는 점을 분명하게 인지시켜야 한다. 도리어 오랜 질병 기간 동안 고인을 보살핀 것, 병간호의 어려움 등을 강조하여 죄책감에서 벗어나도록 도와야 한다.

4) 배우자 생전의 관계에 대한 죄책감에서 벗어나도록 돕는다

상담자는 사별을 경험한 사람이나 유가족이 고인 사망에 대한 애도의 시간을 충분히 갖도록 돕는다. 또한 고인에 대한 죄책감을 남은 가족과의 관계에 있어 긍정적인 자원으로 사용하도록 도와야 한다. 죄책감이 심할 경우 우울증상을 보이게 되는데, 증상이 심할 경우에는 전문의의 도움을 받도록 권한다.

5) 배우자와의 좋은 추억을 기억하고 되새기도록 돕는다

상담자는 유가족이 함께 고인 생전의 삶을 나누고 고인에 대한 좋은 추억들을 공유하고 회고하도록 도와야 한다. 대개 고인에 대한 기억을 올바르게 표현하는 데는 어느 정도 시간이 걸린다. 고인에 대해 회상을 할 때는 고인에 대한 부정적인 일보다는 긍정적인 일을 기억하게 된다. 상담자는 유가족이 고인에 대한 긍정적인 기억들을 나누도록 돕되, 고인의 죽음을 이상화시키지 않도록 주의해야 한다. 이러한 긍정적인 기억들을 공유함으로 유가족들은 상실의 슬픔을 만회한다. 그리고 이것을 가족 간 연합을 위한 긍정적인 자원으로 사용한다.

6) 사별 이후 생활계획의 설정에 도움을 제공한다

상담자는 사별 이후 배우자의 일상생활을 충실하고 원망하게 유지할 수 있도록 도와야 한다. 이를 위해 상담자는 자녀와 살 것인지 등의 주거 문제, 경제적 문제 등 사별 이후에 발생하는 다양한 변화와 사별 이후의 계획 설정에 도움을 준다.

7) 유가족 전체와의 만남과 연합을 도모한다

사별 경험 이후 노인은 자녀와 사는 경우도 있으나 자녀와 분리되어 혼자 사는 노인들도 늘고 있다. 이럴 경우 노인은 사별 이후 급격히 사회적 관계에서 물러나며, 가족원과 원만한 만남조차 꺼리는 경향이 있다. 상담자는 노인이 사별을 경험한 후에도 자녀 및 손자녀들과 원만한 관계를 갖고 만남을 유지하며 노인이 고립되지 않도록 돕는다.

8) 상실의 단계들을 충분히 겪게 하고 우울증상이나 자살 충동에 대해 충분히 검토한다

복합적인 상실을 경험하는 노인들은 배우자의 사망에 대해 빠르게 반응하지 못한다. 따라서 상담자는 노인들이 겪게 되는 예상치 못한 슬픔에 대비할 수 있도록 하며, 사별 이후 시간을 두고 나타나는 우울증상 경험이나 자살 충동에 빠르게 대처할 수 있도록 돕는다. 특히 사별 이후 특정 시점부터 겪게 될 상실 단계에서 충분히 애도과정을 가질 수 있도록 도와야 한다.

9) 배우자 사망 이후 고립감에 적절히 대처하도록 돕는다

배우자 사별 후 남성 노인은 여성 노인보다 고립감을 더 많이 느낀다. 남성 노인들은 외부와의 접촉이 줄고, 가사노동에 대한 어려움을 호소하면서 현실적인 상실감이 더 크게 느낀다. 여성 노인의 경우 활동적인 여성보다는 내성적인 여성들이 훨씬 사회적 접촉을 줄이는 경향이 있다. 따라서 상담자는 내담자의 성격적 특성과 개인의 상황 적응 정도를 고려하여 노인이 사회적 접촉을 갖도록 돕고, 고립감을 갖거나 강화하지 않도록 한다.

10) 사별 후 감정 격화로 인한 신체적 변화에 주목한다

사별 후에 나타나는 격렬한 감정은 신체에도 영향을 미친다. 상실의 슬픔에 빠지게 되면 전신에 걸쳐 동통이나 식욕부진, 불면증이 나타나는 경향이 있다. 신체의 고통을 호소해 병원을 찾는 경우도 있지만, 이는 상실을 경험한 사람들이 겪는 일반적 증후다. 감정을 억누르면 억누를수록 이런 신체화 증상은 더 강하게 나타난다. 따라서 상담자는 사별 후 노인의 건강상태에 주목해야 하며, 신체화 증상들과 더불어 우울증상이 노인들의 신체 약화에 주요 원인이 될 수 있다는 것을 기억해 이에 적절히 대처해야 한다.

제3절 웰 다잉 교육

1. 웰 다잉 교육이란

죽음교육이란 죽음과 관련 있는 다양한 주제에 대한 학제적 접근으로, 죽음의 과정, 임종 간호, 비탄, 죽음의 철학, 죽음의 의의, 죽음의 통보, 안락사, 자살 민족 · 문화 · 종교에 따른 생사관의 차이, 사후의 생명, 죽음의 공포 등의 문제를 주요내용으로 다룬다. 그리고 죽음에 접근하고자 하는 시도는 철학, 의학, 심리학, 민속학, 문화인류학, 종교, 예술 등 인류문화의 모든 면에서 하고 있다. 그것은 죽음을 태초부터 만물이 의식과 무의식 중에 행하고 인류가 의례로 정립하였기 때문이다.

따라서 죽음의 사실을 자각하면 할수록 우리는 현실의 삶의 뜻을 반성하지 않을 수 없게 돼 본래의 자기와 그것이 살아갈 목적을 주체적으로 다시 묻지 않을 수 없게 된다. 즉 각자의 실존적 입장에서 삶과 죽음을 전체적 · 통일적으로 뜻을 부여하려고 시도함으로써 죽음에 깊은 뜻을 주고 충실한 삶을 살게 되는 것이다. 여기에 단순히 생물적 생명의 차원을 넘어선 영원한 생명과 죽음과의 새로운 결부가 생겨 생사관이 성립된다.

2. 각국의 죽음교육 프로그램

독일, 일본의 경우 죽음교육은 1960년부터 시작하여 1970년 무렵부터 매우 활발하게 실시되었다. 이들 나라에서 죽음교육은 인격도야의 필수사항으로, 인생의 종말을 적극적으로 준비하고 건강교육으로 예방의학적 접근의 교육으로 보았다. 실제로 죽음교육은 다른 사람을 위한 것이 아니라 궁극적으로는 자기 자신을 위한 것이다. 이제 우리나라도 교육의 현장에서 각 연령수준에 적합한 죽음교육을 마련하여 죽음을 스스로 깊게 생각해봄으로써 인간존엄과 생명중시의 가치관을 평생교육의 일환으로 확산시켜야 한다고 본다.

1) 독 일

독일에서는 죽음교육을 오래 전부터 시행해 왔다. 최근 10여 년 전부터 학교의 교과과정인 종교교육에서 죽음교육 프로그램을 포함하였다. 그리고 죽음에 관한 중고생용 교재가 20여 가지나 있다.

(1) 중학교 죽음교육 프로그램

중학교 교과서인 '가치와 규범'이라는 제목의 시리즈에서 '죽음의 과정과 죽음'은 아홉 번째에 해당되는 교과서이다. 그 내용은 다음과 같다.

첫째 단계는 죽음과 장의로 사자의 매장에 대한 풍부한 역사적인 자료, 문화와 종교에 따르는 다양한 매장법과 묘지의 사진, 장의의 의미, 신문에 실리는 부고의 실례에 대해 교육한다.

둘째 단계는 청소년의 자살로 자살에 대한 사례, 원인과 동기, 자살방지를 위한 상담소의 주소 및 전화번호를 알려준다.

셋째 단계는 인간다운 죽음으로 인공적인 연명, 안락사, 생의 최후단계를 맞이하는 환자의 태도, 죽음에 직면한 환자를 보살피는 자세를 교육한다.

넷째 단계는 생명의 위협으로 적절한 주의와 노력으로 위험을 피할 수 있는 가능성, 불가피한 죽음, 회피할 수 있는 죽음에 대해 교육한다.

다섯째 단계는 죽음의 해석으로 동서고금의 철학과 종교상 죽음의 의미, 사후의 세계관에 대해 탐구한다.

(2) 고등학교 죽음교육 프로그램

인간은 늙을 수밖에 없고 궁극적으로 죽는다는 것을 알려준다. 여기서 가장 중요한 점은 바로 젊음을 이상화시킨 현재의 일반적인 문화와 모든 사람은 결국 젊음을 다 잃고 나이가 들어 죽는다는 것을 서로 대비시켜 비교하는 것이다.

독일의 고등학교에서 죽음교육 과정은 6개월인데, 한 달에 네 차례씩 90분 수업을 한다. 다음은 독일의 고등학교에서 가르치는 죽음을 준비하는 전형적인 교육프로그램으로 4단계로 분류된다.

첫째 단원은 교사가 학생들에게 인간의 성장, 노화, 죽음의 과정을 강의하는데, 특히 이상과 현실사이의 차이에서 오는 갈등에 대해 중점을 둔다. 이 단계의 주요목표는 학생들이 오늘날의 사회가 환자, 노인, 죽음의 문제를 어떻게 다루는지에 대하여 눈을 뜨게 해주고 학생들의 비판적이고 창의적인 반응을 창출하는 것이다.

둘째 단원은 죽음에 대하여 가능하면 여러 가지 점을 생각하게 한다. 죽음을 보는 개인차 및 의학, 철학, 심리학, 문학, 종교 등에서의 죽음의 해석을 이해시킨다.

셋째 단원은 AIDS와 같은 질병에 감염되어 죽게 된다는 것을 교육시킨다.

넷째 단원은 자살과 안락사의 문제를 다룬다.

2) 일 본

일본에서는 공교육의 위기로부터 교육개혁의 일환으로 죽음교육이 제기되었다. 처음에는 죽음교육 연구에 대한 개념 자체의 낯설음으로 많은 어려움을 겪었다. 2002년 학교 공식 교육과정으로 죽음교육을 채택하였다.

알폰스 데켄(Alfons Deeken)의 죽음교육 15단계를 살펴보면 다음과 같다(차미영, 2006).

- 임종에 대한 이해
- 죽음에 대해 더 많이 생각하기
- 상실과 슬픔에 대한 이해
- 죽음에 대한 두려움 줄이기
- 죽음에 대한 금기 없애기
- 자살 예방하기
- 암환자에게 진실 말하기
- 죽어가는 과정에서의 윤리 문제
- 법의학적인 문제
- 자신의 장례식 계획하기
- 시간의 소중함 발견하기

- 죽음을 긍정하기
- 죽음에 대한 개인의 철학 찾기
- 죽음에 대해 종교적으로 해석하기
- 사후 세계의 가능성 생각하기

3) 교육결과

학생들이 알던 죽음은 TV, 영화나 게임을 통해 접한 것이 거의 전부다. 죽음의 고통이나 죽음은 돌이킬 수 없다는 사실을 뼈저리게 느끼지 못한다. 죽음교육은 이 같은 현실을 알려준다. 그렇다보니 학생들은 죽음교육을 통해 자신의 삶에 대한 중요성과 그 의미를 새로이 발견하게 된다. 또한 죽음을 주제로 한 학생과 제자, 자녀와 부모 간의 진솔한 대화를 통해 서로를 더 잘 이해하게 돼 의사소통이 한결 원활해졌다고 한다.

죽음교육은 지식의 단계(정보를 얻고 의사소통을 하는 것), 정서적 단계(감정과 느낌을 다스리는 것), 가치의 단계(가치관을 명확히 하는 것), 구체적인 기술교육 단계(병원 케어센터 양로원에서의 실습)를 거친다고 설명했다. 또 "죽음교육에서 지식을 획득하는 것만으로는 충분하지 않다."며 "우리의 가치관을 새롭게 하고 가치관을 재평가하는 것이 죽음교육에 있어 중요하다."고 강조했다. 결국 슬픔은 우리의 삶을 양육하고 발전시키고 풍요롭게 한다는 것이다.

3. 웰 다잉을 위한 죽음교육의 사례 : S시립 ××노인복지관의 '죽음 준비 교육'

S시립 ××노인복지관에서는 아름다운 생애 마감을 위한 어르신 '죽음준비학교'가 진행되고 있다. 현재 진행 중인 죽음준비 학교 내용은 다음과 같다.

1) 유언장 작성

○ 이것은 미리 쓰는 유언장의 기본 형식입니다.
○ 이 외에도 자유롭게 남기고 싶은 이야기를 쓰시면 됩니다.
○ 반드시 자필로 기록하시고 도장을 찍으셔야 법적으로도 유효합니다.
○ 성명, 주민등록번호, 주소, 작성 연월일, 장소는 필수 기입사항입니다.

성명 : (도장) 주민등록번호(생년월일) :
주소 :
작성일 : 년 월 일 작성장소 :

I. 사랑하는 사람들에게

1. 배우자에게

2. 자녀들에게

3. 친구, 친지들에게

II. 내가 떠난 후에…

1. 나의 장례식
   ○ 매장, 화장, 납골, 산골, 수목장 / 시신 기증 등에 대한 생각을 밝힙니다.
   ○ 장례식 장소, 집례, 부르고 싶은 사람들, 불러주었으면 좋을 노래들, 장례식에서 거절하고 싶은 사항 등을 기록합니다.

2. 사후 유산 처리 문제 ☞ 기증, 분배, 남은 가족에게 처리 부탁 등을 합니다.

III. 그 밖에 남기고 싶은 말

2) 나의 사망기 작성

'사망기(記)'는 부고(訃告, obituary), 즉 사망 기사를 뜻하는 말이다. 자신을 3인칭으로 하여 부고를 써봄으로써 자신의 삶을 객관적으로 돌아보는 죽음준비교육의 한 과정이다.

1. ____________는(은) 어제 ________세를 일기로 세상을 떠났다.
   자신의 이름을 일단 먼저 써넣으면서 어제 세상을 떠났다고 가정하며, 과연 나는 몇 살 쯤에 죽게 될까, 몇 살 쯤 죽으면 가장 좋을까, 아마도 나는 그 나이쯤 되면 죽지 않을까 등을 상상해 보며 나이를 적는다.

2. 그의 사망 원인은 ________________________이었다.
   어르신들이 희망하는, 혹은 짐작해 보는 사망 원인을 적어본다.

3. 그의 남은 가족은 __________이며, 그는 ________의 구성원이었다.
   남은 가족이 몇 명인지와 소속되어 있는 단체, 모임 등을 적으면서 자신의 자리를 한 번 돌아보게 된다.

4. 그는 사망한 그 때에 ________________________를(을) 하고 있었다.
   숨이 멈추는 바로 그 순간 무엇을 하고 있을 것 같은지, 무엇을 하고 싶은지 생각해 보는 항목이다.

5. 그를 아는 사람들은 그를 _________한(했던) 사람이었다고 기억할 것이다.
   내가 떠난 후 사람들은 나를 어떤 사람으로 기억할까, 스스로의 생을 돌아보며 채워 넣는 항목이다. 이 항목은 자신이 꼭 지키며 살아온 생활 원칙이 드러나기도 하면서, 내가 떠난 후 이러 이러한 사람으로 기억되었으면 좋겠다는 희망사항까지를 모두 포함하고 있다.

6. 그의 죽음을 가장 슬퍼할 사람은 _______________일 것이다.

7. 그가 세상에 남긴 업적은______________________이다.
   어르신들이 쓰기 가장 어려워하시는 항목이다. 이때 교육자는 어르신과 업적에 관하여 이야기를 나누고 작성해 보도록 격려한다.

8. 그의 시신은 _______처리될 것이며, 장례식은 그의 유언에 따라 _______식으로 진행될 것이다.
   전자에는 매장, 화장, 시신기증 등을 기록하고, 후자의 장례식은 불교식, 기독교식, 천주교식 등을 쓰게 된다.

3) 임종 체험

임종 체험 순서는 우선 영정사진을 촬영한 후 죽음에 대한 강의를 통해 죽음에 대한 의미를 이해한다. 그리고 마지막이라고 생각하고 유언장 작성을 한다. 마지막으로 실제 임종과 같이 입관 및 화장로 체험을 하게 된다.

4) 어르신 죽음준비학교 캠프

(1) 자서전 쓰기 주제의 하나인 "잊을 수 없는 사람들"이라는 제목의 수업을 진행한다. 다음과 같은 내용에 대해 이야기해 보게 한다.

- 내 인생에서 잊을 수 없는 단 한 사람
- 용서하기 어려운 사건과 사람들
- 은혜를 갚아야 할 사람들
- 화해하고 싶은 사람들

이것들을 통해 자신이 전생에서 잘한점과 못한 점을 통해 자신에 대해 이해를 촉진시킨다.

(2) 신문지 찢기

어르신들과 신문지를 갈기갈기 찢으며 놀다가 쌓인 스트레스, 짜증, 신경질 나는 일, 화, 속상한 일, 미운 사람 등을 생각하며 이 감정들을 사랑의 마음으로 바꾸기 위해 미움의 신문지 조각을 한데 모아 '사랑의 공'을 만들어 미움보다는 사랑을 던진다는 결심을 하는 활동이다.

(3) 내 인생이 한 달 남았다면

'버리고 싶은 것'을 적은 종이는 마구 구겨서 검은 천에 던진다. 그리고 그 검은 천을 꽁꽁 묶어 돌아가며 던지고 패대기를 치며 내 마음 속에서 그것들이 없어지기를 바라본다.

'하고 싶은 일'을 적은 종이는 곱게 접어 노란 천에 잘 담아 놓는다. '버리고 싶은 것'을 모두 함께 나눈 후 '하고 싶은 일'을 하나 하나 꺼내 읽어본다.

(4) 촛불 속에서 만난 사람

조용히 누워 잔잔한 음악에 몸을 맡기고 인생을 돌아보며 그동안 만난 수없이 많은 사람들을 떠올려 본다.

그 가운데서 죽기 전에 꼭 한번 만나보고 싶은 사람을 촛불 속으로 초대한다. 촛불 속으로 찾아온 그와 그동안 가슴 속에 묻어둔 이야기, 꼭 하고 싶었던 이야기를 나눈다.

(5) 주먹에 담긴 한 평생

캠프의 마지막 프로그램은 〈나의 다짐〉이라는 제목하에 어르신들의 주먹을 석고로 만드는 것으로 완성된다.

제13장

우리나라 노인상담

제1절 우리나라 노인

1. 우리나라 노인의 심리 특성

1) 정(情)

우리 문화가 타인과의 관계성을 중시한다는 점에서, 정은 인간관계의 본질적 요소인 동시에 애착과 친밀감을 만들어 주는 사회 네트워크의 기본적인 요소이다. 정이란 친밀하고 친근한, 시공이 밀착되어, 우리 편에서는 서로 잘해 주고, 신경 써주고, 아껴주기도 하지만 너무 편하고 가까워서 때로는 막 대하기도 하는 순기능과 역기능이 있다.

2) 한(恨)

한은 가장 심층적인 한국인의 감정 특징으로 민족적 감정이라고 표현하기도 한다. '한'의 심리상태는 억울함, 원망, 답답함, 무기력, 후회스러움, 고통, 서러움, 슬픔, 체념 등으로 표현할 수 있다. 이는 '한'의 심리상태가 '노(怒)'와 섞여 있음을 나타낸다. 恨은 마음(忄 : 심)이 어긋나다(艮 : 간)는 두 단어의 합성어로서 어긋난 마음 상태를 말한다. 남이

이 심정을 몰라줄 때 한의 마음은 커진다. 따라서 恨을 푸는 한 가지 방법은 자신의 억울한 심정을 유발시킨 당사자가 상대방의 억울함을 이해해 주는 것이며 이것이 안 될 때는 주변사람이라도 자신의 심정을 이해해 줄 때 한은 경감된다.

3) 심정심리(心情心理)

한국인은 대인관계에서도 드러난 행동보다 그러한 행동을 유발시킨 동기나 심정을 더욱 중요시한다. 심정은 마음을 뜻하는 '심(心)'과 일어남을 뜻하는 '정(情)'의 합성어로 상대의 마음 자신의 마음을 느끼는 것이다. 갈등이나 일에 대한 책임소재를 따지는 상황에서 상대에게 자신을 이해시키거나 자신이 책임질 잘못된 일에 대한 해명 및 변명에 자주 사용된다. 일반적으로 긍정적 감정보다 부정적 감정과 결부된 마음의 상태를 나타낼 때 더욱 빈번히 사용된다.

4) 체면(體面)

우리나라 사람은 체면을 중시한다. 이는 사회적인 기대와 적절한 행동을 강화하기 위한 기제이다. 체면은 문자 그대로 몸의 바깥 면을 말하는 것으로, '남을 대하기에 떳떳한 도리나 얼굴'로 정의된다. 남이 나를 어떻게 평가하느냐에 따라 체면은 높아질 수도 있고 낮아질 수도 있다. 체면을 손상하지 않으려고 노력하는 것은 가족과 사회의 기대에 순응하도록 하는 강한 동기가 될 수 있다.

5) 눈 치

사람들이 서로 상대에 대해 자신의 마음을 솔직하게 표현하기를 꺼리거나, 곤란한 상황에서 상대의 마음을 간접적 간서를 통해 읽어 내거나, 반대로 자신의 의사를 직접적으로 표현하기 곤란한 상황에서 자신의 마음을 간접적 단서를 통해 알리는 것을 말한다. 심정과 체면을 중시하는 한국인의 대인관계 및 의사소통에 필수 불가결한 요소이다.

한국인에게 눈치가 발달된 이유로, 한국 사람은

- 자신의 생각을 그대로 표현하기를 꺼리며 감정표현을 억제한다.
- 솔직한 의사전달이 결여되어 있고 내 의도를 상대방이 스스로 알아주기를 기대하는 심리가 강하다.
- 의사소통의 특징이 우회적이고 그 이유는 남이 스스로 알아차리게 하며 남의 비위를 건드리지 않기 위해서이다.
- 자신을 은폐하거나 감싸는 심리와 그러한 심리를 알아내려는 노력과 기제가 발달해 있다.
- 상위자의 비위를 맞추기 위해서 눈치가 발달되어 있기 때문이다.

6) 핑 계

상대방에 대한 피해나 가해 등의 상황에서 그 피해 및 가해에 대한 책임소재가 자신에게 돌아올 위험이 있는 경우, 거짓 구실을 통해 회피하는 언어 및 비언어적 행위를 말한다.

7) 부자유친성정(父子有親性情)

한국인에게 자식은 동일체로 보아야 한다. 한국의 부모들은 자식을 손가락에 비유하여 자식은 불행이나 고통을 겪을 때 자신의 손가락이 다쳐서 느끼는 고통으로 은유한다. 이는 부모자식동일체 의식을 암시하는 말이다. 한국의 자녀들은 부모에 대해 항상 미안감, 측은감, 고마움 등과 같은 측은지성을 부지불식간에 거의 무의식 또는 습관적으로 가지고 있고 또 표현하고 있으며 부모들도 자식에게 똑같은 측은지정을 가지고 있다.

노인학대예방센터 정덕규 소장

노인학대는 이미 한 가족 내의 문제가 아니라 사회 전체의 문제입니다

대학에서 사회복지를 전공하면서부터 노인학대에 관심을 가져온 정덕규(52) 소장은 가족 내 노인학대 문제가 공론화하지 못한 현실을 안타까워했다.

"경로효친사상 등 효를 중심으로 한 전통윤리사상과 관습 등으로 인해 구조적인 노인학대가 사회에 제대로 노출되지 않고 있습니다. 이웃에서 신고가 들어와 상담원들이 찾아가 보면 학대 사실을 부인하는 경우가 많아요. 학대 피해 노인들은 체면 문제도 있고 행여나 자식들에게 어떤 피해가 갈까봐 학대 사실을 숨기는 것이죠. 하지만 사실을 밝혀야 학대로부터 벗어날 수 있습니다."

센터에 따르면 노인학대는 몸이나 도구를 이용해 직접적으로 폭력을 휘두르는 신체적 학대와 비난, 모욕, 협박 등의 행위를 통한 언어 · 정서적 학대뿐만 아니라 성적 학대, 재정적 학대(노인의 자산을 노인의 동의 없이 사용하거나 부당하게 착취하는 행위, 노동에 대한 합당한 보상을 하지 않는 행위), 방임, 유기 등으로 나눌 수 있다.

"노인학대를 분류한다 해도 이는 별개가 아니며 실제 여러 학대 유형이 한꺼번에 나타나는 경우가 대부분이죠. 특히 어르신들은 언어 · 정서적 폭력에 둔감한 편인데 이도 엄연히 노인학대이며 정신적으로 큰 상처를 줄 수 있습니다."

노인학대는 학대하는 자와 받는 자 모두 고통스럽게 하는 것이라고 강조하는 정 소장은 학대 예방을 위해 노인들이 할 수 있는 방법을 몇 가지 제시했다.

노인들이 가족 내 학대를 사전에 예방하기 위해서는 △학대 원인을 무조건 자기 탓으로 돌리지 말 것 △건강 유지에 노력할 것 △부양을 이유로 자녀에게 전 재산을 상속하지 않도록 하고 경제적 능력을 최대한 유지할 것 △과거에 집착하기보다 세상의 변화를 이해하려고 노력하는 자세 갖추기 △도움을 받기보다 도움을 주는 일을 많이 할 것 등을 충고했다

출저 : 매일신문 2005년 5월 3일자

2. 우리나라 노인상담 : 해결중심요법

1) 해결중심요법의 기본 원리

1970년대 초 드 세이저(Stave de Shazer)와 김인수 부부, 그 동료들이 개발한 해결중심치료(Solution Focused Therapy) 접근법은 언어와 기능과 역할에 영향을 받아 단기가족치료모델로 발전시켜왔다. 우리나라에는 1987년부터 본격적으로 소개되기 시작하여 초기에는 단기 가족치료를 위해 개발되었으나 점차 알콜중독, 행동장애, 관계문제, 개인문제, 집단문제 등 치료대상의 폭이 넓어지고 다양해지므로 '해결중심치료'로 부르게 되었다.

1990년대 드 세이저와 베르그(Berg)를 중심으로 많은 사례들을 관찰하면서 문제에 대한 인식과 정의가 전환되므로 문제해결을 구축해가고 결국 목표를 성취하게 되는 과정을 중요시하게 되었다. 전통적인 접근법에서는 치료자와 환자가 문제 자체와 그 원인에 대하여 관심의 초점을 두었으나, 이 접근법에서는 문제에 대한 관점과 인간의 잠재적 자원, 문제해결에 대한 능력, 과거의 성공적인 경험, 변화욕구 등을 중요시하며, 문제가 해결된 상황에 초점을 두고, 처음부터 해결방안을 찾아가는 것으로부터 시작하는 사고전환적 치료접근법이다. 반드시 문제를 탐구해야 변화가 일어나는 것이 아니고, 처음부터 바라는 변화에 초점을 맞추는 것이 더 효과적일 수 있으며, 의도적인 변화는 내담자로 하여금 자신이 바라는 변화를 마음에 구체적으로 그려볼 때 시작된다는 것이다.

2) 우리나라 노인상담에 적용 이유

해결중심접근법은 우리나의 김인수(1998)로부터 시작되어 한국적 가치와 신념이 많이 적용되고 있다. 즉 한국인들의 인간성 회복에 대한 신념, 생존뿐 아니라 번영하려는 성향, 열심히 일하는 것에 대한 가치, 남을 배려하고 공손한 성향과 다른 사람에 대한 존경심 등의 가치를 치료과정에서 언어로 표현하고 치료접근에 사용하였다.

우리나라 노인들은 많은 삶의 경험과 자원을 가지고 있으면서 이를 자원화하지 못하는데서 기인된 무력감, 실패감으로 자신에 대하여 분노하고 좌절하며, 경로효친사상과 가족구조의 변화로 가족관계에 어려움을 겪고 있다. 따라서 노인은 타인의 도움을 필요로 하는 존재라는 사회적 인식 때문에 위축되고 소외감을 갖고 있다.

이러한 관점에서 우리나라 노인상담에 해결중심 접근법을 적용함이 적합한 이유를 다음과 같이 들 수 있다.

- 한국문화를 체면의 문화라고 할 만큼 다른 사람을 많이 의식한다. 해결중심적 접근법은 문제보다 해결에 초점을 두기 때문에 문제에 관련된 사람 특히 가족의 체면을 손상하지 않고 노인 자신의 체면을 존중하며 상담을 진행할 수 있다.
- 내담자에게 자신의 문제를 설명할 수 있는 기회가 주어진다는 점에서 해결책 구축의 첫 단계는 문제중심적 접근의 첫 단계와 유사하다. 그러나 해결중심적 접근법은 내담자의 인식을 내담자의 내적 자원(강점)에 대한 증거로서, 그리고 내담자의 준거에 틀에 의거하므로 노인의 저항을 제거할 수 있다.
- 해결중심적 접근법은 노인으로 하여금 자신의 과거의 이야기를 하며 성공적인 경험을 발견하도록 함으로써 노인 자신의 강점과 자원을 발견하여 스스로 살아갈 수 있다는 희망과 자신감을 회복할 수 있게 도울 수 있다.

3) 우리나라 노인상담에 해결중심 접근법

(1) 체면을 활용한다

한국인들은 체면을 중요시하기 때문에 내담자 노인의 체면을 살리면서 협조를 요청하면 긍정적인 반응을 얻을 수 있다. 따라서 노인의 상담에 대한 저항을 줄일 수 있고, 적극적 태도로 임하게 된다.

(2) 정, 한, 우리성 등의 한국인 심리특성을 활용한다

한국인에게는 집단주의 문화인 우리성이 발달되어 있다. 정이라는 기본 자재를 가지고 형성된 '우리'는 개인의 목적보다 집단의 목적을 우선시하는 것이 특징이다. 노인들은 자신보다 가족의 화목을 우선시하기 때문에 생각이나 감정 표현을 자제하는 것이 미덕이고 예의라는 문화에 젖어 살아오므로 '한'을 가지고 있다.

이전의 상담이론에서는 우리성은 폐쇄적이고, 정은 분화를 조장하며, 한은 개인의 감정과 의사를 방해하는 의사소통 능력으로 평가하였으나 소속감, 일체감, 동일시, 책임감, 친밀감 등을 파악할 수 있는 개념으로 사용할 수 있다.

(3) 위계질서를 존중하고 활용한다

우리나라 사람들은 체면과 위계질서를 중요시하고 책임감과 의무감이 강하기 때문에 내담자 노인들은 상담자의 견해를 중요하게 받아들이고 인정받기 위해 노력할 수 있는 동기가 될 수 있다. 또한 상담목표를 설정할 때 개인 중심적 목표보다 가족 전체의 화목 특히 자녀에게 도움이 되는 것과 일치하는 목표를 설정할 경우 노인들은 의무감과 책임감을 가지고 상담에 더욱 적극적으로 임하게 된다.

(4) 비언어적 의사소통 방식을 활용한다

우리나라 노인들은 일반적으로 비언어적 의사소통방법을 취하는 경향이 있고 문제가 의미하는 것보다 상황을 의미하는 것에 더 관심을 둔다. 따라서 부정적인 인식을 긍정적인 언어로 바꾸어 사용함으로써 새로운 긍정적 의미로 재구성하기가 용이하다.

(5) 과거의 노력을 인정하고 성공적인 경험을 칭찬한다

내담자들은 대부분 처음에는 부정적인 측면과 문제의 원인에 대하여 반복적으로 이야기를 한다. 변화를 원하지만 변화를 쉽게 수용하지 않고 변화에 관하여 부정적인 경향이 있다. 상담자의 긍정적 언어 사용과 과거의 성공적인 경험에 대한 탐색을 위한 질문을 통하여 성공적인 경험을 발견하게 되면 자신의 강점을 깨닫게 된다. 칭찬과 격려는 내담자 노인에게 주체성을 회복시키고 문제해결에 대한 자신감을 갖게 한다.

(6) 노인의 의존성을 활용한다

한국의 문화가 집단주의 수직적 문화로서 내담자는 연령에 관계없이 상담자를 스승으로 윗사람으로 대하는 경향이 있다. 따라서 내담자 노인은 의존적이 되고 지도와 지시를 받기 원한다. 이러한 노인의 의존성은 적절한 과제를 부여할 때 이를 수행하기 위한 노인의 적극적인 노력을 유도할 수 있는 요소로 활용될 수 있다.

제2절 해결중심 상담 사례

1. 사 례

○○시 노인의 전화에 걸려 온 사례를 해결중심요법으로 상담을 진행해 보기로 한다.

> 나는 집에서 구역질이 나서 밥 먹기가 싫어요. 우리 며느리는 서울에서 자라서인지 몰라도 내 식성은 거의 생각지 않고 손주녀석들 입맛만 생각하는지 음식이 너무 달고 케첩인가 뭔가 그런 것을 잔뜩 뿌리고, 튀기고…… 하여튼 나는 청국장이나 토속적인 젓갈, 김치같은 게 있어야 음식이 넘어가는데…… 일일이 투정할 수도 없고, 그냥 될 수 있는대로 노인정에서 식사를 해결하려고 하니 어떨 때에 이게 뭔가 싶기도 하고…….

상담자: 여기서 일하는 ○선생입니다. 이렇게 뵙게 되어 반갑습니다.

(초기 관계 형성과 문제 파악을 위한 질문)

오시는데 어려움은 없으셨는지요? (처음 치료면담 이전의 변화에 관한 질문)

내담자: 난 이복동이라고 해요. 망설였어요.

상담자: 아, 그러셨군요. 이렇게 오시니까 어떠신가요?

(처음 치료면담 이전의 변화에 관한 질문)

내담자: 가슴이 두근거리기도 하고…….

상담자: 그저 동네 아주머니 대하듯 편하게 대하시면 되셔요. 망설였지만 오셨는데 무엇을 도와 드릴까요? 여기서 무슨 일이 있으면, "아! 가기를 잘했다. 잘 갔다 왔다"라고 하시겠어요? (목적 설정을 위한 질문)

내담자: 편한 마음으로 밥을 먹었으면 좋겠어요. 매일 끼니 때 되는 것이 걱정이예요.

(희망을 표현, 그러나 구체적이지 않다)

상담자: 식사하시는 데 어려움이 있으시다는 말씀이신가요? (명료화)

내담자: 네, 며느리가 해주는 밥을 먹을 수가 없어요.

상담자: 좀더 자세히 말씀해 주실까요? (명료화)

내담자: 나는 집에서는 구역질이 나서 밥 먹기가 싫어요. 우리 며느리는 내 식성은 생각지 않고

손주녀석들 입맛만 생각하는지 음식이 너무 달고 케첩인가 뭔가 그런 것을 잔뜩 뿌리고, 튀기고…… 하여튼 나는 청국장이나 토속적인 젓갈, 김치같은 게 있어야 음식이 넘어가는데…… 일일이 투정할 수도 없고, 그냥 될 수 있는대로 노인정에서 식사를 해결하려고 하니 어떨 때는 이게 뭔가 싶기도 하구……. (문제진술 및 털어놓기)

상담자: 아, 그러시군요. 할머니 마음을 알겠네요. 그런데 그런 사정을 며느님에게 이야기 해 보셨나요?

내담자: 못 했지요. 애들 신경 쓰기도 바쁜데 나까지 신경 쓰게 할 수 없잖아요.

상담자: 아휴, 며느님은 복도 많으시네요. 이런 시어머니를 모시다니요.

내담자: 복은 무슨 복……, 저희끼리 사는 것보다 내가 있어 아무래도 신경 쓰이지 뭐.

상담자: 어차피 함께 살아야 한다면 이렇게 며느님을 생각해 주시는 어머님을 모시는 게 복이지요. 할머니는 남을 배려하는 분이시네요. 그러니 모시지 누가 모시나요? (내담자 장점을 말해 준다)

내담자: 어떻게 내 생각만하고 살아요?

상담자: 할머니가 댁에서 맛있게 음식을 드신 때는 언제지요? (예외질문)

내담자: 가끔 있지. 친척들이 온다거나 무슨 날은 나를 생각해서 음식을 장만하니까.

상담자: 그럴 때 할머니는 어떻게 하셔요?

내담자: 뭘 어떻게 해. 그냥 맛있게 먹지.

상담자: 어쩜 이렇게 맛있게 했니? 참, 맛있구나. 이렇게 먹으니 너무 좋다. 이렇게 칭찬을 해 보셨나요? (사고의 전환을 유도)

내담자: 아니, 호들갑을 떠는 것 같기도 하고, 속을 내 보이는 것 같기도 하고.

상담자: 할머니는 다른 사람이 칭찬해 드리면 그 사람을 그렇게 생각하시나요?

내담자: 그렇지 않아.

상담자: 그렇지요? 기분 좋으시지요?

내담자: 칭찬하는 데 기분 좋지. 더 잘해야지 하는 마음도 들고.

상담자: 며느님은 어떨 것 같으셔요?

내담자: 마찬가지겠지. (스스로 통찰이 됨)

상담자: 그래요.

내담자: 그럼 다음에는 그렇게 해볼까? (내담자 마음이 편해지며 변화의 노력을 보임)

상담자: 그러셔요. 그리고 사람들에게도 며느리 칭찬하시고요. 우리 며느리는 나를 늘 생각주

어 고맙다고. (내담자 격려)

내담자: 사실 그렇기도 해. 지난번에 손주 옷 사러 간다더니 내 것도 사다 주더라고. 지금 세상에 그러기도 쉽지 않아. (스스로 통찰이 됨)

상담자: 할머니가 불편해도 늘 배려하시니까 그럴거야요. (내담자 칭찬)

내담자: 내가 저희들 생각하듯 며느리가 자식 생각하는 게 당연하지 뭐. 젊어서는 자식 키우는데 온 정성을 다 하다보면 그렇겠지. 그래도 먹는 게 마땅치 않으니 그런 게 다 안 보이더라고. (스스로 통찰이 됨)

상담자: 그래요. 그럼 식사 문제는 어떻게 하시겠어요?

내담자: 내가 이해할 밖에 더 있겠어? 경로당에서도 먹고, 또 가끔 며느리 없을 때 내가 해먹기도 하고. 그러면서 사는 거지.

상담자: 할머니는 참 지혜로우셔요. 할머니가 제일 행복할 때를 10이라고 하고 제일 속상하신 때를 1이라고 하면 지금은 몇 점이나 되셔요? (척도질문)

내담자: 한 6점 쯤…….

상담자: 그럼 7점이 되려면 어떻게 하면 될까요?

내담자: 오늘 저녁은 내가 해서 애들을 먹여야겠어.

상담자: 아주 좋은 생각이시네요. 가시며 장 좀 보아서 그렇게 하시면 좋겠어요. (내담자를 지지하고 격려) 그렇게 하면 누가 제일 좋아할 것 같으셔요? (관계성 질문)

내담자: 며느리도 좋아할 것이고, 아들도 좋아하겠지.

상담자: 그래요. 저도 그럴 것 같네요.

내담자: 빨리 가서 준비해야겠어.

상담자: 그러셔요. 저도 할머니같은 시어머님이 계시면 좋겠어요. 며느님이 부럽네요. 만나 뵈서 행복했어요. 조심해서 가시고, 식구들과 저녁 맛있게 드세요.

REFERENCE

국내문헌

강은정 외(2006), "노인의 의료비분석을 통한 노인건강관리체계 구축방안-뇌졸중 노인의 합리적 의료이용", 한국보건사회연구원.

강현숙(2004), 『뇌졸중 후 대상자의 즐겁고 자신 있는 삶을 위하여 : 동서재활 자조관리프로그램』, 군자출판사.

권중돈(1994). "한국치매노인가족의 부양부담 사정에 관한 연구," 연세대학교 대학원 박사학위논문.

김소운 역(2009), 『(더 늦기 전에 아내가 꼭 알아야 할) 은퇴 남편 유쾌하게 길들이기』, 나무생각.

고수현 외(2003), 『노인복지론』, 양서원.

고양곤(1999), "노인자원봉사활동의 활성화 방안," 『한국노년학』, 제19권 제3호.

고정자(2001), 『노인복지개론』, 형설출판사.

김근홍(1999), 『한 · 독 노인복지 이해』, 학문사.

김기태(2002), 『사회복지실천론』, 양서원.

김동배(2000), 『인간행동이론과 사회복지실천론』, 학지사.

김미혜 · 서혜경(2006), 『노인복지실천론』, 동인.

김수영(2000), "노인을 위한 인터넷 정보활용 활성화 방안," 2000년 춘계학술회의 자료, 한국노인복지학회.

김수영 외(2001), 『노인과 지역사회보호』, 양서원.

김주희(2000). 『치매간호학』. 현문사.

김영호 외(1996), 『노인여가의 현황과 과제』, 한국노인문제연구소.

김익기 외(1999), 『한국노인의 삶-진단과 전망』, 미래인력연구센터.

김인수(1998), 『가족치료: 해결중심 접근법』, 중앙적성출판사.

김인숙(1998), "노인 범죄에 관한 이론," 『사회과학연구』, 11, 345-359.

김정우(1995), 『죽음의 이해』, 대구효성가톨릭대학교.

김춘미(2001). "재가치매노인을 돌보는 가족원의 대처과정," 서울대학교 대학원 박사학위논문.

김태현 외(1998), "노년기 삶의 질 향상에 관한 연구", 『한국노년학』, 제18호.

김현주(2000), "집단화상요법이 노인의 우울, 고독감에 미치는 영향: 재가복지서비스 수혜노인을 대상으로," 세종대학교 대학원 석사학위논문.

김형수(2002), "한국노인 자살생각과 관련 요인연구," 『한국노년학』, 22(1), 159-172.

대한간호협회(1997). 『보수교육교재-치매환자간호』, 대한간호협회.

대한간호협회 강원도간호사회(1999). 『치매노인 도우미 교육교재-치매노인관리와 돌봄』, 강원도간호사회.

대한신경정신의학회(1998). 『신경정신의학』, 하나의학사.

류상열(2000), 『재가복지와 사례관리』, 학문사.

문선화 외(2002), 『노인의 현실과 노인복지개혁의 과제』, 세종출판사.

문성미(2001), "고령자 취업 활성화 방안에 관한 연구-서울시 고령자 취업알선센터를 중심으로," 이화여자대학교 대학원 석사논문.

민혜홍 외(2003), 『뇌졸증으로 죽지 않기 위한 36가지 지혜』, 아이필드.

박석돈 외(2006), 『노인복지론』, 삼우사.

박재간 외(2006), 『노인상담론』, 공동체.

박차상 외(2007), 『한국노인복지론』, 학지사.

박태수 · 고기홍(2003), 『개인상담의 실제』, 학지사.

박태룡(1993), 『노인복지연구』, 대구대학교출판부.

배철환(2004), 『뇌졸증』, 신원문화사.

서혜경 외(2003), 『고령화 사회와 노인복지의 과제』, 아시아미디어리서치.

신재명 외(2005), 『노인상담론』, 범론사.

송영민(2003), "노인복지 정책과 담론," 『성공회대학논총』, 제17호.

양옥남 외(2008), 『노인복지론』, 공동체.

이장호 · 정남운 · 조성호(2005), 『상담면접의 기초』, 서울: 학지사.

오병훈 · 전진숙 옮김(2000). 『치매 환자 간병인 지침서-사랑하는 이가 치매에 걸렸을 때』, 하나의학사.

유성호 외(2002), 『노인복지론』, 아시아미디어리서치.

유용식(2007), "치매노인가족의 적응에 영향을 미치는 요인에 관한 연구," 『노인복지연구』. vol.38, 겨울호

윤은경(2002), "노인복지시설의 호스피스 서비스 실태," 『노인복지연구』, 통권 제15호, 한국노인복학회.

윤진(1985), 『성인 · 노인 심리학』, 중앙적성출판사.

이광우 편저(2002). 『임상신경학』, 범문사.

이인수(2001), 『노인복지론』, 양서원.

이정균 · 김용식(2000). 『정신의학』, 일조각.

이성희 편저(1995). 치매노인을 위한 안전보호. 한국치매가족회.

이현림(2008). 『상담이론과 실제』, 양서원

이혜원(1999), 『노인복지론-이론과 실제』, 유풍출판사.

이호선(2006), 『노인상담』, 학지사.

임춘식(1997), 『현대사회와 노인문제』, 유풍출판사.

한국치매가족협회(2001). 치매노인 활동 프로그램 개발과 실제, 제7회 세계치매의 날 전국세미나 자료집.

한국치매가족협회(2002). 새로운 치매 케어서비스 개발과 적용, 제8회 세계치매의 날 심포지엄 자료집.

장인협(1990), 『사회복지학개론』, 서울대학교출판부.

정옥분(2000), 『성인발달의 이해』, 학지사.

정옥분 외(2008), 『노인복지론』, 학지사.

조소영(1998), 『노인시설관리론』, 학문사.

최병호 외(2001), 『노인요양보험도입 방안연구』, 한국보건사회연구원.

최성재(1994), 『노인복지에 있어서 실버산업의 도전』, 나남출판.

최순남(2000), 『노인학의 이해』, 대영문화사.

최순남(2002), 『현대노인복지론』, 법문사.

최신덕 · 김모란 역(1998), 『노년사회학』, 하나의학사.

최영희 외(2002), 『노인과 건강』, 현문사.

최혜경 · 정순희(2001), 『노인과 실버산업』, 동인.

차미영(2006), 『웰 다잉을 위한 죽음의 이해』, 상상커뮤니케이션.

한국복지정책연구소(2003), 『노인복지론』, 고헌출판부.

허정무(2000), 『현대사회의 노인문제와 노인복지』, 협신사.

현외성(2000), 『한국노인복지학 강론』, 유풍출판사.

현외성(2001), 『노인케어론』, 양서원.

현외성 외(1998), 『노인상담: 이론과 실제』, 유풍출판사.

현외성 외(2002), 『노인복지실천사례론』, 양서원.

황성철(1995), "사례관리실천을 위한 모형개발과 한국적 적용에 관한 연구," 『한국사회복지학』, vol. 27.

국외문헌

Abel, E.(1991/June). Reversing the melanoma surge. *Patient care*, 12-17.

Achenbaum, W. A. & Bengtson, V. L.(1994). Re-engaging the disengagement theory of aging: On the history and assessment of theory development in gerontology. *The Gerontologist*. 34, 756-763.

Achenbaum, W. A. & Orwoll, L.(1991). Becoming wise: A psychogerontolontogical interpretation of the book of job. *International Journal of Aging and Human Development,* 32, 21-39.

Adler, A.(1983). *Social interest*. London: Faber & Faber.

Aiken, L. R.(1998). *Human development in adulthood*. New York: plenum.

Albert, M. S. & Kaplan, E.(1980). Organic implications of neuropsuychological deficits in the elderly. In L. W. poon, J. L. Fozard, L. S. Cermak, D. Arenberg, & L. W. Thompson(Eds.). *New directions in memory and aging: proceedings of the George A*. Talland memorial conference. Hillsdle, NJ: Erlbaum.

Albert, M. S., Wolfe, J. & Lafleche, G.(1990). Differences in abstraction ability with age. *Psychology and Aging*, 5, 94-100.

Anderson, B. L., Kiecolt - Glaser, J. K, & Glaser, R.(1994). A biobehavioral model of cancer stress and disease course. *American psychologist*, 49. 389-404.

Angier, N.(1990/June), Scientists struggle to undo tanning's deadly damage. *New York Times*, 10.

Anspaugh, D. J., Hamrick, M. H., & Rosato, F. D.(1991). *Wellness: concepts and applications*. st. Louis, MO: Mosby.

Antonucci, T. C., & Akiyama, H.(1991). Bumout ad a rusk factor for coronary heart disease. *Bebavioral Medicine*, 17(2), 53-59.

Avery, A. C.(1987). *Successful aging*. New York: Ballantine.

Atchley, R. C.(1971). Disengagement among professor. *Journal of Gerontology,* Vol. 26, 467-480.

Bahick, H. P.(1984). Semantic nemory content in permastore: Fifty years of memory for spanish leamed in school. *Journal of Experimental psychology: General*, 113, 1-26.

Bahrick, H. P., Bahrick, P. O., & Wittlinger, R. P.(1975). Fifty years of memory for names and faces: A cross-sectional approach. *Journal of Experimental psychology: General,* 104, 54-75.

Baltes, P.(1987). Theoretical propositions of life-span developmental psychology: On the dynamics between growth and decline, *Developmental Psychology*, 23, 611-626.

Baltes, P. B., Smith, J., & staudinger, U. M.(1992). Wisdom and successful anging. In T. B. sonderegger(Ed.), Nebraska symposium on motivation (Vol. 39), *Psychology and aging Lincoln*: University of Nebraska Press.

Browne, C. V.(1995). Empowerment in Social Work Practice with older Women, *Social Work* 40(3), pp.358-364.

Birren, J. E. & Renner, V. J.(1977). Research on the Psychology of Aging Principles and Experimentation in James E. Birren and K. Warner Schaie, eds. *Handbook of the Psychology of Aging* (New York: Van Nostr and Reinhold, 1977).

Capuzzi, D. & Gross, D. R.(2001). *Introduction to the Counseling profession*, 3rd ed. Allyn and Bacon: Needham Heights, MA.

Cloud, H.(1990). *Changes that Heal*. Zondervan: Publishing House.

Corey, G. & Corey, M.s.(1987). *Groups: Process and practice*(3rd de.) Pacific Grove, CA: Brooks/Cole.

Comfort, A.(1978). *Aging: The Biology of Senescence*. Routledge & Kegan Paul.

Cumming, E., & Henry, H.(1961). *Growing Old: The Process of Disengagement*. New York: Basic Books.

Gostal, P. T. Jr., & McCrae, R. R.(1984), *Emerging lives and enduring disposition personality in adulthood*. Boston : Little Brown.

Dewald. P.(1964). *Psychotherapy: A dynamic approach*. New York : Basic Books.

Donna, C. A., & Janice, M. M.(1975). 김만두 역, 위기개입론 이론과 방법. 홍익제.

Durkheim, E.(1951). *Suicide: a study in sociology.* New York : Free Press.

Egan, G.(1994). *The skilled Helper.* New York: International Thomson Publishing.

Erikson, E. H.(1950). *Childhood and society*. New York: Norton.

Erikson, E. H.(1968). Life cycle, In *International Encyclopedia of the Social Sciences*, 9, 286-292. New York: The Free Press.

Erikson, E. H.(ed.) (1978). *Adulthood*. New York: Norton.

Erikson, E. H.(1982). *The life cycle completed: A review*. New York: Norton

Elmer, E., & Maloni, J. A.(1988), Parent support through telephone consultation, *Maternal Child Nursing Journal* 17, pp. 13-23

Freud, S.(1960). *A general introduction to psychoanalysis*. New York: Washington Square Press.

Freud, S.(1961). *The Loss of Reality in Neurosis and Psychosis*. London: Hogarth Press.

Freud, S.(1964). *Analysis Terminable and Interminable*. London: Hogarth Press.

Glaser, B., & Strauss, A.(1976). *Awareness of dying*. Chicago: Aldine.

George, R. L., & Cristian, T. S.(1995). *Theory, methods and processes of counseling and psychotherapy*. Englewood Cliffs, NJ: Prentice-Hall.

Golden, T.(1970). *Parent effectiveness training*, New York: Wyden.

Granello, P. F.(2000). *Historical Contest: The Relationship of Computer Technologies and Counseling: Strategies and Resources for the Millennium*, J. W. Bloom & G. R.

Hirsch, R. D.(1990). *Psychotberapie im Alter*, Huber: Bern.

Heuft, G. & Kruse, R. H.(2000). *Lebrbucb der Geroutopsycbosomatik und Alterspsychotberapie*, Reinhardt: Munchen, Bern.

Katz, S. & Mashall, B.(2003). New sex for old: lifestyle, consumerism, and the ethics of aging well. *Journal of Aging Studies*, 17. 3-16.

Kubler-Ross, E.(1969). *On Death and Dying*. A Touchstone Book.

Levinson, D. J.(1986). A conception of adult development. *American Psychologist*, 41, 3-13

Jones, C. J. & Meredith, W.(2000). Developmental paths of psychological Health form Early Adolescence to Later Adulthood. *Psychology and Aging*, Vol.15, 351-360

Mace, N. & Rabins, P.(1981). *The 36-hour day*. Baltimore, MD: Johns Hopkins University Press.

McDonald, P. A. & Haney, M.(2003). 현외성 · 하정미 역. 노인상담연습. 양서원.

Maslow, A. H.(1965). A theory of human motivation. In D. E. Hamachek(ed.0, *The self in growth, teaching and learning*. New Jersey: Prentice-Hall.

참고문헌

Maslow, A. H.(1968). *Toward a psychology of being*(2end ed.), New York: D. Van Nostrand.

Miller, D. C. & Form, W. H.(1951). *Industrial sociology*. New York: Harper.

Minuchin, S.(1979). *Families & Family Therapy*, Combridge Massachusetts: Harvard University Press.

Neugarten, B. L.(1979). Time, age and the life cycle. *American Journal of Psychiatry*, 136, 887-894.

Neugarten, B. L.(1994). The young-old and the ate-irrelevant socity. Reprinted from the proceedings of a conference entitled *The young-old: A new North American phenomenon*. pp.1-12. Coucbing Institute. Toronto, Canada.

Neugarten, B. L.(eds.)(1994). *Middle age and aging*. University of Chicago Press.

Oberleder, M.(1970). Crisis therapy in mental breakdown of th aging, *Gervntolgist* 10, pp.111-114.

Perls, F.S.(1988), *Gestalt Tberapie Verbatim*, Koesel: Klett kotta.

Radebold, H.(1997). *Alter und psychoamalyse*, vandenhoeck & Ruprecht: Gottingen.

Rogers, C. R.(1980). *My Philosophy of interpersonal relationships and how it grew*. Boston: Houghion Mifflin.

Ryff, C. D.(1982). Successful aging: A developmental approach. *The Gerontologist*, 22, 209-214.

Rothman, J. & Sager, J. S.(1998), *Case Management: Integrating Individual and Community practice*, Allyn and Bacon: Boston.

Selye, H.(1970). Stress and aging. *Journal of American Geriatrics Socity*, 18, 669-680.

Strupp, H.H.(1995). The Psychorherapist's skills revisited, *Clinical Psychology* 2, pp.70-74.

Thomas, M.C. & Martin, V.(1998). Group counseling with the elderly and their caregivers, In D. Capuzzi & D.R. Gross(Eds.) *Introduction to group Counseling*(2nd ed., pp.389-413), Denver, CO: Love Publishing.

Williamson, E. G.(1939). *How to counsel student: A manual of techniques for clinical counselors*. New York: McGraw-Hill.

Williamson, E. G.(1939). *Counseling adolescents*. New York: McGraw-Hill.

Woodside, M. & E.(2000). *Reality therapy for the 2lst century*, Mincie, IN: Accelerated Development(Taylor & Francis).

INDEX

저자 소개

박재학 국제문화대학원대학교 교수

김정훈 오산대학 사회복지행정과 겸임교수

이순배 한경대학교 아동보육학과 겸임교수

이희정 협성대학교 사회복지학과 외래교수

노인상담론

2010년 9월 1일 초판 인쇄
2010년 9월 5일 초판 발행

지은이 | 박재학 · 김정훈 · 이순배 · 이희정
발행인 | 유제구
발행처 | 파워북
주 소 | 서울 마포구 염리동 161-5 대동빌딩 4층
전 화 | (02) 730-1412
팩 스 | (02) 730-1410
등 록 | 1997. 1. 1 제 300-1997-13

정 가 18,000원
ISBN 978-89-8160-153-9 93330